"十三五"国家重点出版物出版规划项目

转型时代的中国财经战略论丛 ◢

国家社科基金结项报告（项目编号：15BZZ063）

完善中央政府
与地方政府事责财权关系研究

李　森　著

中国财经出版传媒集团

经济科学出版社
Economic Science Press

图书在版编目（CIP）数据

完善中央政府与地方政府事责财权关系研究/李森著．
—北京：经济科学出版社，2020.10
（转型时代的中国财经战略论丛）
ISBN 978 - 7 - 5218 - 1921 - 2

Ⅰ.①完… Ⅱ.①李… Ⅲ.①中央与地方的关系 -
财政关系 - 研究 - 中国 Ⅳ.①F812

中国版本图书馆 CIP 数据核字（2020）第 183404 号

责任编辑：陈赫男
责任校对：王肖楠
责任印制：李 鹏 范 艳

完善中央政府与地方政府事责财权关系研究
李 森 著
经济科学出版社出版、发行 新华书店经销
社址：北京市海淀区阜成路甲 28 号 邮编：100142
总编部电话：010 - 88191217 发行部电话：010 - 88191522
网址：www. esp. com. cn
电子邮箱：esp@ esp. com. cn
天猫网店：经济科学出版社旗舰店
网址：http://jjkxcbs. tmall. com
北京季蜂印刷有限公司印装
710×1000 16 开 18.75 印张 300000 字
2020 年 12 月第 1 版 2020 年 12 月第 1 次印刷
ISBN 978 - 7 - 5218 - 1921 - 2 定价：75.00 元
（图书出现印装问题，本社负责调换。电话：010 - 88191510）
（版权所有 侵权必究 打击盗版 举报热线：010 - 88191661
QQ：2242791300 营销中心电话：010 - 88191537
电子邮箱：dbts@ esp. com. cn）

总　序

山东财经大学《转型时代的中国财经战略论丛》（以下简称《论丛》）系列学术专著是"'十三五'国家重点出版物出版规划项目"，是山东财经大学与经济科学出版社合作推出的系列学术专著。

山东财经大学是一所办学历史悠久、办学规模较大、办学特色鲜明，以经济学科和管理学科为主，兼有文学、法学、理学、工学、教育学、艺术学八大学科门类，在国内外具有较高声誉和知名度的财经类大学。学校于2011年7月4日由原山东经济学院和原山东财政学院合并组建而成，2012年6月9日正式揭牌。2012年8月23日，财政部、教育部、山东省人民政府在济南签署了共同建设山东财经大学的协议。2013年7月，经国务院学位委员会批准，学校获得博士学位授予权。2013年12月，学校入选山东省"省部共建人才培养特色名校立项建设单位"。

党的十九大以来，学校科研整体水平得到较大跃升，教师从事科学研究的能动性显著增强，科研体制机制改革更加深入。近三年来，全校共获批国家级项目103项，教育部及其他省部级课题311项。学校参与了国家级协同创新平台中国财政发展2011协同创新中心、中国会计发展2011协同创新中心，承担建设各类省部级以上平台29个。学校高度重视服务地方经济社会发展，立足山东、面向全国，主动对接"一带一路"、新旧动能转换、乡村振兴等国家及区域重大发展战略，建立和完善科研科技创新体系，通过政产学研用的创新合作，以政府、企业和区域经济发展需求为导向，采取多种形式，充分发挥专业学科和人才优势为政府和地方经济社会建设服务，每年签订横向委托项目100余项。学校的发展为教师从事科学研究提供了广阔的平台，创造了良好的学术生态。

习近平总书记在全国教育大会上的重要讲话，从党和国家事业发展全局的战略高度，对新时代教育工作进行了全面、系统、深入的阐述和部署，为我们的科研工作提供了根本遵循和行动指南。习近平总书记在庆祝改革开放40周年大会上的重要讲话，发出了新时代改革开放再出发的宣言书和动员令，更是对高校的发展提出了新的目标要求。在此背景下，《论丛》集中反映了我校学术前沿水平、体现相关领域高水准的创新成果，《论丛》的出版能够更好地服务我校一流学科建设，展现我校"特色名校工程"建设成效和进展。同时，《论丛》的出版也有助于鼓励我校广大教师潜心治学，扎实研究，充分发挥优秀成果和优秀人才的示范引领作用，推进学科体系、学术观点、科研方法创新，推动我校科学研究事业进一步繁荣发展。

伴随着中国经济改革和发展的进程，我们期待着山东财经大学有更多更好的学术成果问世。

山东财经大学校长

2018 年 12 月 28 日

目　录

第1章 导 论

1.1 选题依据

1.1.1 选题背景

在存在多级政府的国家，如何处理、协调不同级次政府间财政关系，合理划分财政管理权限一直是财政管理工作的一项重要内容。自新中国成立以来，我国财政体制大体经历了三个发展阶段，整体看朝着规范、科学、合理的方向发展演进，但我国的财政体制问题一直没有得到彻底解决。财政理论界和财政实际工作部门所期望的能够在集权与分权之间实现稳定均衡、充分发挥不同级次政府财政比较优势，做到各司其职、各负其责的规范、科学、合理的财政体制一直没有真正构建起来。针对目前我国政府间财政管理权限划分存在的问题，探讨问题成因和制约因素，拿出切实可行的解决对策，一直是我国财政体制问题研究亟待完成的重要任务。1994 年推行的分税制，是我国总结多年财政体制改革的经验、教训，吸取、借鉴西方市场经济国家成功经验，依据市场经济条件下公共财政基本原理，所选择、构建的相对规范、科学、合理的财政体制，但受种种因素制约，我国的分税制自 1994 年付诸实施以来一直存在诸多问题，多年来一直是理论界研究的热点。众多研究者围绕如何协调政府间的事权（事责）与财权（财力）关系提出了诸多改进建议，但我国的体制问题迄今不仅未得到妥善解决，还有日趋严重之势，其症结何在？应采取什么样的对策才能完善二者关系？显然有必要对此做进一步的深入研究。在财政体制问题研究中，政府间事权和支出责任的划分一般认为是政府间财权收入划分及转移支付制度设计的基础。解决财政体制问题，一般应从政府间事权和支出责任划分入手。2016 年 8 月，国务院印发《国务院关于推进中央与地方财政事权和支出责任划分改革的指导意见》，2018 年 2 月国务院办公厅印发《基本公共服务领域中央与地方共同财政事权和支出责任划分改革方案》。两份中央文件的发布，为政府间事权和支出责任划分指明了改革方向和路径，并对中央与地方政府间共同事权和支出责任的划分设计了较为具体的实施方案，这为理顺中央与地方事责财权关系奠定了坚实基础，提供了有利条件，但是中央与地方事责财权关系的协调、处理是复杂的系统工程，涉及面广、影响因素多，不可能一蹴而就。客观上需要在对中央与地方事责财权关系进行理论分析、阐明其所遵循的一般规律的基础上，结合我国的具体国情，研究我国政府间事责财权关系发展演化的历史进程，指出存在的问题并分析症结所在，进而在理论和实践两个层面吸取、借鉴成功经验的基础上，提出协调我国中央与地方事责财权关系的基本思路和具体对策。上述几方面构成本书选题的基本背景。

1.1.2 国内外相关研究的学术史梳理及研究动态

1.1.2.1 国内研究情况述评

国内财政学界对政府间事责财权关系的研究已取得了丰硕成果。已有成果大体可以分为两类：一类是对事责财权关系进行全面研究，主要是围绕我国分税制财政体制存在的问题，从政府间事权和支出责任划分、财权和收入划分，以及转移支付制度设计等方面进行的较为全面的研究。另一类则是对政府间财政管理权限划分的某一特定方面进行专门研究，比如近年来专门研究政府间事权和支出责任的文献大量涌现，也有的研究者侧重研究政府间财权、财力划分；还有的研究者侧重研究政府间转移支付制度。不管是全面研究还是专门研究，不同的研究者所选择的研究侧重点往往不同，有的侧重理论分析，有的侧重揭示问题，有的侧重分析成因，有的侧重效应分析，有的侧重给出对策建议，当然也有篇幅较大的文献，试图做到理论分析与经验分析紧密结合，对政府间事责财权关系进行面面俱到的研究。本书把已有文献分类综述如下。

1. 关于概念界定

国内对中央政府与地方政府事责财权关系进行的相关研究早期围绕财权与事权相统一而展开（许毅、陈宝森，1983）。刘尚希（2005）区分了财权与财力，认为"财力与事权匹配"同样重要。倪红日（2006）在事权层面区分了公共服务职责与支出责任，认为支出管理责任应与财力匹配，公共服务职责与财权匹配。张震华（2008）认为事权是指政府的职责或职能，政府提供的公共服务，换一个角度讲是指政府的支出责任，从而把事权与支出责任等同。谭建立（2010）认为事权即职权，是处理事情的权力，包括国家事权、政府事权和财政事权三个部分。李齐云（2001）、齐志宏（2001）、文政（2008）、刘新凤（2011）、白景明（2015）、赵云旗（2015）认为事权是前提，支出责任跟事权走，拥有什么样的事权就需要承担什么样的支出责任，事实上也把事权和支出责任予以等同。郑毅（2011）认为事权是指管理事务的权力。马海涛、任强、程岚（2013）区分了事权与事责，认为转移支付后应实现事责与财力匹配。王桦宇（2017）认为财政事权是一种权源性概念，支出责任则是一种义务性概念，蕴含各级政府财政的动态运行和法律强制保障的双层安排。董敬怡（2018）认为"财政事权"是一级政府应承担的运用财政资金提供基本公共服务的任务和职责，强调一级政府"该干什么事"；"支出责任"是政府履行财政事权的支出义务和保障，强调"办事谁掏钱"。马海涛、郝晓婧（2019）认为原则上一级政府拥有什么样的财政事权就拥有什么样的支出责任，财政事权与支出责任统一在一级政府。事权与"付钱"对应，支出责任与"花钱"对应，"付钱"和"花钱"并不一定直接对应起来，"付钱"的一级政府可以选择自己"花钱"去做事，也可以委托给另一级政府，因此事权与支出责任可以统一也可以分离。

2. 关于我国事责财权关系现状及问题

第一，关于政府间事权和支出责任划分现状及问题研究。郑培（2012）认为，现阶段我国政府间事权划分存在法律法规缺失，中央和地方政府间纵向事权划分不明确、不清晰，各级政府间事权和财权不匹配等问题。财政部财政科学研究所课题组（2012）提出了两种类型的政府间事权划分：一是所谓的"横向"分权模式，即政府间事权划分清晰，这是西方国家政府间事权划分通常所采用的模式；二是所谓的"纵向"分权模式，强调按事权要素把政府事权分解为决策权、执行权、监督权与支出权，进而把事权基本构成要素在不同级次政府间进行划分。我国政府间事权划分所采用的这一模式使我国政府间事权划分带有较为明显的"中央决策、地方执行"性质，多数支出责任由各级政府共同承担。贾康、苏京春（2016）认为我国政府间事权划分是"粗线条"的且存在"冲突点"，中央与地方事权划分方面存在的问题可概括为不清晰、不合理、不完善三类。赵福昌（2018）认为我国目前"中央统一决策，地方授权执行"的事权划分，其优点体现为可集中力量办大事，缺点可概括为两点：一是"中央点菜、地方埋单"容易导致地方特别是基层财政困难；二是地方非理性的短期化行为或责任失控现象会较为严重。田发、苗雨晴（2018）对政府间事权和支出责任划分进行了定量研究，认为中央实际分担了 47.18% 的总体性支出，较为有效地承担了社会性支出、维持性支出，而过多介入经济性支出，在选取的八项核心财政事权中，中央较好地分担了节能环保、科学技术、社会保障投入方面的事权，在教育、公共安全、医疗卫生的支出比重明显偏低。

第二，对政府间事责财权关系进行的整体性研究。白景明（1996）、孙开（1997）、张志超（2007）、陈工（2007）、朱青（2010）、彭健（2014）分析了政府间财权、事权的划分及转移支付制度设计存在的问题。贾康（2007）认为我国 1994 年的财政分税制改革是经济性分权改革，顺应了市场经济要求，其后出现的县乡财政困难是中国经济社会结构转型之中制度转型有效支持不足的一个集中反映。周雪光（2005）、谢贞发和范子英（2015）、陈晓光（2016）、吕冰洋等（2016）认为财政收入分权会通过影响地方政府财政收入而影响地方政府行为，当地方政府因财政收入划分而承受财政压力时，为实现自身利益，其会通过各种手段汲取财政收入来满足政府职能实现需要。寇铁军、周波（2012）认为我国当前侧重财权划分而忽略事权划分且中央政府集中较大财力，基层政府事权与财力不匹配。马海涛、李升（2014）认为，我国财政支出纵向责任界定存在模糊地带，而收入的纵向划分仅考虑了如何提高中央收入，很少顾及地方税的效率安排，地方越来越依赖于转移支付。吕冰洋、台航（2018）认为分税制改革虽然增强了中央的宏观调控能力，但抑制了地方提供公共服务的积极性，并强化了政府对经济的干预。孙开、张磊（2019）的研究表明：在地方上下级政府间权责关系基本协调、匹配的基础上，地方政府承受的财政压力不会显著影响其基本公共服务支出偏向，但是当地方上下级政府间权责错配时，这种影响就会非常显著且是反向的。李永友、张帆（2019）采用2006～2015年省级面板数据，运用系统GMM回归分析，认为中国的财政体制垂直不平衡增加了地方政府支出压力，进而激励地方政府举债融资。我国的转移支付不仅未能有效纠偏垂直财政不平衡的扭曲效应，在不发达地区这种扭曲效应甚至被强化。

3. 关于我国事责财权问题的成因分析

第一，关于事权支出责任划分问题的成因分析。冯兴元、李晓佳（2005）认为政府间事权划分混乱与政府侵占市场、政府自利取向和公共治理机制缺位、地区间政府财税竞争、垂直命令的行政体制、政府间关系处理依靠行政博弈而非法律保障有直接关系。孔卫拿、张光（2013）认为，按照功能性联邦主义，经济发展性事务和相应的财政支出应主要交由地方政府负责，再分配事务及其财政支出则主要应由中央政府承担。而中国自分税制改革以来，中央在让地方承担经济发展主要职责的同时，却将再分配支出责任一起转嫁到地方并主要以财政转移支付来进行填补和带动。李俊生（2015）认为目前我国中央和地方之间事权和支出责任关系问题的症结主要集中在三个方面：一是对中央与地方之间在办理事务的责任与决定事务的权力方面尚缺乏全面的认识与研究；二是忽略了中央与地方事权和支出责任划分中中央有关部门（"条条"）与地方政府（"块块"）之间的关系问题；三是把事权与支出责任的关系片面地理解为对应关系而没有区分事权与办事责任，没有认识到支出责任与事权存在着必然的联系，而与办事责任并没有必然的联系。白彦锋（2016）认为政府间事权划分做到泾渭分明基本不现实，很多时候是"你中有我、我中有你"的"水乳交融"关系，事权划分不是通过一纸文件来决定的，而是在实践中不断碰撞和博弈的结果。

第二，关于政府间事责财权划分存在问题的成因。贾康、白景明

（2002）认为我国目前的政府级次设置是导致体制问题的重要成因。贾康（2007）认为我国分税制问题的成因在于省级以下始终没有进入真正的分税制状态而演化成了弊病明显的分成制和包干制。梁朋、周天勇（2004）则认为财力层层向上集中而职能和责任不断下放是最为重要的原因。黄海鹰（2006）把原因归结为中央和地方的事权与财权划分缺少刚性法律约束。彭迪云（2007）指出我国体制问题的根源在于分权不够。李永友、张帆（2019）认为财政体制垂直不平衡主要是由体制本身所造成的，此外预算约束机制软化也是一个重要影响因素。

4. 关于完善对策

第一，关于政府间事权支出责任划分的对策研究。侯一麟（2009）认为应该下放的是事权而不是事责，政策制定的起始点应当下移，自下而上可使政策符合各地实际。郑培（2012）认为推动事权划分改革，应明确各级政府职能重心，加快事权划分法治化建设，尽快形成政府间事权和支出责任的总体框架，涉及事权决策与监督的职能应适当向中央或者省级政府倾斜，支出责任应适当上移，具体管理或执行则要由低级别政府（市、县）负责，省级政府应充分发挥在统筹财力、协调区域发展方面承上启下的作用。马万里（2013）认为事权划分新逻辑包括两个维度：一是纵向公共品供给职责配置，二是横向政府、市场与非营利组织公共品供给职责分工，即需要由传统的"财力路径"转向"事权路径"，这是走向和谐共赢的中国式财政分权的重要途径。孔卫拿、张光（2013）认为，应在进一步规范政府间事权、巩固地方发展经济积极性的基础上，提升社会保障统筹层次，逐步提高中央政府的再分配职责。冯俏彬（2015）认为，划分政府间事权应"由粗到细"；应抛弃事权划分的"属地原则"；应以事分权、以事定责；应仔细辨识分权三原则；应与"三定"（定机构、定人员、定职责）工作紧密结合。杨志勇（2016）认为，事权划分应以事权的稳定性和确定性为重点，首先要做好政府职能转变工作，与此同时应形成一套机制，确保已确定的事权不易被改变。白彦锋（2016）认为，政府间事权划分应遵循先"财政事权"再"一般事权"、先简单再复杂、先易后难的原则。寇铁军（2016）认为应进一步厘清政府和市场的界限，推进政府职能转变，在明确整个社会私人物品与公共物品界限的基础上，先将公共物品供给职责在中央与地方政府间纵向分解，再将一级政府的公共物品在政府、企业、非营利组织与私人之间进行横向分工。王桦宇（2017）认为，遵循法治财税的基本框架，充分发挥"两个积极性"，才能使财政事权和支出责任的划分具有国家治理现代化的政策高度和符合依法治国的理政思维。于树一（2017）认为，划分财政事权和支出责任，需纵向在不同级次的政府之间，横向在同级次政府之间以及政府各部门之间实现"双向平衡"。应遵循"上下结合"的方略，自上而下、顶层设计，形成改革的具体路径、流程和方法；自下而上、具体实践，从基层的、最小范围的政府财政事权和支出责任界定开始，逐级向上，由细到粗、由小到大地划分。赵福昌、樊轶侠（2018）认为政府间事权划分应按要素划分，决策责任、执行责任和监督管理责任可以一并赋予某一级政府，也可以将这三类不同的责任划分给不同层级的政府分别承担，解决"按什么划分"的问题；合理确定政府职能和公共服务水平，明确"划分什么"；提升决策层次，明确"谁来划分"；要强化激励相容机制，解决"怎么划分"。刘明慧、张山（2018）认为中央应在宏观及整体上承担减贫工程的主要事权和支出责任，持续增强中央财政对减贫的支持力度。

7

第二，关于完善政府间事责财权划分的整体性对策建议。白景明（1996）、孙开（1997）、张志超（2007）、陈工（2007）、朱青（2010）、彭健（2014）从完善分税制的角度给出了解决对策。贾康（2005、2007、2010、2014）认为应配合政府层级的扁平化，按照三级政府框架建立财力与支出责任相匹配的财政体制，形成扁平化后"一级政权、一级事权、一级财权、一级税基、一级预算"再加自上而下转移支付的制度安排。张永生（2008）则强调了上下级政府之间建立有效的相互制衡关系的重要性。刘尚希（2009）认为实现财力与事权相匹配应实行"辖区财政"，使每一级财政都负有对辖区范围内各级财政平衡的责任。李齐云、刘小勇（2009）认为中央集中一定的财力是必需的，实现财力与事权相匹配应坚持间接匹配模式。李炜光（2011）指出做实分税制要走地方自治之路。寇铁军、周波（2012）主张采取列举法划分政府间事权，适度增加省级政府财权财力。楼继伟（2013）指出，政府间财政关系应按照外部性、信息复杂性和激励相容的原则处理。马海涛、李升（2014）认为应明确财政事权和财政支出职责的纵向划分，统筹政府"大口径"财力，完善地方税体系。陈少强（2014）认为实现财力和事权相匹配应分类推进财政专项转移支付改革。高培勇（2016）、刘尚希（2017）认为首先要界定政府边界，明确政府和市场、政府和社会的关系，然后再来划分央地间财政事权和支出责任，进而再确定央地收入划分、健全地方税体系，即先将事权和支出责任巧妙地对接到一起，再考虑收入与其匹配的问题。吕冰洋、台航（2018）认为完善分税制需要改革干部考核制度，引导政府政绩观念的转变；需要考虑将地方政府财政收入的主要来源，由按生产地原则征税改为按受益性原则征税，即让地方税由与企业产出挂钩，改为与政府提供的公共服务水平挂钩。孙开、张磊（2019）认为，省级政府逐级下放事权与支出责任至县级政府时，财权也应当逐级、适度地下放；当省级政府上收部分财权时，相应事权与支出责任也应当向上集中，以便稳固省与县级政府在履行事权与支出责任上的主体地位。李永友、张帆（2019）针对财政垂直不平衡的扭曲效应认为，中国需要真正落实分税制，实现中央和地方政府事责和成本补偿责任分担机制的法制化，建立政府综合财务报告制度，严格政府信息公开程序和责任。

总之，已有成果对中央与地方政府间的事责财权关系进行了较为深入的研究，相对侧重研究政府间事权、财权划分及转移支付制度设计等技术性问题，对实施分税制所需制度条件的分析还不是很充分，没有深入研究问题的症结所在，提出的对策建议原则性、理论性强，但可操作性还有待提高。本书拟在已有成果基础上做些补充性研究工作。

1.1.2.2 国外研究情况述评

对于事权、事责、财权的概念，国外学者一般不用类似表述，但其在财政分权框架下进行了相关研究。早期的 TOM 模型（Tiebout，1956；Masgrave，1959；Oates，1972）强调分权的意义以及实现合理分权的方式、方法，但这种基于"政府利他"假设所进行的规范分析与现实有一定距离。在 TOM 模型基础上，强调税收流动性、税收竞争、税收成本、溢出效应的理论，将政府间纵向财政不平衡看作是特定经济结构和税收结构下实现税收最大化的必然结果（Hicks，1978；Courant，Gramlich and Rubinfeld，1979；King，1984；Breton，1996），进而发展起了协调政府间财政关系的转移支付理论；以布坎南（Buchanan）为代表的宪政经济学家对政府持不信任态度，反对中央政府控制大部分财政收入并通过财政转移支付手段来解决地方政府财政不平衡，主张实行地方财政分权（Buchanan，1965；Brennan and Buchanan，1980）。"第二代财政联邦主义"通过引入"政府经济人"假设，把不同级次的政府间关系看成是委托代理关系，将激励相容和机制设计理论用来研究政府间财政关系，强调要解决联邦悖论问题就必须在中央政府和地方政府间形成有效的制衡关系，开始注重探讨财政分权要取得理想效果所需的制度条件（Mackinnon，1997；Roland，1998；B. Weingast，1995；D. E. Wilda-sin，1997；钱颖一，1997）。巴丹（Bardhan，2002）提出适用于发展中国家的财政联邦制理论必须在新的约束条件下重新构建的观点。近年来西方学界对财政分权的研究以构建计量模型、实证研究财政分权的经济效应为主要特征和发展趋势（Koethenbuerger，2011；Michael and Luba，2012；Mark and Hideki，2013；Nguyen Viet Hanh，2014；Baskaran，Feld and Schnellenbach，2016；Gustavo Canavire - Bacarreza，Jorge Mar-tinez - Vazquez and Bauyrzhan Yedgenov，2019）。

9

综上所述，西方对政府间财政分权问题的研究越来越注意到政治和制度因素对财政分权效果所产生的影响，进行精确的计量检验成为研究财政分权问题的重要取向。因此，结合我国具体国情、吸取借鉴西方财政联邦制理论发展所取得的最新成果，做到财政分权的技术性研究和制度性研究并重，是深化我国中央政府与地方政府事责财权关系问题研究的理性选择。

1.1.3　学术价值和应用价值

1.1.3.1　学术价值

本书依据政府是利他与利己的混合体这一基本假设，认为我国中央政府与地方政府事责与财权关系难以完善的症结是技术性问题与制度性问题共同作用的结果。完善中央政府与地方政府的事责与财权关系，一方面需要基于政府利他假设，提出可操作的、具体的在中央与地方政府间划分事责、财权的方式、方法及最终实现二者匹配的转移支付方案；

另一方面，需基于政府自利假设，提出旨在保证这些方式、方法、方案在实践中得以落实的制度改进建议。已有研究成果对该问题侧重技术性研究，且多是原则性的理论分析，不够具体，可操作性不强，而对规范、科学的分税制赖以存在的制度基础未给予足够重视。本书拟一方面提出具体的可操作性强的对策建议（治标对策），另一方面，探讨我国财政体制未能完善中央与地方事责与财权关系的制度性原因，进而提出优化中央与地方财政分配关系的制度改进方案，从而有助于在学术上深化对该问题的研究。

1.1.3.2　应用价值

一是拟提出具体的、可操作性更强的划分中央与地方政府间事责与财权的方式、方法及转移支付设计，这有助于解决当前我国分税制运行中的棘手难题；二是本书基于政府自利假设而提出的旨在中央与地方间建立稳定规则的制度改进建议，有助于打破我国财政体制长期以来在集权与分权之间震荡的格局，有助于从根本上改变体制问题长期得不到解决甚至日趋严重的被动局面。

1.2　研究对象、总体框架、重点难点

1.2.1　研究对象

如何完善中央政府与地方政府事责财权关系是本书的研究对象，具体包括以下四个方面。

第一，市场经济条件下中央政府与地方政府事责财权关系的理论分析。这部分内容主要是进行规范分析，依据效率和公平两大原则，立足政府的本质是供给公共产品、满足公共需要、实现公共利益的一种手段和方式这一基本认识，对政府间事权和支出责任划分、政府间财权和收入划分，以及政府间转移支付设计展开理论分析，旨在从一般意义上阐明政府间财政管理权限的划分所应遵循的一般规律。

第二，我国中央政府与地方政府的事责财权关系协调的经验研

究。这部分内容主要是对中华人民共和国成立以来我国财政体制沿革所经历的三大历史阶段进行描述和评价，阐明我国在特定历史发展阶段选择、构建特定财政体制的逻辑必然性。同时指出各个阶段财政体制所存在的局限和不足以及被新体制取代的原因，在此基础上对我国财政体制沿革的利弊得失进行总结，重点是分析分税制改革后我国中央与地方事责财权划分存在的问题，并对其效应进行计量研究，特别是对近年来我国政府间事权和支出责任划分所进行的改革、调整进行评价，在此基础上阐明我国事责财权关系问题的症结所在。

第三，西方国家财政联邦制理论及实践的成功经验总结。首先是比较西方财政联邦制理论发展所经历的两个阶段，阐明第二代财政联邦制理论所取得的进展，结合对我国财政体制问题研究存在局限的分析，总结西方财政联邦制理论对完善我国财政体制的启示；其次是总结西方国家财政联邦制实践经验，选择具有代表性的国家（2个单一制国家和2个联邦制国家），在阐明各国在政府间事权和支出责任划分、财权和收入划分及政府间转移支付设计方面的基本做法的基础上，抽象出不受具体国情制约的共性规律，以便为完善我国中央与地方政府间事责财权关系提供借鉴。

第四，完善我国中央政府与地方政府事责财权关系的对策建议。首先是提出基本思路，在此基础上从事权支出责任划分、财权和收入划分以及转移支付设计三方面提出具有针对性、实用性和可操作性的建议。

1.2.2 总体框架

本书的总体框架设计遵循"问题提出→理论分析→经验分析→政策建议"这一逻辑顺序，具体见图1-1。

11

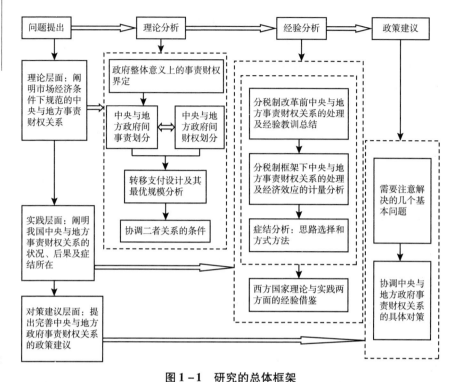

图 1 - 1 研究的总体框架

1.2.3 重点、难点

1.2.3.1 重点

1. 我国中央与地方事责财权关系存在问题的症结分析

自 1994 年我国实行分税制改革以来，研究分税制即政府间事权支出责任划分、政府间财权收入划分、政府间转移支付制度设计的文献可谓浩如烟海，但已有研究成果多是侧重技术性研究，虽然揭示了我国中央与地方事责财权关系存在的问题，分析了成因并提出了一系列对策建议，但仔细反思不难发现，多数文献分析的问题的成因本身就是亟待解决的现实问题，这意味着要真正完善我国中央与地方事责财权关系就必须分析问题成因的成因，需要揭示问题的症结所在。本书拟对此进行重点分析，主要从中央与地方事责财权划分的思路和划分的方法两个方面揭示问题的症结所在，从而为提出有针对性和可操作性的对策建议奠定基础。

2. 完善我国中央与地方事责财权关系的建议

本书属于应用性研究，虽然相当篇幅是在对中央与地方的事责财权关系进行理论分析，但课题的最终目的是要为完善中央与地方事责财权关系提出改进建议，这是本书研究的实践意义的集中体现。正是在这个意义上，本书把提出完善我国中央与地方事责财权关系建议作为研究的重点。在阐明需要注意的几个基本问题和应遵循的基本思路基础上，从中央与地方事权支出责任划分、财权和收入划分，以及转移支付制度设计三个方面提出有针对性和可操作性的具体对策。

1. 2. 3. 2　难点

1. 政府间事权和支出责任的明晰划分

混合产品的大量存在及体制转轨阶段我国混合产品供给的实际状况使清晰界定整体意义上的政府事权和支出责任有一定难度；公共产品受益范围的多样性和政府级次的有限性之间的矛盾（公共产品在不同级次政府间效益外溢）使清晰划分中央政府与地方政府的事权和支出责任也相对困难。本书需要在已有成果基础上，针对政府间事权和支出责任划分所面临的现实约束条件提出有针对性、可操作性和创新性的对策。

2. 中央政府与地方政府事责财权划分关系的效应分析

研究财政分权效应的文献较为丰富，但就笔者所见，采取合适的指标来量化财政分权程度是较为困难的事情。已有文献量化财政分权，通常用各级政府的财政收入占全国（中央）财政收入比重来衡量财政收入分权；用各级政府的财政支出占全国（中央）财政支出比重来衡量财政支出分权，考虑到研究中央与地方事责财权关系用单一指标予以量化并不能准确反映财政分权程度，因此本书从财政收入、财政支出和转移支付三个方面确定指标来对中央与地方的事责财权关系予以量化，采用面板数据进行回归分析，在评价指标确定及数据可得性方面存在一定难度。

1.3 研 究 方 法

1.3.1 逻辑推理的方法

本书借助"政府自利"概念来考察政府间财政权力划分关系，依据效率和公平两大原则及对公共产品和政府性质的基本界定进行逻辑推演，以求能从理论上阐明中央与地方事责财权关系协调所应遵循的基本规律，通过确立规范性的理论分析框架，为本书的实证研究奠定基础。在本书的经验分析部分，揭示我国中央与地方政府事责财权划分存在问题的症结，也在一定程度上借助逻辑推理完成，以便能在透彻揭示问题成因的基础上提出切实可行的对策建议。

1.3.2 比较的方法

比较见异同、比较分优劣、比较出真知。本书对比较方法的运用主要体现在三个方面：一是在基本框架设计方面对比较方法的运用。本书第二部分对中央与地方事责财权关系进行的理论分析，旨在依据效率和公平原则确立规范性的分析框架，是对中央与地方事责财权关系进行的"应然分析"；本书第三部分对我国中央与地方事责财权关系进行的经验分析则是所谓的"实然分析"，目的是通过"应然"与"实然"的对比，清晰揭示我国中央与地方事责财权关系存在的问题，进而在此基础上探讨问题成因并提出解决对策。二是对我国财政体制沿革三个阶段的分析实际上也采取了比较的方法。通过阐明体制沿革所经历的三个阶段及优缺点的比较，揭示我国体制问题的症结所在。三是对西方国家财政联邦主义理论与实践的分析也运用了比较方法。通过第一代和第二代财政联邦主义理论的比较，明确第二代财政联邦主义取得的新进展，进而归结出我国中央与地方事责财权关系协调所应吸取借鉴的经验；通过对西方不同类型国家中央与地方事责财权关系协调不同做法的比较，一方面阐明中央与地方事责财权关系协调必须适应本国具体国情的必然性，另一方面也归纳出协调中央与地方事责财权关系应遵循的共性规律。

1.3.3　制度分析的方法

新制度经济学认为制度最重要。本书依据新制度经济学理论认为，我国中央与地方事责财权关系存在的问题，归根结底是有关主体在特定制度安排下为实现自身利益最大化而进行选择的必然结果。本书拟运用制度分析的方法，基于对公共产品和政府性质的基本界定，通过揭示政府级次化的形成机理，阐明政府间事责财权关系协调应遵循的基本思路。通过考察我国中央地方事责财权关系发展的历史进程，阐明制度因素是制约我国中央与地方事责财权关系处理、协调的基本因素，进而借助制度变迁理论对完善我国中央与地方事责财权关系提出对策建议。

1.3.4　计量研究的方法

本书对我国中央与地方事责财权划分的经济效应分析采取了计量方法，以全国除西藏和港澳台外 30 个省份 1999～2017 年的数据为样本，利用固定效应模型研究了中央与地方事权支出责任划分、财权收入划分及转移支付对经济增长的影响，发现财政收入分权、财政支出分权对经济增长有明显的促进作用，但是纵向财政不平衡与经济增长存在负相关关系，即转移支付占省级财政总收入的比重越多越不利于经济增长。同时，本书利用这三个指标对中部、东部、西部三个地区财政分权对经济增长影响的区域差异进行了比较，结果显示：财政收入分权对东部地区经济增长的影响不显著，对中部地区的影响大于西部地区；财政支出分权对中西部地区的影响大于东部地区；纵向财政不平衡对三个地区也均呈反向关系，其中东部地区效果显著，中部、西部地区效果不显著。本书对完善我国中央与地方事责财权关系所提出的对策建议离不开计量研究结论的支持。

1.4 基本概念的界定

1.4.1 财权与事权

关于财权与事权的概念由来已久，多数文献在使用这两个概念时遵循约定俗成的理解，对其内涵并不进行界定。在阅读文献时，读者一般也不会感觉到概念混乱，这说明大家对财权和事权的内涵还是有着大致相同的认识和理解。

通常，对于财政管理权限的划分，习惯上都分为事权划分和财权划分两大块。这有一定道理，因为财政活动归根结底是为了向社会提供公共产品和服务。而公共产品和服务的提供受其自身性质的制约，必然要经过财政收入的筹集和财政支出的安排两大环节，而且通常都是收入筹集在前，支出安排在后，即花钱的前提是必须有钱。从这个意义上讲，财政管理权主要体现为收入管理权和支出管理权，前者通常称为财权，后者通常称为事权。

正如财政收入和财政支出是紧密联系的一样，财政的财权和事权实际上也是紧密联系的，并不能截然分开。对财政收入管理权即财权而言，其实际是一组权利，具体可包括财政收入依据的制订权、收入的征收权、占有权、支配权和使用权等。财政收入一旦涉及支配和使用，实际就已经和财政支出联系在一起了，即财权要真正得以体现，就必然要和事权结合在一起。脱离了事权的财权并无实际意义。这类似日常人们常说的一句话：一个人的钱只有花了才算是属于自己的钱。事权作为财政支出管理权，可分为支出的决策权和执行权。支出的决策权包括支出规模的确定权、支出方向即支出结构的确定权，以及支出方式的确定权，支出的执行权是具体安排财政支出，实现财政资金向社会成员需要的公共产品和服务转化的确定权。同样，事权脱离了财权也难以独立存在。离开了一定的财权作为基础，事权就难以实现。

1.4.2 财权与财力

财权作为财政收入依据的制订权以及收入的征收、占有、支配、使用的权力，存在形式上的财权和实质上的财权的区别。比如，按照体制规定，某种税收划为某级政府的收入，其可以根据法律规定，征收、占有、支配、使用这种税收收入，这只是体现为形式上的财权，而这种形式上的财权是否能转化为实质上的财权，关键取决于在其辖区范围内是否能筹集到相应的收入。如果在其辖区范围内，能征集到足够税收收入，形成了相应的财力，那么其形式上的财权也就转化为实质上的财权。如果在其辖区范围内，该税种根本无法征集到税收收入或征集不到足够的税收收入，那么其虽然掌握了财权，但财权并没有转化为财力，这就出现形式上的财权与实质上的财权的脱节，也就是通常说的财权不等于财力。正是在这个意义上，有的学者认为通常所讲的财权与事权相结合的提法是不合适的，因为即便财权与事权是匹配的，但由于财权不等于财力，所以政府财政职能的实现仍然会遇到障碍。因此准确的提法应是做到财力与事权相结合。对于有财权但并不能掌握相应财力的地方政府来说，应该得到政府间转移支付的支持，这实际是消解形式上的财权与实质上的财权在现实中存在矛盾和冲突的基本要求，同时也表明财力概念归根结底是由于形式上的财权与实质上的财权存在矛盾和冲突而引入的一个概念。引入这个概念后，可以解释为何采取同样的体制，有的地方政府可以做到财权与事权相统一，财政分配活动可以顺利进行，而有的地方政府却出现财权与事权脱节，支出负担重、压力大，财政收支极其困难的局面。原因很简单，由于地区差异是客观存在的，有的地方政府辖区内经济发展水平高，财源较为充裕，有财权就可以有财力，而有的地方政府辖区内可能经济发展水平较低，财源有限，在这样的条件下，虽然有财权但却难以形成相应的财力。这表明对前者来说，不但形式上财权与事权是统一的，实质上财权与事权也是统一的；但对后者来说，虽然形式上财权与事权是统一的，但实质上财权与事权却是脱节的。总之，财力概念的提出对于研究财政体制、理顺政府间财政关系具有重要意义。

1.4.3　事权与支出责任

　　事权体现为安排财政支出的权利，权利与义务相对应，掌握特定的事权，自然也就需要承担相应的支出责任。从这个意义上讲，似乎事权和支出责任是紧密联系不可分割的。但事实上并非如此。党的十八届三中全会通过的《中共中央关于全面深化改革若干重大问题的决定》指出，要建立事权与支出责任相匹配的财税体制。这句话的意思很明确，事权和支出责任并不一定能相互匹配。我们通常说的掌握特定事权，自然就需要承担相应的支出责任，实际这仅是一种应然的分析，即一般说来，特定的事权总是伴随特定的支出责任，其建立的基础和前提是事权能与财力相统一。一级政府拥有特定的事权，也就有钱把支出责任落到实处。否则，即便掌握特定的事权，也无法尽到自己的支出责任，出现事权与支出责任脱节。显然，事权与支出责任相统一，其基础与前提是事权与财力统一，财权转化为了财力。

第2章 协调中央政府与地方政府事责财权关系的理论分析

2.1 协调中央政府与地方政府事责财权关系的基本思路

协调中央政府与地方政府事责财权关系需要解决三个方面的问题：一是中央政府与地方政府之间事责即事权和支出责任划分；二是中央政府与地方政府之间财权和收入的划分；三是中央政府与地方政府事责财权划分关系的协调。第一，要划分中央政府与地方政府之间的事权支出责任，首先需要明确界定整体意义上的政府所应承担的事权和支出责任，显然这属于政府与市场关系的协调和处理问题。研究这一问题，实际上就是要明确在市场经济条件下到底哪些事情应该由政府来做，哪些事情应该由市场来做，划清政府与市场的职能范围，以便二者做到各司其职、各负其责，避免双方的"越位"和"缺位"。其次需要在中央政府与地方政府间划分事权支出责任，明确政府负责提供的公共产品和服务到底哪些应由中央政府负责提供，哪些应由地方政府负责提供，哪些应由中央政府和地方政府共同提供，由二者共同提供的公共产品和服务需明确二者的支出分担比例。第二，要划分中央政府与地方政府之间的财权和收入，首先需要界定整体意义上的政府所应掌握的财权和收入，这需要遵循"量出为人"原则筹集收入，避免收入筹集的盲目性，做到财政收入总量优化。其次结合政府间事权和支出责任划分来划分政府间的财权和收入。第三，在合理划分政府间事权支出责任以及财权和收入范围的基础上，协调中央政府与地方政府事责财权关系，需通过完善政府间转移支付制度来实现，最终做到二者各司其职、各负其责、相互协调、相互配合，共同完成市场经济条件下政府所担负的职能任务。

2.2 协调中央政府与地方政府事责财权关系的基础和前提

2.2.1 政府作为整体所应承担的事权和支出责任

2.2.1.1 基本思路和方法

明确政府作为整体所应承担的事权和支出责任，需要划清市场与政府的职能范围，所应遵循的基本思路简而言之就是发挥二者的比较优势①，而要分析二者的比较优势，就需要对二者的本质有准确的认识和理解。

首先，市场作为一个经济学概念，是指商品和劳务交换的场所，这是通常意义上所讲的市场。作为商品和劳务交换的场所，市场是由不同类别、不同性质的市场所构成的市场体系。相对于政府而言的市场，更多地是指市场机制。市场机制本质就是一种通过市场来配置资源、生产提供各种产品和服务，来满足人们生活需要的方式。该方式运作的基本特征体现为市场价格在资源配置过程中发挥基础性、决定性作用。市场作为一种资源配置手段是有效率的。从理论上讲，如果市场是完全竞争的，则可以实现资源配置的帕累托最优，即资源配置状态的任何重新调

① 比较优势原理最早由李嘉图提出，用来说明国家与国家之间实行自由贸易的必要性。现已作为一种基本的分析思路和研究方法在经济研究领域得到了广泛应用。比较有代表性的例子是林毅夫教授成功地运用比较优势原理解释了改革开放后中国取得经济发展奇迹的原因。其观点可简单概括为：在改革开放之前，中国劳动力资源充裕而资本严重短缺，按照比较优势原理，中国应发展劳动密集型产业，但当时中国违背了比较优势原理，发展的是资本密集型产业，这等于用自己的比较劣势与西方国家的比较优势竞争，所以经济发展绩效水平低。改革开放后，中国遵循了比较优势原理发展劳动密集型产业，用自己的比较优势与西方国家的比较劣势竞争，所以取得了举世瞩目的经济发展成就。本书认为，分析政府作为整体所应承担的事权和支出责任，也需要运用比较优势原理。搞清楚市场与政府二者的比较优势和比较劣势，由此可为理顺市场与政府的关系提供基础条件。

整，已经不可能在不减少一个人福利的情况下去增加另外一个人的福利。市场能保证资源配置符合三个边际条件：一是任意两个消费者消费任意两种产品边际替代率相等；二是任意两个生产者生产任意两种产品边际转换率相等；三是消费的边际替代率等于生产的边际转换率。这是正统的西方经济学对市场有效的理论解释。用传统政治经济学的理论解释市场有效，一般认为是市场机制的三大分体机制可通过相互协调、相互配合、相辅相成来共同优化资源配置，即通过价格机制来正确引导资源配置的方向；通过供求机制来确定某个方向资源配置的数量；通过竞争机制来迫使每个资源使用者高效率地配置资源①。从实践角度考察，中国改革开放四十多年取得的举世瞩目的经济发展成就，归根结底得益于市场体制的构建和完善，这充分证明市场相对于计划在提高资源配置效率方面具有优越性。

市场之所以有效或者说市场三大分体机制之所以能有效发挥作用与私人产品自身固有性质有内在联系。通常认为，私人产品具有与公共产品相反的三大属性，即所谓的可分割性、竞争性和排他性。可分割性意味着私人产品并非作为一个整体向社会提供，它通常有计量单位，这意味着其可以定价②。竞争性是指一个人消费影响其他人消费（这包括两种情况：一是一人消费其他人则不可能消费；二是一人消费其他人也可

---

① 价格引导资源配置的方向其作用机制是哪个方向价格水平高，资源自然就会配置到该方向上去。之所以通过价格水平的高低来决定资源配置的方向是合理的，道理显而易见，因为某个方向价格水平高说明该方向的产品供不应求，之所以供不应求是因为该方向资源配置量不足。既然该方向资源配置量不足，那么通过比较高的价格把资源吸引进来当然就是合理的。那么由此可能带来的问题是：某一方向价格水平比较高会不会无限制地吸引资源流入？这是不可能的。因为和价格机制相伴随的还有供求机制。随着资源流入量的增加，供求关系会缓慢发生变化，原来供不应求的会逐渐朝着供求平衡甚至供过于求的方向发展，一旦产品供过于求，价格就会下跌，价格一旦下跌，资源流入量就会减少甚至流出。因此，在价格机制正确引导资源配置方向的基础上，供求机制可以确定某一方向配置资源的数量。另外，竞争机制则可以迫使每个资源使用者高效率地使用资源。因为商品的价格是由生产商品所需要的社会必要劳动时间决定的，如果一个资源配置主体的效率比较低，个别劳动时间长于社会必要劳动时间，按照由社会必要劳动时间决定的价格来出售商品，其得到的收入将不足以抵补生产的成本，短时间其可以维持，但长时间看其配置资源的资格将被剥夺。总之，市场之所以有效是因为价格、供求、竞争三大分体机制相互协调、相互配合，分别发挥着特定作用。

② 超市里销售的各种产品都有价格，而价格的制订通常都是多少元，接着就是计量单位。如果产品不可分割，没有计量单位，笼统地作为整体向社会提供，虽然从理论上讲仍然可以确定整体价格，但这已经不是通常意义上所讲的价格。

以消费但消费质量受到影响），这意味着任何人寄希望于"免费搭车"满足自己的私人需要一般是不可能的，通常情况下其需要出价购买。排他性是指可以很容易地将不符合条件的人排除在消费范围之外，这意味着对私人产品来说，定价是有实际意义的。私人产品的这三大属性恰好可以发挥市场的比较优势，市场价格机制连同与价格机制有内在联系的供求和竞争机制就可以发挥优化资源配置的作用，具体通过产品市场和要素市场的等价交换来实现。无论是产品还是要素，都具有私人产品的属性。在产品市场上，家庭是买者，企业是卖者；在要素市场上，企业是买者，家庭是卖者。由于私人产品所具有的竞争性和排他性，这意味着无论是家庭要满足自己的消费需求还是企业要满足自己的生产需求，都必须通过交换：一方面二者作为需求者出价购买产品或者生产要素；另一方面作为供给者出售自己的生产要素或者产品。不卖就不能掌握买所需要的收入，不买就无法满足生产、生活需要。这就自然在两种不同性质的市场上形成了供求双方。供求两种相反的力量在市场上相遇就可以形成均衡价格。无论卖者还是买者都是价格的接受者。在产品市场上，家庭根据自己的边际效用确定购买量，企业根据自己的边际成本确定产量。在要素市场上，企业根据要素的边际贡献率确定要素购买量，家庭根据要素提供的边际成本确定供给量，这就可以实现资源配置的帕累托最优。由此可见，市场作为一种资源配置方式，其比较优势集中体现为生产、提供私人产品，满足私人需要。

如果市场是完全竞争的①，一般认为它可以实现私人产品资源配置的帕累托最优。这被称为福利经济学第一定理。但是现实中的市场并不符合完全竞争的条件，这就意味着通过市场配置资源要达到帕累托最优是有难度的。退一步讲，即便市场是完全竞争的，有些问题市场也解决不了或解决不好，这说明市场有效是相对的，客观上存在市场失效。依据公共经济学的基本理论，市场失效表现在很多方面，诸如解决不了垄断、自然垄断；解决不了外部效应；解决不了收入公平分配；解决不了经济稳定增长；解决不了信息不充分；等等，但归结为一点则集中体现

---

① 完全竞争的市场是一种理论抽象。现实中的市场有的可以较为接近完全竞争市场，但难以严格符合完全竞争的条件。完全竞争的市场一般要求市场得有无数多个卖者和买者，且每个卖者和买者的交易量只占总交易量的极小部分，小到不能影响价格，信息充分、对称，产权界定清晰，资源自由流动，没有交易成本。

为不能有效解决公共产品的生产提供、公共需要的满足以及公共利益的实现问题①。因为上述各种市场失效如果能通过某种手段、途径和方式解决，实际上也就是满足了社会公共需要和提供了公共产品。

　　市场之所以在公共需要的满足和公共产品的生产、提供方面失效，归根结底还是由公共产品和市场自身的性质决定的。公共产品通常认为具有与私人产品相反的三大特征，即不可分割性、非竞争性和非排他性。不可分割性意味着其通常作为一个整体向社会提供，没有计量单位，因而也就无法定价；非竞争性是指一个人消费不影响其他人消费，既不影响消费的数量，也不影响消费的质量。这意味着作为理性的经济人，其在公共产品消费上会选择"免费搭车"，即寄希望于别人付费购买而自己免费享用；非排他性意味着难以将不符合条件的人排除在消费范围之外，因此对公共产品而言即便可以定价，定价也没有实际意义。这表明对公共产品的生产提供和公共需要的满足来说，市场就会失效。因为市场优化资源配置的基础是以价格来引导资源配置方向，公共产品没有价格意味着市场价格机制以及与价格机制紧密联系的供求机制和竞争机制难以存在，市场也就丧失了发挥调节作用的基础条件。因此，市场的比较优势体现为解决私人产品的生产提供和私人需要的满足问题相对有效；其比较劣势体现为在生产提供公共产品、满足公共需要方面相对无效。

　　其次，对于政府来说，其作为国家的现实存在形式，本质上是社会成员为了解决自己解决不了或解决不好的问题而创设出来的一种手段或制度安排。政府的权力来自民众的授予。从这个意义上讲，政府的确应该是民有（of the people）、民治（by the people）和民享（for the people）的政府，但是政府一旦产生，就拥有了凌驾于社会成员之上的政治权力。凭借这种权力，政府可以有效管理公共事务，代表把权力授予

---

　　① 市场失效是客观存在的，但也不能夸大，这体现为：第一，市场失效必须是市场在资源配置中发挥基础性作用时出现的失效，在自给自足的自然经济条件下，资源配置效率低下；在传统计划体制下，资源配置效率也很低下，但这都不是市场失效。第二，市场失效必须是在市场机制健全条件下的失效。在市场体制不健全，比如在实行价格双轨制时期，个别人利用计划内价格和计划外价格的差额"倒买倒卖"，由此导致收入差距拉大，这也不是市场失效。第三，市场失效必须是市场自发失效而不是人为干预的结果。因为市场与政府的地位并不对等，政府可以凌驾于市场之上，限制甚至否定市场在资源配置中的地位和作用，由此所导致的资源配置效率低下并不是市场失效而是政府失效。

政府的社会成员集中决策。从本质上讲，政府凭借政治权力通过集中决策来代替社会成员之间的交易协商谈判，可大大降低交易成本。这实际上也就表明了政府在满足公共需要和生产提供公共产品方面所具有的比较优势。这也是由公共产品自身的性质所决定的。由于公共产品自身的性质决定其无法通过市场配置资源来生产提供，那么不难设想，为了满足公共需要，社会成员通过谈判协商来决定到底应提供什么种类的公共产品、提供多少以及成本如何分担，显然要付出很高的交易成本。在涉及人数较少的情况下，社会成员通过交易谈判协商或许可以达成一致意见，"林达尔均衡"描述的就是这种状况。但是一般认为，林达尔均衡只是虚拟的均衡，是一非现实的理论模型①。因为一旦公共产品的生产提供涉及众多的社会成员，那么通过交易谈判协商来形成大家一致认可的成本分担方案受交易成本的制约一般来说是不可能的。在这样的条件下，由政府作为代理人代替社会成员进行集中决策，有助于降低交易成本，从而可以相对有效地解决公共产品的生产、提供问题。从这个意义上讲，政府就是民众为了降低公共产品生产提供的交易成本而创设出来的一种手段或制度安排。相对于市场，政府的比较优势集中体现为满足公共需要、生产提供公共产品。

正如市场有效总是和市场失效相伴随，政府在拥有比较优势的同时，也具有自己的比较劣势。一般来说，相对市场，政府在生产提供私人产品、满足私人需要方面居于劣势地位，其难以有效解决生产什么、生产多少以及如何以最低成本生产的问题。这首先是因为受私人产品生产信息因素的制约。虽然市场通过产品和要素价格在买卖双方之间传递信息确实存在信息的不充分和不对称，但毕竟其信息传递的链条短、环节少，信息不充分和不对称的程度相对轻。而政府传递信息与市场横向传递信息明显不同，其通常体现为纵向的信息传递，涉及不同级次政府间自下而上和自上而下的信息传递，链条长、环节多，信息不充分、不

①　瑞典经济学家林达尔认为：只要每个人都能按照自己从公共产品消费中得到的效用满足程度来分担公共产品的生产成本，则市场也可以实现公共产品的供求均衡，即"林达尔均衡"。林达尔均衡之所以被称为虚拟的均衡，是因为其实现需要有严格的假定条件：公共产品的受益范围比较小，涉及的交易人数比较少，大家彼此相互了解，从而不具备隐瞒自己偏好的可能性。但是一旦公共产品的受益范围足够大，涉及的交易人数比较多，大家彼此之间并不熟悉了解，隐瞒自己的偏好并不会对自己消费公共产品带来任何不利影响，那么作为利己的经济人，会选择隐瞒偏好从而避开成本分担，进而导致公共产品无法生产提供。

对称的程度要严重得多。另外，私人产品的种类相对公共产品极其繁多，不同消费者的偏好也不一样，政府需要搜集整理的信息量是天文数字，别说是信息技术相对落后的计划体制时代，即便在信息技术高度发达的今天，准确搜集整理这样的信息对政府来说仍然是不可能完成的任务。信息问题解决不了，决策就容易失误。政府配置资源，生产提供私人产品，难以做出合理的决策来决定生产什么、生产多少以及如何以最低成本生产出来。其次，政府生产提供私人产品也难以有效解决激励问题。市场可以充分利用私人对自身利益的追求来为私人产品的生产提供和私人需要的满足提供有效激励。家庭为了实现效用满足程度最大化必须在要素市场多提供生产要素、提供高质量的生产要素，企业为了实现利润最大化必须面向产品市场多生产适销对路的产品并尽可能降低成本。它们为了实现私利最大化在市场"看不见的手"的调节下必须把利己和利他完美结合起来，从而保证市场作用下的资源配置能有足够的激励。但政府生产提供私人产品，无论是在传统体制还是市场体制下都难以提供有效的激励。在传统体制下，政府直接制订价格，价格并不随供求关系的变化而自发调整，这意味着即便当初政府制订的价格是合理的，随着时间推移，价格也会趋于不合理，最终导致产品价格难以准确反映价值和供求关系。在这种不合理的价格体系下，企业以及劳动者对社会产出的贡献程度就难以准确衡量，出现所谓的"干多干少一个样，干好干坏一个样以及干与不干一个样"，这实际已不是激励程度不够的问题，而是严格意义上的激励机制扭曲。在市场体制下，价格由社会供求关系确定，政府不再直接制订价格，但政府生产提供私人产品仍然需要通过国有企业来实现。从理论上讲，借助市场价格可以准确衡量国有企业贡献率的大小进而可以制定合理的激励办法。但是公有产权自身的属性决定其相对私有产权，仍然难以建立有效的激励机制。因为对公有产权而言，最终的所有者要对企业的经营管理者和劳动者建立激励机制需建立漫长的委托代理链条，先是政治领域的委托代理再是经济领域的委托代理[①]。这一链条会长到最终的所有者——全民无法有效激励掌握企业控制权的厂长经理以及企业的一般管理人员和劳动者。所以，现实中生产提供私人产品的国有企业如果不处于垄断地位，其一般都是低效

25

---

① 杨灿明：《产权特性与产业定位——关于国有企业的另一个分析框架》，载《经济研究》2001 年第 9 期，第 53～59 页。

的。因此，总体来说，生产提供私人产品、满足私人需要是政府的比较劣势。

综上所述，划分市场与政府的职能范围，理顺二者的关系，在基本思路的选择上需要发挥二者的比较优势，让市场立足于满足私人需要，生产提供私人产品；让政府立足于满足公共需要，生产提供公共产品。

2.2.1.2　界定整体意义上的政府事权和支出责任所面临的制约因素

根据上述分析，如果社会产品可以泾渭分明地划分为公共产品和私人产品，那么市场与政府的关系就很容易理顺，政府作为整体所应承担的事权和支出责任界定问题也就容易解决了。但现实情况是，私人产品和公共产品只是产品类型划分的两个极端，大部分产品并不是严格意义上的私人产品或公共产品，而是兼具二者属性的混合产品或称准公共产品。

对于混合产品的生产提供就难以简单地划为市场或政府的职能范围，必须具体问题具体分析，否则就难以充分体现效率和公平原则。

从横向考察，不同的混合产品的具体性质有明显差别，可以按照不同方法进行分类。一种分类方法是根据产品更多地具有公共产品的性质还是更多地具有私人产品的性质，至少可以分为三类：第一类是接近于公共产品的混合产品；第二类是接近于私人产品的混合产品；第三类是难以准确判定其到底是更多地具有公共产品性质还是更多地具有私人产品性质的严格意义上的混合产品。还有一种分类方法是根据产品在非竞争性和非排他性方面的侧重点不同，可以分为三类：第一类是具有较为明显的非排他性但同时非竞争性不明显的混合产品，这一般称为"公共资源型混合产品"；第二类是具有较为明显的非竞争性但非排他性不明显的混合产品，这一般称为"俱乐部型混合产品"；第三类是非竞争性和非排他性都不太明显的混合产品。

从纵向考察，同一种混合产品随着时间推移，其具体性质也在发生变化，可以分为三种情况，第一种是随着条件变化逐渐趋近于私人产品的混合产品；第二种是随着条件变化逐渐趋近于公共产品的混合产品；第三种是混合产品的整体性质较为稳定，但非竞争性、非排他性的明显程度发生了结构性变化，原来是非竞争性明显、非排他性不明显转变为非竞争性不明显、非排他性明显，比如收费的公园改为不收费的免费开放的公园；或者是反过来，非竞争性不明显、非排他性明显转变为非竞争性明显、非排他性不明显，比如公有的草场改为私人承包的草场。

公共产品和私人产品性质区分边界的模糊以及混合产品性质的动态变化导致政府与市场职能范围的划分及二者关系的处理、协调变得错综复杂。

2.2.1.3　理论上的出路

从理论上讲，更多地具有私人产品属性的混合产品一般划为市场的职能范围，更多地具有公共产品属性的混合产品一般划为政府的职能范围，这可称为划分市场与政府职能范围的就近原则。划为市场职能范围的混合产品的提供一般存在效益外溢，此时政府可以根据效益外溢程度给予补助，以解决因混合产品市场提供所导致的效率损失；划为政府职能范围的混合产品或多或少都具有私人产品性质，此时政府可以借助各种方式发挥市场机制和私有产权在产品生产提供过程中的作用。

具有非排他性的混合产品，一般来说私人难以提供，所以非排他性明显、非竞争性不明显的混合产品一般划为政府的职能范围；而非排他性不明显、非竞争性相对明显的混合产品一般划入市场的职能范围。

如果从时间角度考察，一种混合产品非排他性逐渐变得明显（与之相对应，非竞争性变得不明显），那么政府应逐渐发挥更大的职能作用，市场发挥相对更小的作用；如果非排他性逐渐变得不明显（与之相对应，非竞争性变得明显），那么市场应逐渐发挥更大的职能作用，政府发挥相对更小的作用。

总之，市场与政府关系的处理与协调，即政府作为整体所应承担的事权和支出责任界定并不是轻而易举的，直到党的十八届三中全会通过的《决定》仍然把如何处理、协调政府与市场的关系作为全面深化改革的一项重要任务。纵观西方经济理论与实践的发展历程，不难发现，其在如何处理与协调政府与市场关系方面也走过了较为曲折的道路，既有成功经验，也有失败教训。在重商主义阶段，西方国家强调政府干预；在自由资本主义时期，强调"看不见的手"作用原理，主张"自由放任"，市场的地位得到足够重视和承认；在垄断资本主义时期，特别是 1929～1933 年大危机以后，随着凯恩斯（Keynes）《通论》的发表，"看得见的手"开始取代"看不见的手"，"政府干预"开始取代"自由放任"，政府的地位得到足够重视和承认。20 世纪 70 年代西方国家"滞涨"的出现，使凯恩斯的赤字财政理论进退两难，无法解释"滞涨"成因，政府干预受到质疑。随着新自由主义学派兴起，市场机制的自发调节作用重新受到重视。总结西方国家处理政府与市场关系方面的经验、教训，可以得到的基本启示是：无论市场还是政府，作为资源配置手段，都不是完美无缺的，二者各有比较优势和比较劣势。无限制地用市场取代政府或者无限制地用政府取代市场，都不是理性的做法。合适的做法应是发挥二者的比较优势，避开二者的比较劣势，在二者各司其职、各负其责的基础上通过相互协调、相互配合、相辅相成来完成社会总的资源配置任务（见图2-1）。

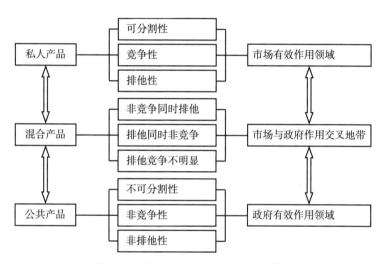

图2-1 市场与政府有效作用领域划分

2.2.2 政府作为整体所应掌握的财权和收入

2.2.2.1 政府作为整体所应掌握的财权和收入客观上存在一个最佳数量界限

政府作为整体所应掌握的财权和收入体现为全部社会资源中归政府支配使用的资源数量。在社会资源总量一定的前提下，政府部门与非政府部门配置的资源就存在此多彼少、此增彼减的关系。由于政府配置资源的最终目的是生产提供公共产品、满足公共需要、实现公共利益，而非政府部门配置资源归根结底是为了生产提供私人产品、满足私人需要、实现私人利益。因此，政府作为整体所应配置的资源最终取决于社会成员对公共产品和私人产品的需求结构。即简单说来，社会成员对公共产品的需求总量决定了政府作为整体所应配置的资源总量，也就决定了政府作为整体所应掌握的财权和收入以及由财权和收入规模决定的公共产品供给规模。由于边际效用递减，无论公共产品供给过多还是过少，都会导致社会福利损失，所以在特定国家的特定发展阶段，客观上存在社会成员对公共产品的最佳需求量，也就是说政府作为整体存在所应配置的最佳资源量。这意味着其所应掌握的财权和收入规模并不是越大越好，在特定国家、特定地区的特定发展阶段，客观上存在着最佳的政府财权和收入规模。

如果政府作为整体配置资源总量过多，那么假定其他条件不变，从资源配置的结果看，就是过多的公共产品与过少的私人产品搭配组合，由此导致社会无差异曲线与社会总的资源约束线相交而不是相切，从而导致社会福利损失；反过来，如果政府配置资源总量偏少，那么假定其他条件不变，从资源配置的结果看，就是过少的公共产品与过多的私人产品搭配组合，同样导致社会无差异曲线与社会总的资源约束线相交而不是相切（社会无差异曲线与社会总的资源约束线相交的另一个交点，见图 2 - 2），这会导致同样的社会福利损失。只有在社会无差异曲线与社会总的资源约束线相切的位置，政府作为整体所配置的资源总量才是

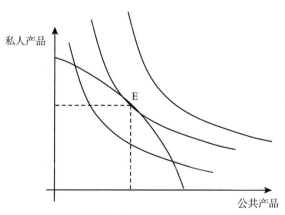

图 2 - 2　最佳的整体意义上的政府财权和收入

最佳的，与之对应的则是最佳的整体意义上的政府财权和收入。从理论上讲，只有整体意义上的政府财权和收入得到清晰界定，才可能合理划分政府间的财权和收入，这构成在中央政府与地方政府间划分财权和收入的基础和前提。

2.2.2.2　政府作为整体所应掌握的财权和收入的实现形式

从整体上讲，政府要向社会成员提供公共产品，而公共产品自身固有的属性决定其难以定价，这也是私人难以生产提供公共产品的重要原因，其无法弥补公共产品的生产成本。政府之所以能够生产提供公共产品并不是因为其生产提供公共产品不需要耗费成本，而是因为政府可以通过一种特殊的途径、手段和方式来弥补公共产品的生产成本。这种手段、途径和方式就是通常所讲的税收。政府凭借政治权力可以凌驾于私人经济权利之上，把私人凭借经济权利取得收入的一部分集中起来，从而掌握一定数量的资源配置权。传统的观点认为税收属于分配范畴，强调税收的无偿性、强制性和固定性。而在西方国家，税收价格观源远流长①，税收更多地被视为属于交换范畴，体现私人经济部门与政府公共经济部门之间的交换关系，即私人经济部门的企业、家庭向政府缴税，政府则向私人经济部门的企业、家庭提供公共产品和服务。税收是私人经济部门为了消费公共产品和服务而向政府支付的特殊"价格"。因此，基于公共产品和政府的性质，不难推出，从整体意义上讲，政府的财权主要体现为税权，其主要的财政收入形式是税收。

从理论上讲，即便政府提供的产品和服务只有纯公共产品，政府的财权若仅体现为税权，收入仅体现为税收收入也不能说就能完全满足政府职能实现的要求。因为在政府财政收支实际运行过程中，由于种种原因出现收不抵支的情况并不鲜见，为了维持政府财政收支的正常运作从而保证政府职能顺利实现，政府的财权还应包括举债的权力，即凭借信用原则以有偿方式筹集收入的权力，这对于保证政府职能的顺利实现不可或缺。这意味着政府收入形式除了税收形式外，还应有债务形式的收入。

---

① 税收是"人们为公共事业的交款，无非是为了换取和平而付出的代价"，"间接税和直接税就是为不受外敌入侵，人们以自己的劳动向拿起武器监视敌人的人们提供的报酬"（霍布斯：《利维坦》，商务印书馆 1936 年版，第 96 页）。

另外，由于政府提供的公共产品和服务对民众来说多是免费提供，即其价格为零。对于价格为零的产品，民众为实现效用满足程度最大化会一直消费到边际效用为零为止。由于产品生产的边际成本递增，在边际效用为零时，产品生产的边际成本大于边际效用，由此会导致效率损失。因此，为提高资源配置效率，政府除掌握税收收入来弥补产品生产成本外，还需要掌握调节性的收入形式，即这些收入形式存在的目的主要不是为了弥补公共产品和服务的生产成本，而是为了发挥调节作用，促使社会成员节约使用公共产品服务。这种主要发挥调节作用的收入形式包括规费和罚没收入等。作为规费，通常由提供公共产品和服务的行政司法机构收取，可分为行政规费和司法规费。本来，行政司法机构生产提供公共产品和服务的成本通过税收形式筹资、通过财政安排预算支出向行政司法机构拨付经费来弥补，没有必要借助其他收入形式筹资。但是为了促使社会成员节约使用公共产品和服务，其他筹资形式就有存在的必要。比如规费的收取就可以起到这样的效果，罚没收入也具有类似的作用。因此，政府作为整体所掌握的财权除了税权、债权外还应包括收取规费和罚没收入的权力，其所掌握的收入形式除了税收、公债外，规费、罚没等收入形式也不可或缺。

政府提供的公共产品和服务并不一定体现为纯公共产品和服务。事实上，政府还提供大量的混合产品，对于这些混合产品，虽然从理论上讲也完全可以借助税收形式筹资，但是税收筹资存在其自身难以克服的缺陷。这通过考察政府收税所强调的公平原则不难看出。所谓税收公平原则通常是指政府收税应做到同等情况、同等对待，不同情况、不同对待。前者为横向公平，后者为纵向公平。至于如何判断情况相同还是不同，则要遵循两大准则，即受益准则和支付能力准则。这两大准则分别对应着不同的判定标准和分析思路，在用作公平判定标准时，从理论上讲应首推受益准则，因为税收的本质是私人为了消费公共产品和服务而支付的特殊价格，所以政府以税收形式筹资的理想状态是根据每个社会成员从政府提供的公共产品和服务中得到的效用和满足程度来分配税收负担。但是公共产品自身的性质，决定了要准确判定每个社会成员的受益程度难度相当大，所以现实中政府收税一般采取的是支付能力准则，即不考虑社会成员的受益情况，而直接根据社会成员的支付能力大小分配税收负担。这虽然使政府收税变得简单易行，但却割裂了公共产品的生产提供与成本费用弥补的内在关联，不能体现利益获取与成本分担对称的公平原则。由此不难看出，政府收税之所以采取支付能力原则实际是因为受公共产品自身性质的制约而采取的权宜之计。因此，如果政府提供的产品和服务中有一部分可以根据受益准则筹资，那么用这些可以体现受益原则的筹资形式来实现对税收收入的替代当然不失为一种合理选择。在现实中，实现这种收入形式替代所需要的条件是完全具备的。因为政府提供的产品和服务中确实有相当一部分是具有排他性的混合产品。对于这些可以排他的混合产品，政府可以收费。如果把税收视为广义的价格，那么费就是介乎税收和价格之间的一种特殊"价格"。严格意义上的价格实际指的是私人产品的价格，其处于市场有效作用领域，体现的是严格意义上的交换关系；税收作为广义的价格指的是公共产品的"价格"，它处于市场完全失效的领域，在本质上体现一种交换关系；费指的是混合产品的"价格"，它处于市场部分失效的领域，在一定程度上体现交换关系。这是因为相对于私人产品的价格，混合产品的"价格"严格说并不以营利为目的，甚至低于成本，部分成本还需要借助税收形式筹资弥补。政府收费一般分为企业性收费和事业性收费两大类。一般来说，企业性收费所提供的产品更多地具有私人产品属性，通常按照平均成本确定收费标准；事业性收费提供的产品更多地具有公共产品属性，收费标准通常低于成本。这两种收入形式对政府提供的混合产品来说也不可或缺，这表明政府作为整体所掌握的财权除了税权、债权、规费权、罚没权外，还有收费权，其所掌握的收入形式包括税收收入、公债收入、规费收入、罚没收入、费收入等。

2.2.2.3 实现最佳整体意义上的政府财权和收入所面临的制约因素

资源在政府部门与非政府部门之间配置的比例取决于政府部门而不是非政府部门。虽然从规范的意义上讲，政府是社会成员为了解决自己解决不了或解决不好的问题而创设出来的一种手段和制度安排，但政府一旦产生，就掌握了凌驾于社会成员之上的管理社会公共事务的政治权力，凭借政治权力政府可凌驾于社会成员的经济权力之上来决定收入分配格局。也就是说，政府有权并且能够确定一定时期宏观税负水平的高低。从理论上讲，政府在极端条件下可以把宏观税负水平定为百分之百，从而把全部社会资源配置权都掌握在自己手中。当然，这在现实中通常不可能。百分之百的税率意味着没人愿意投资，没人愿意出卖劳动力，没人愿意从事生产经营活动，这会导致税源枯竭，从长期看不可维持。但是，政府在一定程度上提高宏观税负水平在实践中却相对容易并且能够经常做到。

按照公共选择学派的观点，作为政府的领导人或者说政治家，也是利己的经济人。其所做出的决策难免夹杂对个人私利的追求。在现代民主国家，政治家关心自己的政治声望，希望能得到选民的支持而成功连任。因此其在决策时通常会考虑或照顾选民的偏好。而作为选民，虽然偏好千差万别，但毕竟共性寓于个性之中。从社会成员千差万别的偏好中，我们仍然可以总结出他们的共性偏好：希望政府提供种类丰富、数量充足、质量更高的公共产品，但同时又不想承受重的税收负担。因此，作为政治家，受选民这种偏好的影响，会在加大政府支出规模的同时尽可能减轻选民的税收负担，收不抵支的缺口则通过发行公债弥补。这意味着政府整体意义上掌握的财权和收入规模通常会扩张，超过最佳收入规模，并且这种扩张的收入规模在很大程度上可能需要通过发行公债以有偿方式来筹集。

尼斯坎南（Niskanen）的官僚模型表明，政府各部门的官员也是利己的经济人，他们希望扩张部门预算支出规模，因为其所关心的薪金、晋升、声望等都是预算支出规模的函数。只有扩张预算支出规模，才能实现自身利益最大化。从这个意义上讲，政府各部门的官员都存在扩张部门支出规模的动机。但是，有动机不一定就有现实的行为，行为动机转化为现实行为还需要特定条件。在实践中，政府各部门所处的特殊地位决定了各个部门企图扩张部门支出规模的动机往往可以转化为现实的行为。因为政府各个部门事实上都是受政府委托并具体掌握特定种类公共产品的提供权，或者说对于其负责提供的特定种类的公共产品而言，他们掌握最为充分的信息从而最有发言权。部门相对政府所具有的信息优势有助于使其扩张部门预算支出规模的动机成为现实[①]。

---

① 比如教育部门会论证教育部门的重要性，强调"百年大计、教育为本；再穷不能穷教育，再苦不能苦孩子"；交通部门会论证"要想富先修路"；农业部门会强调"民以食为天""无农不稳"；卫生部门会强调"健康最重要""身体是革命本钱"；等等。

2.2.2.4　如何保证政府整体意义上掌握的财权和收入合理

首先，要形成正确处理财政收支关系的思路。这要求：一是应本着"量出为入"的原则筹集收入。"量出为入"原则是市场经济条件下的基本理财原则。如果政府收入的筹集不遵循"量出为入"原则，那么政府筹集收入会带有盲目性，即其并不能清楚知道到底应筹集多少收入才是合理的。根据政府通常的选择和判断，一般会认为收入筹集多多益善（在具体的财政实践中，这样的例子司空见惯①）。这在财政实践中通常会导致政府筹集过多的收入、掌握过多的财权。如前所述，从资源配置的结果看，这会导致过大公共产品供给规模与过小私人产品供给规模相伴随，由此降低社会宏观资源配置效率水平。因此，要保证政府整体意义上所掌握的财权和收入合理，必须先强调"量出为入"的理财原则，需要先确定合理的支出规模，以此来避免收入筹集的盲目性。而合理的支出规模取决于特定条件下政府与市场关系协调处理的结果。需要具体分析特定国家在特定发展阶段，到底哪些问题市场解决不了或解决不好，需要由政府解决，而政府解决这些问题到底需要安排多少支出，进而依据支出规模来确定政府筹集收入的规模。二是必须强调依据"量入为出"原则安排财政支出。从理论上讲，即便政府收入的筹集严格遵循了"量出为入"原则，其实际筹集的收入规模也不一定就是合理的，可能偏大，也可能偏小。在这样的条件下，如何来安排财政支出？是否仍然要强调"量入为出"原则？如果仍然要强调"量入为出"，则需要注意此时的"入"显然就不应是所谓的实际筹集到的财政收入，而只能是根据"量出为入"原则计算出的理想财政收入。此时，如果实际筹集的收入规模偏小，则需要通过发行公债再筹集一部分收入；如果实际筹集的收入规模偏大，则需要形成盈余，并通过财政信贷的方式将这部分收入对应的资源配置权以有偿方式再转移到私人部门，用于私人产品的生产提供。当然，如果收入筹集依据"量出为入"原则事实上实现了理想的收入规模，则支出的安排只需要严格遵循"量入为出"原则即可，尽可能避免出现盈余和赤字。因为此时一旦出现盈

---

① 我国地方政府曾把财政收入增长率作为一个占有较高权重的考核指标。有的地方政府甚至对下级政府领导人实行财政收入增长率一票否决制，由此促使地方政府必然想方设法增加财政收入，有的甚至不惜"寅吃卯粮"弄虚作假来扩张收入规模。

余，则意味着在收入筹集环节所对应的政府公共经济部门的资源配置权并没有落到实处。毕竟，收入的筹集只是政府财政配置资源的准备环节，支出安排才是政府财政配置资源的实现环节。因此，此时出现的财政盈余明显是不适当的，应尽量加以避免；同样的道理，如果在收入筹集规模合理的条件下，出现了财政赤字，则赤字的弥补意味着政府实际配置资源规模的扩张，从资源配置的结果看就是公共产品供给规模过大而私人产品供给规模过小，这会降低资源宏观配置效率，也应尽力避免。

其次，为避免政府部门从业人员的利己动机导致政府整体意义上的财权和收入规模扩张，需要通过特定的制度安排来约束政府部门决策者及部门领导的机会主义行为。这种约束可以采用权力机关审核通过的法律法规的形式，比如通过财政法、预算法等法规直接规定财政收入占国内生产总值（GDP）的最高数量界限，也可以规定政府领导人在任期内所能发行的公债的最大规模等。同时，应尽可能提高财政透明度，政府财政收支规模及具体内容应向全社会公布，接受全方位的监督，以避免机会主义行为，尽可能保证政府作为整体所掌控的财权和收入规模合理。

2.3　政府间事权和支出责任划分的理论分析

2.3.1　政府间事权和支出责任划分的前提——多级政府的存在

从理论上讲，如果只有一级政府，那么就不存在政府间事权和支出责任划分问题。通过理顺市场与政府的关系界定清楚政府整体意义上的事权和支出责任，然后把全部事权和支出责任都让一级政府来承担即可。但现实中，政府是级次化的，除了有中央政府还有地方政府，地方政府通常又分为若干级次。这就需要在不同级次政府间划分事权和支出责任。因此，研究政府间的事权和支出责任划分问题通常是以多级政府的存在为假定前提的。换言之，政府级次问题本身虽然并不构成政府间事权和支出责任划分的研究内容。但是，政府级次的确是政府间事权和支出责任划分的研究前提，而且事实上其也是影响和制约政府间事权和支出责任划分的重要因素。如果能够解释清楚政府为什么要级次化以及制约政府级次设置的因素，无疑可以对政府间事权和支出责任的划分提供一定帮助，这体现为有助于形成政府间事权和支出责任划分的正确思路①。

本书认为，从理论上解释政府级次化的成因及形成机理，有以下三个逻辑上的出发点。

一是首先假定只有一个中央政府，该政府管辖范围广、涉及人口多，其在提供大受益范围特别是受益范围覆盖全国的公共产品方面具有比较优势。这一方面可以实现规模收益，降低公共产品的生产成本，另一方面由于辖区范围与公共产品受益范围吻合，由其在辖区范围内分担公共产品的生产成本也符合利益获取与成本分担对称的公平原则。因此，在只有一个中央政府的条件下，政府可以有效解决大受益范围特别是全国性公共产品的生产、提供问题。但是，在社会成员所需要消费的公共产品中，除了全国性公共产品外，还有大量的地方性公共产品，这些地方性公共产品的受益范围仅涵盖中央政府辖区的一部分，甚至是很小部分。这意味着在全国范围看，这些小受益范围的公共产品具有明显的地域性，对应着不同地域的受益民众。受历史、地理、文化、经济、社会等诸多因素的影响，这些不同地域的社会成员对这种小受益范围的公共产品的需求并不相同，对这种小受益范围的公共产品的供给种类、数量、质量及供给方式等会存在明显偏好差异。如果由中央政府"一刀切"集中提供，那么这种地方性公共产品的供给极易与需求脱节，由此导致效率损失，同时也不符合公平原则。为了实现效率和公平的改进，中央政府会"自上而下"分权成立辖区范围相对小的地方政府，若公共产品的受益范围与辖区范围相对小的地方政府重合，则由这些地方政

---

① 长期以来，研究政府间事权支出责任及财权和收入划分往往以特定的政府级次设置为前提。虽然理论界也对政府级次改革问题进行了研究，并形成了缩省、虚市、强县、撤乡的政府级次改革思路，但是对政府级次化的形成机理并没有进行深入的理论分析，没有回答到底为什么政府要级次化、什么因素在制约着政府级次化、合理的政府级次设置需要符合什么条件。表面上看，这些问题的研究似乎与政府间事权支出责任及财权和收入的划分没有直接关系，但是，如果能对政府级次化的形成机理进行较为深入的理论分析，本书认为有助于加深对不同级次政府经济关系的理解，对于准确认识不同级次政府的比较优势很有帮助，从而可为明晰划分政府间的事权支出责任、财权和收入范围及协调事责财权关系奠定基础条件。

府来负责提供这些受益范围相对小的地方性公共产品，就可以在某种程度上弥补和纠正中央政府在提供小受益范围的公共产品和服务方面所呈现出的比较劣势。以此类推，这些管辖范围小的地方政府为了提高更小受益范围公共产品的供给效率并体现公平原则，会继续通过"自上而下"分权成立辖区范围更小的地方政府。这是遵循"自上而下"分权思路对政府级次化形成机理进行的解释。

二是首先假定存在多个基层政府，每个基层政府管辖范围都不是很大，涉及人口不多，能相对有效解决受益范围在其辖区之内的公共产品的生产、提供问题，但是大受益范围的公共产品的生产提供就需要由这些基层政府通过协商、谈判、交易提供①，为此就需付出交易成本，为了降低交易成本，它们会通过"自下而上"授权成立高一层级的政府。高一层级的政府虽然可以有效降低大受益范围公共产品供给的交易成本，但若涉及更大受益范围的公共产品的提供，则高层级政府之间也需要付出交易成本。为了降低彼此之间的交易成本，它们会通过"自下而上"授权成立更高层级的政府，以此类推，最终会成立所谓的中央政府。这是按照"自下而上"授权思路对政府级次化的形成机理做出的解释，

三是首先假定存在多个处于并列关系的政府（既不是处于政府层级体系顶端的中央政府，也不是处于政府层级体系底座位置的基层政府），这些地位平等的政府可以有效解决受益范围与其各自辖区范围重合的公共产品的生产、提供问题，但超出它们辖区范围的公共产品就需要它们通过谈判、协商来解决生产、提供问题，这就需付出交易成本，成本的高低受参与谈判、协商的政府数目、距离远近、偏好差异程度等多种因素的制约。为了降低大受益范围公共产品供给的交易成本，这些地位平等的政府会通过"自下而上"授权成立更高层次的政府，由其负责提供大受益范围的公共产品；为了提高小受益范围公共产品的供给效率，

37

---

① 严格说来，并不是所有受益范围超出基层政府辖区的公共产品都需要靠基层政府之间通过协商谈判来共同分担成本。只要效益外溢不太严重，对基层政府来说不考虑外溢的效益提供该公共产品的所得仍然大于所失，则其为实现自身利益增进，也会提供该公共产品。但如果效益外溢严重，不考虑外溢的效益，自己的所失大于所得，则如果不能通过协商谈判实现成本分担，则该基层政府就不会提供该公共产品。考虑到交易成本以及实现成本分担所减轻的负担，该基层政府提供该公共产品的条件是：该公共产品的效用满足 >（该公共产品生产成本 + 交易成本 - 其他基层政府分担的成本）。

这些地位平等的政府会通过"自上而下"分权成立管辖范围更小、涉及人数更少的下级政府。显然，该思路实际是上面两种思路的综合。

虽然从理论上讲，这三种思路只是出发点不同，逻辑上都是可行的，但若把政府视作民众为了解决自己解决不了或解决不好问题而创设出来的手段和制度安排，那么在没有基层政府或地方政府的条件下，首先假定有管辖范围比较大、涉及人数比较多的中央政府存在，明显不具有现实性。毕竟，受交易成本的制约，管辖范围广阔、涉及人数极其众多的中央政府作为一种制度安排不可能被社会成员通过交易、谈判、协商而直接创设出来。相比较而言，后两个出发点具有更强的现实性，其对政府级次化形成机理的解释为划分政府间事权和支出责任带来的启示是：一种公共产品的受益范围如果没有超出一级政府的辖区，那么原则上就应由该级政府或者由该级政府的下级政府承担相应的事权和支出责任，即假定存在不同地方政府辖区，且辖区民众偏好存在差异，则公共产品由不同地方政府分权提供较之由中央政府"一刀切"集权提供，更能体现效率原则。这就是财政学家奥茨（Oates）所概括的"财政分权定理"。

2.3.2 政府间事权和支出责任划分的影响因素

2.3.2.1 政府间事权和支出责任划分的两大基本影响因素

不同国家政府间事权和支出责任划分情况不同，归根结底是因为不同国家的影响因素不同。政府间事权和支出责任划分属于财政体制问题研究的内容，属于政府公共经济部门的资源配置问题，自然受经济因素的影响；同时，财政满足的是社会公共需要，实现的是公共利益，自然要受社会因素的影响。另外财政活动的主体是政府，这意味着其不能不受政治因素的影响。这都是从大的方面进行的分析，如果具体来说，政府间事权和支出责任划分归根结底是要处理不同种类的公共产品和服务到底应该如何在不同级次政府间实现分工协作的问题。因此，本书认为，影响政府间事权和支出责任划分的两大基本因素可概括为：公共产品的属性和不同级次政府的属性。

首先，公共产品的属性是影响政府间事权和支出责任划分的基本因素。之所以不同的公共产品需要由不同级次政府提供或者由不同级次政府共同提供，在很大程度上是因为公共产品的具体属性不同。全国性公共产品由中央政府提供，因为其受益范围覆盖全国，这与中央政府辖区范围吻合，如果由地方政府提供，则意味着受益范围要超出任何一个地方政府的辖区范围，这会出现公共产品提供的效益外溢。根据外部性理论，这会导致效率损失，并且受益范围覆盖全国的公共产品由地方政府在辖区范围内分担成本也不符合利益获取与成本分担对称的公平原则。如果由不同地方政府协商提供，则要付出交易成本。地方性公共产品由地方政府提供，其受益范围与地方政府辖区范围吻合，有利于体现效率和公平原则。如果由中央政府提供，则对不同地方政府辖区民众偏好难以准确把握，极易导致"偏好误识"，进而存在效率损失，同时也不利于体现公平原则。区域性公共产品由中央政府和地方政府共同提供，是因为受益范围超出了地方政府辖区，但又没有覆盖全国，由中央政府和地方政府共同提供有利于体现效率和公平原则。显然，三类公共产品之所以对应三类供给主体根本的原因还是因为公共产品的属性和具体性质不同。

其次，不同级次政府的属性也是影响政府间事权和支出责任划分的基本因素。政府间事权和支出责任划分本质是作为客体的不同种类性质的公共产品如何与作为主体的不同级次政府的匹配问题。公共产品的具体性质是客体方面的基本影响因素；不同级次政府的具体性质则是主体方面的基本影响因素。为什么全国性公共产品由中央政府提供，地方性公共产品由地方政府提供，区域性公共产品由中央和地方政府共同提供？一方面，这是因为不同种类的公共产品的具体性质不同，这是客体方面的原因；另一方面则是因为不同级次政府的具体性质存在差异，或者说是因为不同级次政府的比较优势不同，这是主体方面的原因。从最基层的政府到最高层的中央政府，辖区范围由小到大，而公共产品的受益范围也可以由小到大划分为若干层次，划分政府间事权和支出责任做到政府辖区范围与公共产品受益范围吻合是理想状态，这被称为"完美对应"和"完美映射"[1]。

39

---

　　[1]　财政学家奥茨的观点是，在这一理想模型中，政府对民众偏好完全了解，可以提高帕累托有效的公共产品供给水平并按照合适的方法筹措资金，他称之为"公共产品供给的完美对应"。阿尔波特·布雷顿（Albert Breton）将这种政府辖区与消费公共产品群体的对称称为"完美映射"。曼库尔·奥尔森（Mancur Olson）则称之为"财政对等原则"（奥茨：《财政联邦主义》，译林出版社 2012 年版，第 38 页）。

2.3.2.2 政府间事权和支出责任划分的其他影响因素

1. 经济因素

一般来说，经济发展水平越高，生产的社会化程度越高，人的社会性表现得越明显，公共需要和公共产品在社会总的需要和总产品中所占比例和份额就越大，由此导致一个国家公共产品供给规模加大，公共产品供给种类及公共产品供给方式更加复杂，并加大政府间事权和支出责任划分难度。同时，由于大受益范围的公共产品本身与生产社会化程度的提高有内在联系，因此随着经济发展水平的提高、经济规模的扩张和效益提高，全国性公共产品在公共产品供给总量中所占比例会加大，由此会导致中央政府在政府间事权和支出责任划分中会占有相对更大的份额。

2. 政治因素

政府作为管理社会公共事务的组织本身就属于政治范畴，因此划分政府间事权和支出责任不能不受政治因素的影响。一般来说，联邦制国家比较强调分权，政府间事权和支出责任划分通常采用列举的办法，具体列举出联邦政府的事权及联邦政府与州政府的共同事权，没有列举出的事权都是地方政府事权；单一制国家通常比较强调集权，政府间事权支出责任划分通常不采用列举的办法，而多数通过宪法及其他法律对政府间事权支出和责任划分做出原则性规定，通常会更多地强调中央的事权，地方政府的事权多是来自中央政府通过分权而下放的权力。

3. 社会因素

财政活动归根结底是满足社会成员的公共需要，因此不能不受社会因素的影响。社会成员整体素质较高，拥有良好的民主意识和民主传统，会比较强调政府的权力来自民众的授予，政府间事权和支出责任划分会更多地会强调分权，地方自治、社会自治在政府间事权和支出责任划分中所起的作用通常会较大。另外，在社会发展的不同阶段，社会成员对公共产品需求的种类、规模、结构及供给方式会存在明显差别，由此也会制约政府间事权和支出责任划分的内容及具体实现方式。

4. 历史因素

财政属于历史范畴。任何国家事权和支出责任划分都离不开特定的历史背景，其处于一个连续的变化发展过程中。过去的选择制约现在的选择，此之谓"路径依赖"。政府间事权和支出责任划分也存在"路径依赖"问题。有的国家自古就有集权传统，比如我国，自秦汉时代就形成统一的中央集权国家，延续两千多年，因此在政府间事权和支出责任划分方面，会更多地倾向于集权，更多地强调中央政府在公共产品供给过程中的地位和作用；而有的国家长期以来形成了分权传统，在政府间事权和支出责任划分方面，会倾向于分权，更多地强调地方政府在公共产品供给过程中的地位和作用。

5. 地理因素

一个国家公共产品的供给总是在一国特定的地理空间内完成的。不同的国家地理空间不同，政府间事权和支出责任划分也会呈现明显差别。一个比较大的国家，地域辽阔，地区之间差异明显，不同地区民众对公共产品的需求偏好会存在明显差异，这要求政府间事权和支出责任划分必须强调分权，更多地发挥地方政府特别是基层政府的作用；而在一个比较小的国家，国土面积狭小，民众对公共产品的需求并不存在明显地区差异，这意味着政府甚至可以不实行级次化管理而直接实行单一层级的政府，那么事实上也就不存在政府间事权和支出责任划分问题，所有事权和支出责任都可以由一级政府承担。

2.3.3　政府间事权和支出责任划分的原则

2.3.3.1　效率与公平相结合

划分政府间事权和支出责任的效率体现为在特定政府间事权和支出责任划分办法下，各级政府财政提供的公共产品和服务的数量、质量及供给方式在资源配置、使用方面的有效程度。若一种政府间事权和支出责任划分的方法可以在配置的财政资源数量一定的条件下，提供更多数量、更高质量的公共产品和服务，而且供给方式更加合理，那么这种划分方法就体现了效率原则。通常用"帕累托最优"作为衡量资源配置效率的标准。它指的是这样一种资源配置状态，即资源配置的任何重新调整，已经不可能在不减少一个人福利的情况下去增加另外一个人的福利。若目前的资源配置做到了在不减少一个人福利的情况下增加了另外一个人的福利，则符合"帕累托增进标准"，但同时表明目前的资源配置状态肯定不符合"帕累托最优"。按照"帕累托最优"来衡量政府间事权和支出责任划分效率，其理想状态应是政府间事权和支出责任划分的任何重新调整，已经不可能再增加公共产品和服务供给数量、提高供给质量和改进供给方式。划分政府间事权和支出责任的公平可从不同角度考察：若从政府与民众关系角度考察，其体现为公共产品利益获取和成本分担的对应程度。从这个角度讲，若某公共产品的受益范围与某一政府辖区范围重合，由其在辖区内根据受益程度分担成本就体现了公平原则，若某公共产品的受益范围并不在某一政府的辖区范围内，却由其分担成本，或者受益范围只涵盖其辖区范围的一部分，而由其分担与受益程度不成比例的成本，则体现为不公平。若从政府间关系角度考察，其体现为对地方政府之间关系的处理应该做到"同等情况、同等对待；不同情况，不同对待"，即地方政府若各方面情况相同，上级政府在处理与其事权支出责任划分关系时，应采用相同的制度安排；反之，制度安排也应有所区别。效率和公平原则的结合要求划分政府间事权和支出责任需要强调按照公共产品受益范围进行划分的重要性。如果某公共产品的受益范围与某一政府的辖区范围完全重合，那么就应该由该政府承担相应的事权和支出责任。这符合外部性原则（假如一项活动的外部性只是一个地方得益，或者一个地方受损，这个事情就交给这个地方管理）、信息处理的复杂性原则（信息处理越复杂、越可能造成信息不对称的事项，越应让地方管理，因为地方政府熟悉基层事务，比中央政府更容易识别信息不对称）和激励相容原则（即使该政府按照自己的利益去运作，也能导致整体利益最大化）①，从而能保持较高的效率水平。同时由其在辖区内分担成本也能体现利益获取和成本分担对称的公平原则，而且对不同地方政府来说，也能做到横向公平和纵向公平。

2.3.3.2 集权与分权相结合

政府间事权和支出责任划分的集权与分权可以从多个角度考察：一是从事权和支出责任划分办法的决定权归属考察，如果由中央政府

---

① 楼继伟：《中国政府间财政关系再思考》，中国财政经济出版社 2013 年版，第 24 页。

来决定事权与支出责任划分办法，则是集权；如果由地方政府或由中央与地方共同协商确定事权和支出责任划分办法则为分权。二是从事权与支出责任所对应的决策权的归属考察，通过事权和支出责任划分，若中央政府或高层政府在公共产品和服务供给中掌握更多的事权和支出责任的决策权，则体现为集权；若地方政府或基层政府在公共产品和服务供给中掌握更多的事权和支出责任的决策权，则体现为分权①。集权有集权的优势。这集中体现为高层政府或中央政府在提供大受益范围特别是受益范围覆盖全国的公共产品和服务方面有比较优势，有助于实现规模经济，降低公共产品和服务生产提供的平均成本，同时由中央政府或高层政府根据受益范围在全国或者较大范围内分担成本，也符合利益获取和成本分担对称的公平原则。但集权也有集权的劣势，这集中体现为在提供小受益范围的公共产品和服务方面，集权会因信息的不充分、不对称导致决策失误，进而导致公共产品和服务供求脱节的可能性加大。同样，分权也是瑕瑜互见的，分权的优势集中体现为其可以弥补和纠正集权的劣势。在提供小受益范围的公共产品和服务方面，地方政府或基层政府由于可掌握相对更为充分的信息从而有助于实现公共产品和服务的供求均衡进而提高效率；其劣势体现为在提供大受益范围的公共产品特别是全国性公共产品和服务方面效率相对低下。因为对于辖区范围较小的地方政府来说，单独提供这类公共产品难以实现规模收益并且效益会严重外溢。根据外部性理论，在效益外溢时，资源配置的边际社会收益会大于边际社会成本，会因资源配置量不足而导致效率损失，而如果由多个地方政府协商提供则要付出巨大的交易成本而降低效率。因此，划分政府间事权和支出责任需要做到集权与分权相结合，发挥高层政府和基层政府的比较优势，回避二者的比较劣势，该集权的集权，该分权的分权，

---

① 用事权和支出责任划分后中央与地方的支出分担比例来衡量集权还是分权是有问题的，真正能反映政府间事权和支出责任划分到底是集权还是分权的判定标准应是确定划分方法的决定权以及事权和支出责任所对应的决策权的归属。在地方支出占全国财政支出比重很高的条件下，如果支出决策权掌握在中央手中，地方政府只是拥有执行权，则这样的政府间事权和支出责任划分仍然是集权而不是分权。

实现集权与分权的边际收益相等应是理想的制度安排①。

2.3.3.3 规范性与灵活性相结合

划分政府间事权和支出责任的规范性体现在以下几方面：一是要与国际惯例接轨，市场经济国家划分政府间事权和支出责任能体现共性规律要求的做法和经验值得吸取、借鉴。不同国家国情不同，因此划分政府间事权和支出责任的制度不可盲目照抄照搬。在一个国家适用且取得良好效果的制度安排，在另一个国家就不一定适用且实施的效果可能很差。但毕竟共性寓于个性之中，不同的国家抽象掉个性差异，总是可以找到共性。比如我国与西方国家在经济运行的制度基础、经济发展水平、历史背景、文化传统等各方面都存在明显的国情差异，但我国在体制转轨后与西方国家一样都属于市场经济国家，事实上都遵循着市场经济国家划分政府间事权和支出责任所需遵循的共性规律。因此，对西方国家能体现这些共性规律要求的划分政府间事权和支出责任的做法，我国可以借鉴。二是要尽可能保持相对稳定，避免朝令夕改，在不同级次政府间形成稳定的制度安排，以便各级政府都能产生稳定的预期。一般来说，相对稳定的制度是产生相对稳定预期的必要条件。频繁调整的制度会促使不同级次的政府产生短期行为。三是政府间事权和支出责任的划分最好能通过法律的形式确定下来，成为各级政府都必须严格遵循的行为规则，无论中央政府还是地方政府，无论高层政府还是基层政府都不能也不应随意调整、更改规则，这是体现政府间事权和支出责任划分严肃性、规范性、权威性的客观要求。与之对应，划分政府间事权和支出责任的灵活性体现在以下几方面：一是在与国际惯例接轨的同时，可以在体制设计上保持一定的本国特色。由于国情差异的客观存在，在一个国家合适的政府间

---

① 可能是因为历史上多数国家政府间管理权限划分多偏于集权，所以不少理论家专门强调分权的必要性、合理性。法国著名政治学家托克维尔（Tocqueville）认为："地方分权制度对于一切国家都是有益的，只有地方自治制度不发达或者根本不实行这种制度的国家，才否认这种制度的好处，换句话说，只有不懂这个制度的人，才谴责这个制度"（托克维尔著，董果良译：《论美国的民主》，商务印书馆1989年版，第79页）。英国政治学家密尔（Mill）也专门论述过地方自治的好处，主张通过防止中央过度集权来合理划分中央与地方的管理权限（密尔：《政治经济学原理及其在社会哲学上的若干应用》，商务印书馆1991年版；密尔：《代议制政府》，商务印书馆1982年版）。

事权和支出责任划分办法放到另外一个国家就不一定合适。同样是市场经济国家，有的国家偏于集权，有的偏于分权，这是由不同国家的具体国情决定的。严格说来，在世界范围内难以找到两个国家，其政府间事权和支出责任划分的办法完全相同。我国虽然已初步完成向市场体制的转轨，但与一般市场经济国家相比还是具有自己的国情特点，因此划分政府间事权和支出责任没有必要盲目照抄、照搬别国做法。二是政府间事权和支出责任的划分在保持相对稳定的同时，并不排斥对一些明显不合理、不合适的做法进行必要调整。自中华人民共和国成立以来，我国政府间事权和支出责任的划分虽然总体看朝着规范、科学、合理的方向迈进，但仍然存在诸多亟待解决的现实问题，有些问题还比较严重，针对这些问题若能拿出可行的解决办法，就可以对目前政府间事权和支出责任的划分进行必要调整，没有必要因强调保持体制的相对稳定而拒不修正、完善关于政府间事权和支出责任划分的不适当做法。三是虽然要尽可能通过法律形式来划分政府间的事权和支出责任，但在条件不成熟的情况下，以条例、通知、规定等作为政府间事权和支出责任划分的体现形式也是可行的做法。因为在我国，政府间事权和支出责任的划分直到目前仍处于改革完善的过程中，还有很多实际问题没有解决。在这样的背景下，贸然通过法律的形式来划分政府间的事权和支出责任，容易使目前存在的问题固化而得不到及时解决。因此，划分政府间事权和支出责任应强调规范性和灵活性相结合。过于强调规范性而忽视灵活性，体制会僵化；过于强调灵活性而忽视规范性，体制会不伦不类。

2.3.4　政府间事权和支出责任划分的思路和方法

2.3.4.1　按公共产品种类划分政府间事权和支出责任

虽然公共产品与私人产品之间并不能划出泾渭分明的界限，但是公共产品的种类却相对容易划分，因而把不同种类的公共产品的供给责任划分给不同级次的政府，使不同级次政府分别提供某类或某几类公共产品和服务应该说在技术上并不困难。从理论上说按这种方法划分政府间的事权和支出责任可以做到清晰明确，从而便于不同级次的政府各司其职、各负其责。但是，采用这种划分方法从整体上说却难以体现效率和公平原则。因为，同一种类的公共产品受益范围有大有小，事实上包含了不同的受益层次。如果某类公共产品全部由某级政府负责提供，那么就可能出现三种情况：一是公共产品受益范围恰好与某级政府辖区范围重合，这是最为理想的状态。因为从效率原则考虑，某级政府最熟悉、了解辖区居民偏好，由其负责该公共产品的生产、提供有助于在最大程度上实现公共产品供求均衡；从公平原则考虑，由于公共产品受益范围与政府辖区范围完全重合，那么由其在辖区范围内分担成本也符合利益获取与成本分担对称的公平原则。二是公共产品受益范围会超出其辖区范围（因为特定种类公共产品的受益范围有大有小，某类公共产品由某级政府负责提供，不可能保证该类公共产品的受益范围与政府辖区范围都重合），那么由其负责提供该公共产品就会出现效益外溢。根据外部性理论，在出现效益外溢的情况下，资源配置主体的积极性就会受到影响，资源配置量就会不足，从而导致边际收益大于边际成本而出现效率损失；从公平角度考虑，存在效益外溢的公共产品的生产成本若完全由该级政府辖区内的社会成员负担也不符合利益获取与成本分担对称的公平原则。三是公共产品受益范围只覆盖其辖区面积的一部分甚至很小部分。这意味着在该级政府辖区内，不同地区对该公共产品的需求存在差异，该级政府在掌握需求信息方面就处于相对不利位置，如果其不考虑辖区内不同地区对该公共产品需求差异的客观存在而做出"一刀切"的供给决策，则对辖区内不同地区来说，该公共产品的供给量就可能偏少或偏多，从而导致边际收益大于边际成本或边际成本大于边际收益而产生效率损失。从公平角度分析，由该级政府在其辖区内分担成本，受信息不充分因素的影响，有的地区民众会在没有受益或受益程度偏低的情况下负担或负担较重成本，也可能在受益或受益程度偏高时没有负担或负担较轻成本，这不符合利益获取与成本分担的对称原则。综合来看，对大多数公共产品来说，第一种情况出现的概率很低，而第二、第三种情况则会是常态。这也是采用该方法划分政府间事权和支出责任只适用于少数公共产品如国防、外交的重要原因。这两类公共产品的特殊性体现在其受益范围覆盖全国，并不存在受益范围的层次性，本身就是全国性公共产品，所以由中央政府承担相应的事权和支出责任，既符合效率原则，也符合公平原则。其他的公共产品由于受益范围具有明显的层次性,比如教育、医疗服务等,其受益范围可以涵盖全国,也可以局限在某个地方政府辖区,事实上就难以将这种具有不同受益范围的公共产品和服务的事权和支出责任界定给某一级政府(见图2-3)。

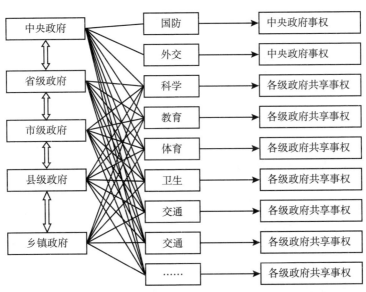

图2-3 按照公共产品种类划分政府间事权和支出责任

尽管按照公共产品种类来划分政府间事权和支出责任存在局限,但这并不能否定其是划分政府间事权和支出责任的基本方法。针对某类公共产品受益范围存在多样性的问题,可以采取把某类公共产品细分为若干小类的办法予以弥补和纠正。如教育公共产品,若笼统地由某级政府来承担事权和支出责任,显然并不合适。但如果把教育公共产品进一步细分为义务教育、中等教育、高等教育、成人教育、职业技术教育、留学生教育等较为具体的种类,再按照具体种类在不同级次政府间划分事权和支出责任,则受益范围和政府辖区范围严重脱节的问题就可以在一定程度上得以缓解和纠正。从这个意义上讲,按照公共产品种类、特别是把公共产品由大类细分为若干小类来划分政府间事权和支出责任仍不失为一种基本的方法。

2.3.4.2 按部门单位行政隶属关系划分政府间事权和支出责任

一级政府通常包含若干部门，每个部门又包含若干单位，从而形成了单位隶属于部门、部门隶属于特定级次政府的行政隶属关系。这就为按行政隶属关系划分政府间事权和支出责任提供了有利条件。这种方法操作起来简便易行，只需要规定每一级政府财政负责安排本级政府所属部门和单位的支出就可以了。对每级政府财政来说，都可以很容易地界定清楚自己的支出范围和方向，于是至少从形式上看，明晰划分政府间的事权和支出责任问题已经解决。况且这也与预算的编制程序和编制方法吻合，一级政府的本级预算就是其所属各个部门预算的汇总，而部门预算则又是其所属各个单位预算的汇总。但是由此导致的问题是：不同级次政府的同一部门比如教育、卫生部门等都在向社会提供同一种类的公共产品，如何划清不同级次政府的同一性质部门在提供同一公共产品和服务时的事权和支出责任就成为难题。因此，按行政隶属关系划分政府间的事权和支出责任实际只是从财政支出角度解决了支出的范围和方向，由于单位、部门隶属关系明确，对财政部门来说，单位、部门的隶属关系确定，支出的范围和方向也就确定了。但是从公共产品和服务供给角度看，不同级次政府的同一部门事实上就在提供同类公共产品和服务，它们之间的事权划分并没有界定清楚（见图 2-4）。换言之，按照部门单位行政隶属关系划分事权和支出责任，实际上只是明确了一级政府内部横向的财政—部门—单位之间的资金划拨程序，同类公共产品和服务在不同级次政府同一部门及所属单位间的纵向事权划分问题并没有得到解决①。总之，采用按照行政隶属关系方法划分政府间事权和支出责任，虽然支出责任相对容易明确，但事权划分问题仍然难以解决。换

---

① 这实际也是某些人对我国目前政府间事权和支出责任划分状态存在不同看法的原因。在一些从事财政实际工作的同志看来，我国政府间事权和支出责任划分并非不清晰。其观点是：如果政府间事权和支出责任界定不清，政府预算如何执行？财政部门如何安排财政支出，如何把财政资金拨付出去？既然这么多年财政支出能有条不紊地安排，说明政府间事权和支出责任划分是清晰的。之所以提出这样的观点，归根结底还是因为对按照行政隶属关系划分政府间事权和支出责任方法存在的局限没有清楚认识。采用该方法划分政府间事权和支出责任，由于单位、部门隶属关系明确，对于财政部门安排支出来说，事权和支出责任划分可以说是明晰的，但这仅仅体现为一级政府内部横向的事权和支出责任划分明确，从公共产品和服务的提供来说，由于公共产品和服务受益范围具有明显的层次性，所以纵向的政府间事权和支出责任划分则可能是交叉重叠、模糊不清的。

言之，这种划分方法可以在事权没有划分清楚的条件下，先明确各级政府财政的支出责任，这是该方法的优点（实际上也是该方法在实践中被长期采用的基本原因），同时也是其难以克服的缺点。

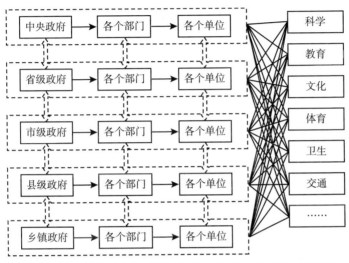

图2-4 按照部门单位行政隶属关系划分政府间事权和支出责任

2.3.4.3 按公共产品受益范围划分政府间事权和支出责任

若公共产品的受益范围与某级政府辖区范围重合，那么由该级政府承担该类公共产品的事权和支出责任是合适的，这体现为该级政府的专属事权（见图2-5）。

首先，从效率原则考量，无论由其上级政府或下级政府提供都难以充分体现效率原则。对其上级政府来说，该公共产品的受益范围只能是其辖区范围的一部分，这意味着上级政府辖区内不同地区对该公共产品需求的数量及供给方式等会有不同偏好，而上级政府难以充分掌握不同地区的偏好信息，由上级政府集中决策会导致效率损失；对其下级政府来说，该公共产品的受益范围超出其辖区，存在效益外溢，由其负责提供会由于效益外溢导致供给量不足进而产生效率损失。其次，从公平原则分析，无论由其上级政府或者下级政府提供都难以充分体现公平原则。

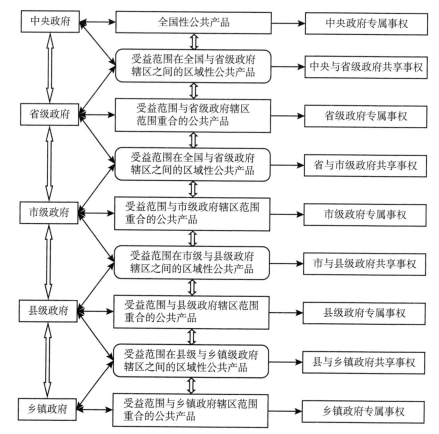

图2－5　按照公共产品受益范围划分政府间事权和支出责任

对其上级政府来说，该公共产品的受益仅仅涵盖其辖区范围的一部分，而由其在全辖区范围内分担成本显然不能体现利益获取与成本分担对称的公平原则；如果根据效益在其辖区内的具体分布情况来分担成本，虽然理论上可以做到公平，但却要付出巨大的信息搜集整理成本，成本高到一定程度就意味着这种方法在经济上不可行。对其下级政府来说，在受益范围超出辖区范围的条件下若由辖区民众负担全部成本显然不符合公平原则，若根据效益外溢情况与邻近地区谈判交易协商要求分担成本，理论上虽然可行，但实践中会受交易成本制约而事实上难以做到。

按照公共产品的受益范围划分政府间事权和支出责任的理想状态是公共产品受益范围与不同级次政府的辖区范围相吻合，但在现实中，公共产品受益范围的多样性与政府级次有限性矛盾对这种方法的运用造成很大障碍。如果公共产品按照受益范围只分为全国性公共产品和地方性公共产品两个层次，而政府级次又恰好分为中央政府和地方政府两级，那么政府间事权和支出责任的划分就会非常简单，由中央政府负责提供全国性公共产品，地方政府负责提供地方性公共产品即可，但理论假设毕竟不具有现实性。因为，公共产品的受益范围从小到大具有丰富的多样性，而政府级次虽然通常超过中央和地方两级但也非常有限。在世界范围内考察，一般三级政府架构较为常见，我国设置五级政府一般认为属于政府级次偏多的。于是在现实中，该方法的实施就不能不受公共产品受益范围多样性与政府级次有限性矛盾的制约。要解决这一矛盾，从理论上讲，可以通过增加政府级次设置来提高公共产品受益范围与政府辖区范围的吻合程度，但受政府运作管理成本约束这是不可能的。因为政府本质上是作为降低公共产品供给过程中交易成本的一种手段和方式而存在的。政府之所以要级次化，是因为在供给公共产品的过程中，通过不同级次政府的纵向交易替代同一级次不同政府间的横向交易可以节约交易成本。但随着政府级次增多，边际纵向交易成本递增，而边际横向交易成本递减。当二者相等时，政府级次会达到均衡（李森，2009），即现实中，政府级次不可能无限制增加。[1] 政府级次受制于横向交易成本与纵向交易成本的边际比较[2]。现实中政府级次总是有限的，但公共产品的受益范围却具有多样性甚至无限性特征。从理论上讲，最小受益范围的公共产品可以仅涉及两个社会成员，而在一个国家范围内，最大受益范围的公共产品却可以涵盖全体社会成员（不考虑国

51

---

[1]　杨之刚等（2006）指出了研究地方财政级次结构的两个思路：一是基于行政管理理论的自上而下的管理成本分析思路；二是以地方自治为前提，最基本的供应单位通过怎样的方式更好地提供跨区域公共产品的分析思路。本书认为两种思路都需要在横向交易成本与纵向交易成本之间权衡抉择，并在边际横向交易成本等于边际纵向交易成本时实现政府级次设置的均衡，即政府级次设置无论是"自上而下"还是"自下而上"都不可能无限制增加。

[2]　这与楼房建筑高度的制约因素类似，楼房的建筑高度或层数除受技术因素的制约外，一个主要的影响因素就是地价的高低。在现实中不难发现，高楼一般都建在地价高昂的地区。因为从经济角度考察，楼房的高度或建筑层数取决于建筑纵向扩张与横向扩张成本的对比关系。如果地价高昂，纵向扩张的成本低于横向扩张的成本，那么楼房的层数或建筑高度会增加。但随着楼房高度的增加，建筑纵向扩张的边际成本递增，当纵向扩张的成本等于横向扩张的成本时，楼房的高度就达到均衡，不会再加高，因为此时纵向扩张就不如横向扩张在经济上更为划算。

际公共产品）。从最小受益范围的公共产品到最大受益范围的公共产品，二者之间存在巨大的公共产品受益范围变化空间。因此，现实中政府级次设置的有限性决定了通过增加政府级次设置来实现所有的公共产品受益范围与不同级次政府辖区范围完全吻合并不可能。

　　既然公共产品受益范围的多样性与政府辖区范围有限性之间的矛盾决定了多数公共产品的受益范围与政府辖区范围难以吻合，恰好完全吻合只是个别的、偶然的情况，那么对那些受益范围不能与政府辖区范围吻合的公共产品，如何在不同级次政府间划分事权和支出责任？一个可行的较为简单实用的办法是在最优实现不了的条件下采取次优选择，遵循"就近一致"原则，即分析考察某一公共产品的受益范围相对更接近哪一级政府辖区，就由该级政府承担该类公共产品供给的事权和支出责任（见图 2-5）。比如，某类公共产品的受益范围超出了 A 政府辖区，但又远未覆盖上级政府辖区，即其受益范围相对更接近 A 政府辖区。那么对 A 政府来说，由其承担该公共产品供给的事权和支出责任虽然存在一定程度的效益外溢，但由于效益外溢程度并不高，所以即便不考虑上级政府通过转移支付对外溢效益的纠正，由此所导致的效率损失也相对较小。如果上级政府能够根据效益外溢程度合理确定对 A 政府的转移支付，那么由此所导致的效率损失就会更小甚至没有。但是该类公共产品若由 A 政府的上级政府提供，由于该公共产品的受益范围仅涵盖其辖区范围的一小部分，所以其在掌握这类公共产品的需求信息方面就明显处于劣势，就难以合理确定该公共产品的供给规模并选择合适的供给方式，由此导致的效率损失就会大于由 A 政府负责提供因效益外溢所导致的效率损失；反过来，如果某类公共产品的受益范围大大超出了 A 政府辖区，虽然尚未完全覆盖其上级政府辖区，但已相对更接近上级政府的辖区范围。那么对 A 政府来说，如果由其承担该公共产品供给的事权和支出责任就会存在严重的效益外溢，如果不考虑上级政府通过转移支付对外溢的效益予以纠正，由此所导致的效率损失就会很大。即便上级政府能够根据效益外溢程度合理确定对 A 政府的转移支付，也会因转移支付规模过大和 A 政府财政支出对上级政府转移支付依存度过高而付出较大的制度运作成本。但如果该类公共产品由 A 政府的上级政府提供，由于该公共产品的受益范围已较为接近其辖区范围，因此其在掌握这类公共产品需求信息方面虽然也难以做到完美，但至少劣势就表现的不是那么明显，相对可以做到合理确定该公共产品的供给规模并选择合适的供给方式，由此所导致的效率损失也相对较小。因此，按照"就近一致"原则来划分政府间的事权和支出责任就是经济上相对可行的"次优选择"。

根据公共产品受益范围和政府级次设置所决定的政府辖区范围，按照"就近一致"原则来划分政府间的事权和支出责任，需要针对不同受益范围的公共产品在不同级次政府之间的效用分布状况具体问题具体分析[1]，但受公共产品种类的多样性、公共产品受益范围的复杂性的制约，这项工作任务相当繁重。对于一个国土面积辽阔、人口规模庞大、政府级次偏多、公共产品种类繁杂的大国，任务就更为繁重。如果考虑到时间因素，公共产品受益范围又处于动态的变化发展过程中，清晰划分政府间的事权和支出责任的复杂性及技术难度会更大[2]，但至少从理论上来讲，如果同一政府级次的不同地方政府提供的同种公共产品效益外溢情况完全相同，那么通过构建统一的制度来明晰划分政府间的事权和支出责任仍然是可能的。

但是，要求同一政府级次的不同地方政府提供的同种公共产品效益外溢情况完全相同，这一假设条件显然过于严格，在现实中不可能具备。由于政府级次设置是金字塔型的，越是到基层，同一政府级次的政府数目越多，其所提供的同种公共产品效益外溢程度的地区差别也就越明显，这意味着政府间事权和支出责任的划分及转移支付制度设计在全国范围内就越不适于采用统一的制度规定。反过来说，如果就政府间事权和支出责任的划分及转移支付制度设计在全国范围内采用统一的规定，那么结果就难以符合效率和公平原则。比如若 X 类公共产品由 A 级地方政府负责提供，由于效益外溢，所以上级政府对 A 级不同的地方政府安排转移支付。为了保持制度的统一性，转移支付的形式、数额

53

---

① 这正如奥茨所指出的，政府间事权和支出责任的理想分工不再是完美的对应关系，在某些情况下，提供特定公共产品的政府，不会将受益于该产品的人都包括在其辖区内；而另一些情况下，其提供的公共产品却并没能让所有辖区成员都受益（奥茨：《财政联邦主义》，译林出版社 2012 年版，第 54 页）。

② 张斌、杨之刚（2010）从民众即公共需求主体的视角分析了公共需求的多样性、差异性和变动性。本书认为，从政府即公共产品供给主体的视角分析，仍然可以得出相似的结论，即不同地方政府提供的公共产品不仅在种类、结构上地区差异明显，而且随着时间推移其必然处于动态的变化调整过程中。

或配套比例是"一刀切"的，那么对于 A 级不同的地方政府而言，由于地区差异的客观存在，该转移支付额通常会偏大或偏小（假定上级政府根据效益外溢的平均数来确定转移支付额），转移支付额恰好等于外溢效益额只是小概率事件。这意味着对提供 X 类公共产品的 A 级不同地方政府来说，多数情况是补助额偏离其效益外溢额，这会导致资源配置效率低下。并且，转移支付的形式及配套比例等对 A 级不同地方政府而言受地区差异的影响也会不尽合理。

综上所述，在金字塔型的政府级次设置且存在地区差异的前提下，按照公共产品受益范围划分政府间事权和支出责任，要遵循和体现效率和公平原则，就不宜形成统一的制度安排。反过来说，如果要形成统一的制度安排来明确具体划分政府间事权和支出责任就难以符合效率和公平原则。换言之，在存在差异的条件下，既要保持制度的统一性又要保证政府间事权和支出责任的划分明确具体且符合效率和公平原则，这是不可能的[1]。

2.3.4.4 按事权和支出责任构成要素划分政府间的事权和支出责任

无论是事权还是支出责任都不是笼统的整体，其作为一个体系可以划分为不同的组成部分（见图 2-6、图 2-7）。比如事权，至少可以分为决策权、执行权和监督权。决策权对政府来说是决定"做什么"及"如何做"即确定做的方式、方法的权力；执行权对政府来说是在"做什么"和"如何做"确定后"具体去做"的权力；监督权与决策权有直接关系，是决策主体考察、了解、掌握执行主体具体工作开展情况的权力。支出责任至少可以分为筹资责任、资金使用责任和监督责任。一般来说，掌握事权的决策权往往要承担筹资责任和监督责任；掌握事权的执行性要承担资金使用责任。对于中央与地方政府间事权和支出责任

---

① 杨志勇（2016）认为，无论从历史的视角还是比较的视角，现实中都找不到放之四海而皆准的政府间事权划分方案。他是从国家角度，通过分析客观存在的国情差异而得出结论。本书认为，在一个大国内部，不同地区之间的差异与不同国家的国情差异类似，放之四海而皆准的政府间事权划分方案也是不存在的。他进一步提出了一个值得深思的问题："复杂的事权能够在中央和地方之间划分清楚吗？"但并没有做出明确回答。对此，本书认为，在存在地区差异的条件下，政府间事权和支出责任可以划分清楚，体现效率和公平原则是可以做到的，但并不能同时保证制度是统一的，必须具体问题具体分析。

划分，可以从理论上分为三种类型。

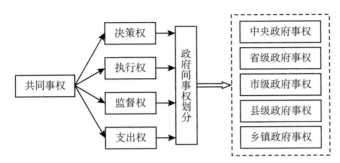

图 2 - 6　按照事权构成要素划分政府间事权

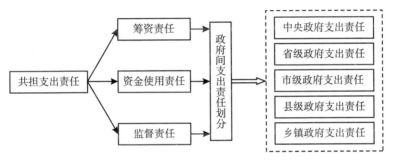

图 2 - 7　按照支出责任构成要素划分政府间事权和支出责任

55

　　第一种类型体现为中央政府和地方政府分别承担事权和支出责任的特定构成部分。具体可体现为中央政府掌握决策权、承担筹资责任和监督责任，与之对应的是地方政府掌握执行权、承担资金使用责任，比较典型的例子是中央委托地方政府办理的事务；也可体现为地方政府掌握决策权、承担筹资责任和监督责任，与之对应的是中央掌握执行权、承担资金使用责任，比较典型的例子是地方委托中央办理的事务。虽然从形式上看，事权和支出责任由中央和地方共担，但从事权和支出责任的构成角度分析却做到了清晰划分。

　　第二种类型体现为事权和支出责任的每个构成部分都由中央政府和地方政府共担。事权中的决策权、执行权，支出责任的筹资责任、资金使用责任、监督责任都由中央和地方共担。一般来说，对这种中央与地方共担的事权和支出责任的划分，需要具体问题具体分析，可以考虑把决策权、执行权、筹资责任、资金使用责任、监督责任根据提供的公共产品和服务的具体性质进行细分，以进一步明确中央政府和地方政府所应承担的事权和支出责任。

第三种类型体现为事权和支出责任的各个构成部分中若干部分分别由中央和地方承担，其余部分则由双方分担，比如事权的决策权和执行权分别由中央和地方政府承担，支出责任中的筹资责任由双方分担。

2.3.5　政府间事权划分和支出责任划分的关系及几种状态

2.3.5.1　事权划分与支出责任划分的关系

政府事权通常是指政府提供公共产品、管理公共事务的权力和职责。政府支出责任通常是指政府为完成事权职责而需履行的资金筹集、支付、使用、管理和监督的责任。二者相互联系又相对独立。

权利与义务或责任对等，拥有什么样的权力就需要承担相应的义务和责任，从这个意义上讲，事权和支出责任是一个问题的两个方面、本质上是统一的。有的研究者强调谁的事权谁就承担相应的支出责任，主要就是基于这种理解而做出的论断。这意味着事权划分与支出责任划分虽然形式上、表面上可以分开，但在内容上、实质上则难以划出泾渭分明的界限。这也可以视作是对事权和支出责任的广义理解。以前的财政体制研究，强调政府间事权、财权划分需做到事权与财权统一，只提事权而不提支出责任，实际也是基于二者实质上是一个问题的两个方面、本质上是统一的这一基本认识。

从狭义上讲，事权和支出责任还是有区别的，事权更多地强调公共产品生产提供的管理权，强调"谁来决策""谁来决定资金使用方向及使用方式"，包括花钱去提供什么种类的公共产品、提供多少、用什么方式提供等。事权划分的依据主要是考虑公共产品的具体性质以及不同级次政府的比较优势，更多是要协调不同级次政府财政之间的管理权限划分，研究如何划分事权才能充分发挥不同级次政府财政的比较优势；支出责任更多地强调"谁来出钱""谁来具体用钱"，即用来生产提供公共产品的费用开支由谁来承担以及如何把财政资金转化为公共产品和服务。支出责任划分的依据是公共产品的受益范围以及政府的辖区范围，更多的是要协调公共产品供给主体与受益群体民众之间的关系，看如何划分支出责任才能做到利益获取与成本分担对称。

如果公共产品的受益范围与政府辖区范围完全重合，则不仅政府间事权和支出责任划分较为简单，而且事权划分和支出责任划分就可以直接对应起来，即谁的事权谁承担支出责任。如果公共产品的受益范围和政府辖区范围不重合，则政府间事权和支出责任划分就变得比较复杂，需要分别划清事权和支出责任，而且二者不能直接对应起来，即不能笼统地说谁的事权谁承担支出责任。在事权体现为共同事权，支出责任也体现为共同支出责任时，需要分别做出划分，且二者并不一定能在结构上保持对立关系。有的时候可能出现事权主要由某级政府掌控，而支出责任却主要由其他级次政府来承担的情况。比如义务教育服务，事权主要应由基层政府掌控。这是由义务教育对象性质的特殊性所决定的。义务教育对象是未成年人，特别是小学义务教育的对象是年幼的少年儿童，这样的年龄使之对父母的依赖程度高，不适合住校，考虑到家长接送方便，必须保证提供义务教育服务学校的布局要高度分散而不能过于集中。到底义务教育学校应如何布局、每个学校应如何确定招生规模、如何配备师资等，基层政府掌握相对充分的信息，因而义务教育服务事权主要应由基层政府掌控，这便于发挥基层政府的比较优势，提高义务教育服务公共产品供给效率。但是，义务教育公共服务的支出责任却主要应由高层政府承担。这是由基层政府提供义务教育服务存在明显外部性所决定的。越是经济欠发达地区，义务教育服务的外部性体现得越明显。作为一种基本公共服务，义务教育公共品的供给应保证全体国民享受到大致均等化的服务，这对于整个国家人口素质的提高、社会的进步具有重要意义。从这个角度来讲，义务教育服务的支出责任主要应由高层政府甚至中央政府承担。因此，对某一级次政府而言，承担的事权和支出责任不一定是对称的，可能掌握事权大头但支出责任只承担小头，也可能事权掌握小头但支出责任需要承担大头。

2.3.5.2　政府间事权和支出责任划分的状态

1. 根据事权和支出责任划分的清晰程度进行的分析

无论政府间事权划分还是支出责任划分，"权责清晰"都是理想状态，这便于不同级次的政府各司其职、各负其责。从理论上讲，和"权责清晰"相反的就是事权和支出责任划分的"权责模糊"。假定事权和支出责任划分都存在"清晰"和"模糊"两种状态，那么二者搭配组合就有四种状态（如图2-8所示）：一是事权和支出责任划分都能做到清晰，如图2-8中A区域所示。显然这是一种理想状态，是政府间事权和支出责任划分所追求的最优目标。二是事权和支出责任划分都模糊不清，如图2-8中C区域所示。这是最为糟糕的状态，是政府间事权和支出责任划分应尽力避免的局面。三是事权划分清晰但支出责任划分模糊，如图2-8中D区域所示。四是事权划分模糊但支出责任界定清晰，如图2-8中B区域所示。这两种情况反映的是政府间事权和支出责任划分工作一个方面做得比较到位，另一方面还存在很大改进余地的情况。通常，事权划分是支出责任划分的基础和前提，在事权划分清晰的基础上有助于实现支出责任明确界定，因此第一种情况是可能出现的；受种种因素制约，在事权划分清晰的前提下，支出责任划分却没能界定清楚，即第三种情况也可能出现；在事权划分模糊的前提下，支出责任划分模糊不清是大概率事件，划分清晰则是小概率事件，就实现的可能性而言，第二种情况要比第四种情况大得多。

2. 根据事权和支出责任划分到位程度进行的分析

政府间事权和支出责任划分明晰是实现政府间事权和支出责任合理划分的必要条件而非充分条件。在事权和支出责任明晰划分的基础上，不同级次政府承担各自应该履行的事权和支出责任，做到各司其职、各负其责，这就实现了政府间事权和支出责任划分的"到位"；反之，某级政府承担的事权和支出责任若应是其他级次政府应承担的事权和支出责任，则即便事权和支出责任划分明晰，仍然是不合理的，这就是政府间事权和支出责任划分的"错位"。由于不同级次政府间事权和支出责任划分都存在"到位"和"错位"两种情况，那么二者搭配组合就存在四种状态（如图2-9所示）：一是事权和支出责任划分都"到位"，如图2-9中A区域所示，这是理想状态；二是相反的情况，即事权和支出责任都"错位"，如图2-9中C区域所示；三是事权划分"到位"但支出责任划分"错位"，如图2-9中D区域所示；四是事权划分"错位"但支出责任划分"到位"，如图2-9中B区域所示。由于事权划分通常是支出责任划分的基础和前提，所以在事权划分错位的前提下通常难以实现支出责任划分到位，所以第四种情况一般不大可能出现，而其他三种情况的出现都是可能的。

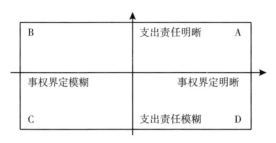

图 2 – 8　政府间事权和支出责任界定明晰模糊情况搭配组合

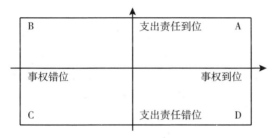

图 2 – 9　政府间事权和支出责任界定到位错位搭配合

　　政府间事权和支出责任划分包括中央政府与地方政府之间的事权和支出责任划分以及地方政府之间的事权和支出责任划分两个层次。此处只分析中央政府与地方政府之间的事权和支出责任划分。为简单起见，此处假定政府作为整体所应承担的事权和支出责任已明确界定，政府与市场的关系已经理顺，不存在政府与市场之间的"越位"和"缺位"问题。

　　第一，最理想的状态：即通过事权和支出责任划分，无论中央政府还是地方政府都做自己该做的工作，既不"越位"也不"缺位"，二者各司其职、各负其责，中央政府与地方政府事权支出责任划分关系完全理顺，本书称之为中央政府的"到位"与地方政府的"到位"组合，这是中央与地方事权支出责任划分最为理想的搭配组合状态（见图 2 – 10）。

图 2 – 10　中央政府与地方政府间事权与支出责任划分的理想状态

第二，最不理想的状态：即通过事权和支出责任划分，中央政府存在完的"越位"或"缺位"，即其所承担的事权和支出责任完全应该由地方政府承担，此之谓中央政府的"越位"；或应该由其承担的事权和支出责任却完全没有承担，此之谓中央政府的完全"缺位"；与之对应，地方政府也存在完的"越位"或"缺位"，即其所承担的事权和支出责任完全应该由中央政府承担，此之谓地方政府的完全"越位"；或应该由其承担的事权和支出责任却完全没有承担，此之谓地方政府的完全"缺位"。这是中央政府与地方政府事权支出责任划分最差的结果，即二者事权支出责任划分存在完全"错位"（见图2–11）。

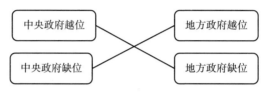

图2–11　中央政府与地方政府间事权与支出责任划分最差状态

60　　第三，在最为理想的状态和最不理想状态之间的中间状态，这种搭配组合就比较复杂一些。无论是中央政府还是地方政府，其所承担的事权和支出责任可以划分为四种状态，分别是："越位"，即承担了对方的事权和支出责任；"缺位"，即该自己的承担的事权和支出责任没有承担；"到位"，即该自己承担的事权和支出责任不仅承担了，而且做得恰到好处；"到位不够"，该自己承担的事权和支出责任承担了，但做得还不够好。由此就可以有16种搭配组合状态（见图2–12）。其中就包括前面提到的两种最为极端的状态。一般来说，现实中的中央政府与地方政府之间的事权和支出责任划分不可能是两种极端状态，而只能是在两种极端状态之间的状态。就政府间财政关系的角度分析，无论中央政府还是地方政府，其承担的事权和支出责任对对方有直接影响的状态实际只有一种，那就是所谓的"越位"，即承担了对方所应承担的事权和支出责任，这会影响到对方政府职能的实现。至于"缺位""到位"和"到位不够"实际并不对对方所承担的事权和支出责任造成直接影响。所以在图2–12中，中央政府和地方政府的"越位"状态与对方状态的搭配组合用的是实线，而其他搭配组合状态用的是虚线，表示这类搭配组合状态，彼此并不产生直接的相互影响。比如，在中央政府

"越位"，即承担了应该由地方政府承担的事权和支出责任，那么就该事权和支出责任而言，地方政府的承担情况有四种状态：一是"越位"，即中央政府在承担本应由地方政府承担的事权和支出责任时，地方政府也在承担本应由中央政府承担的事权和支出责任。这是二者事权和支出责任划分的"错位"。二是"缺位"，即该地方政府承担的事权和支出责任其没有承担而改由中央政府"越俎代庖"代其承担，由于中央政府没有信息优势，难以充分掌握地方政府辖区民众的偏好信息，容易导致"偏好误识"，所以难以达到理想效果，但相对政府"缺位"结果通常要好一些，即中央政府虽然"管不好"但总比没有政府管要好。三是"到位"，即该地方政府承担的事权和支出责任地方政府不仅承担了而且做得恰到好处，此时中央政府再"越位"，就只能是对地方政府的职能实现造成纯粹的负面影响。四是"到位不够"，即该地方政府承担的事权和支出责任地方政府承担了，但是做得不够好，还达不到理想状态，此时中央政府"越位"所产生的结果就得具体分析，可能发挥一定的"拾遗补缺"作用，虽然最终仍然是"到位不够"，但"到位不够"程度减轻；也可能"拾遗补缺"作用的发挥恰到好处，使"到位不够"转变为"到位"状态，这当然是小概率事件，因为拥有信息优势的地方政府承担事权和支出责任都处于"到位不够"状态的情况下，中央政府能纠正"到位"的可能性极小；还可能中央政府的"越位"不仅没有"拾遗补缺"而且产生了负面影响，从而使"到位不够"的情况更加严重。同样的道理，如果是地方政府"越位"的话，中央政府承担的事权和支出责任也有四种状态与之对应，结论类似。除"越位"之外的其余三种状态，中央政府与地方政府在事权和支出责任的划分方面就不存在交叉关系。比如中央政府的"缺位"与地方政府的"缺位"搭配组合，表明中央政府和地方政府都没有承担其所应该承担的事权和支出责任，这就构成了政府的"缺位"；再如中央政府和地方政府的"到位不够"搭配组合，表明中央政府和地方政府都没有"越位"和"缺位"，都承担了自己应该承担的事权和支出责任，但都没有达到理想状态。这应该是实践中经常出现的状态。实践中亟待解决的应该是中央政府的"越位"与地方政府的"缺位"，以及中央政府的"缺位"与地方政府的"越位"这两种搭配组合状态。这可以概括为中央政府与地方政府事权和支出责任划分的"错位"。

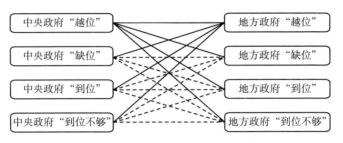

图 2 – 12　事权与支出责任划分搭配组合状态

3. 根据事权和支出责任的构成所进行的分析

如果把事权分为决策权和执行权，支出责任划分为筹资责任、资金使用责任和监督责任，那么政府间事权和支出划分的状态可以区分为两种类型：

类型一：事权和支出责任完全统一。这种状态是指某种公共产品和服务事权和支出责任都归属某级政府，也就是通常所说的"谁的事权、谁承担支出责任"。比如，国防、外交服务的事权和支出责任由中央政府承担。

类型二：事权和支出责任并不完全统一。由于事权中的决策权往往与支出责任中筹资责任、监督责任对应；事权中的执行权往往与支出责任中的资金使用责任对应，所以本书认为事权和支出责任完全分离的状态并不存在。但是，那种认为事权和支出责任可以直接匹配的观点值得商榷。本书并不否认相当部分的公共产品和服务事权和支出责任的确是匹配的，即客观存在"谁的事权谁承担支出责任"的情况，但事权和支出责任在具有内在联系的同时，也具有相对独立的一面，把事权和支出责任直接匹配的观点实际是把事权和支出责任划分问题简单化了，在实践中也不容易把事权和支出责任划分问题处理好。事权与支出责任并不完全统一这一类型具体可分为三种状态（见 2.3.4 节进行的分析）。

2.3.6　政府间事权和支出责任划分应注意的问题

第一，需要注意政府间事权和支出责任的划分必须强调效率和公平原则。近年来，财政理论界和实际工作部门都把清晰划分政府间的事权和支出责任作为重要的努力目标和工作任务。诚然，政府间事权和支出责任划分不清晰是我国财政体制问题的痼疾。但是相对财政效率和公平原则的实现，政府间事权和支出责任的明晰划分只是手段。虽然说政府间事权和支出责任划分模糊不清，不同级次政府财政事权和支出责任交叉重叠，你中有我、我中有你，肯定难以体现效率和公平原则，但是这并不意味着政府间事权和支出责任划分明晰了，效率和公平原则就一定能得到充分体现。前者仅是后者的必要条件而不是充分条件。政府间事权和支出责任划分明晰的情况下，划分的结果也可能是"越位""错位"或"到位不够"。因此，如果清晰划分政府间事权和支出责任的结果并不能体现效率和公平原则，那么就没有理由说清晰划分政府间的事权和支出责任较之只是做出粗线条的原则规定更有存在的必然性、合理性。另外，近年来，理论界对政府间事权和支出责任划分比较强调"顶层设计"，似乎要通过"自上而下"的思路就政府间事权和支出责任划分形成统一的制度安排。但是，在地方政府辖区民众偏好客观存在明显差异的条件下，"一刀切"的统一的制度安排并不能体现效率和公平原则。总之，政府间事权和支出责任划分的成败得失要以能否体现效率和公平原则作为判定标准。通过构建统一的制度安排明晰划分、界定政府间的事权和支出责任而置效率和公平原则于不顾的做法并不可取。

第二，需要注意事权划分与支出责任划分并不是直接对应关系。关于政府间事权和支出责任划分有一种说法："谁的事权谁承担支出责任"，初看此观点似乎很有道理，但实际上其把事权与支出责任直接对应起来，是把事权与支出责任划分问题简单化了。如果政府间事权和支出责任的关系可以简单归结为"谁的事权谁承担支出责任"，那么政府间事权划分问题解决了，支出责任也就明确了，政府间事权划分与支出责任划分就是一个问题。事实上，事权与支出责任的关系较为复杂，二者并不能直接对应起来。否则理论界和实际工作部门也不会提出事权与支出责任划分这样的命题，而会直接以"事权划分"或"支出责任划分"代之。而之所以有人提出"谁的事权谁承担支出责任"的观点，而且颇有人认同，至少说明：一方面，事权与支出责任的这种直接对应关系在实践中确实存在；另一方面，事权与支出责任二者之间确实有内在联系。一般而言，如果事权是某级政府的专有事权，那么通常是由该级政府承担支出的筹资责任，但支出责任除筹资责任外，还有支出决策责任、支出执行责任、支出监督责任等。而支出决策责任又可分为宏观决策责任和微观决策责任。某级政府享有专有事权，在承担筹资责任和宏观决策责任、监督责任的情况下，微观决策责任和支出执行责任可以由其他级次政府承担，即政府间事权划分和支出责任划分并不一定表现为直接对应关系。

第三，需要注意不仅要对事权和支出责任划分进行整体意义上的界定，还需要对事权和支出责任划分进行结构分析。事实上，无论事权还是支出责任都体现为一组权力或一组责任（英语对应的单词采用复数形式，即 rights 和 responsibilities）。而目前的研究对这样的一组权力和责任所包含的具体内容还没有进行深入分析。因此，在实践中更多的是按照公共产品的种类、受益范围以及部门、单位的行政隶属关系来划分政府间的事权和支出责任。依据这些方法，特定公共产品供给的事权和支出责任实际被视作统一的整体，要么由特定级次政府独自承担，要么由不同级次政府共同承担。若特定级次政府独自承担的专有事权界定是明晰的，符合公平和效率原则，通常会强调"谁的事权谁承担支出责任"，但对于需要由多级政府共同承担的事权和支出责任，这些方法就无助于问题的解决。在事权和支出责任作为一组权力和一组责任所包含的具体内容没有被清楚界定的前提下，会出现事权和支出责任划分不清的结果。事实上，目前地方政府对基本公共服务在政府间的事权和支出责任划分只是做出原则性规定而没有给出具体分担比例，与对事权和支出责任的具体构成内容没有被清楚界定有直接关系。因为从结构考察，事权和支出责任的对应关系较为复杂。政府间事权和支出责任划分不仅是整体意义上的划分，还需要考察结构对应关系。以义务教育事权为例，其至少包括行政管理事权、经费管理事权和教育教学研究与业务指导事权三大组成部分，其中每项权力还可以进一步细分，比如教育行政管理事权可以细化为教育规划事权、办学标准事权、办学行为规范事权、教学内容管理事权；学校经费管理事权可细化为人员经费管理事权、公用经费管理事权、基本建设经费管理事权、学生资助经费管理事权、教材经费管理事权（李祥云、卢跃茹、雷玉琪，2018）；支出责任也可以划分为支出的筹资责任、决策责任、执行责任、监督责任等，其中的每项责任还可以进一步细分。在不同级次政府间划分义务教育事权和支出责任，客观上需要根据事权和支出责任的具体构成内容逐项划分，在此基础上才可明确不同级次政府财政的分担比例。显然这是一项非常烦琐细致的工作，不可能一蹴而就。

　　第四，需要注意改革的顶层设计相对适用于中央与省级政府之间的事权和支出责任划分。毕竟，作为最高级别地方政府的省级政府，其数目较少、辖区范围较大，超出省级政府辖区的地方性公共产品种类较为有限，界定其外溢的效益也相对容易，因此由中央负责、省级政府参与来划分中央与省级政府之间的事权和支出责任会相对有效。在明确全国性公共产品由中央政府承担事权和支出责任、受益范围在省级政府辖区之内的公共产品由省级政府承担事权和支出责任的基础上，对于省级政府提供的效益外溢的区域性公共产品，可以根据"就近一致"原则确定其事权和支出责任到底由中央政府还是由省级政府承担。如果效益外溢情况在不同省级政府之间差别不大，就可以在政府间事权与支出责任划分及转移支付设计方面形成全国统一的制度安排。反之，则应具体问题具体分析而在中央与不同省份之间形成不同的制度规定。省以下各级政府的事权和支出责任划分应由各省分别负责，实行严格的分级管理，中央政府可以做出原则性规定，但不宜提出具体划分方案①。对于受益范围与政府辖区范围重合的少数公共产品，或者是虽然受益范围与政府辖区范围不重合，但效益外溢情况在一省范围内差别不大的公共产品，可以在一省范围内形成统一的制度安排来划分政府间的事权和支出责任。对于受益情况存在明显地区差异的公共产品，则不宜强调构建统一的制度。合适的做法是根据其具体受益范围及某级政府提供该公共产品效益外溢的具体情况，相机确定制度安排，具体问题具体分析，不应做出"一刀切"的规定②。这有两条实现路径：一是"上级主导、层层下放"的"自上而下"模式。具体说就是由省级政府负责、市级政府参与来划分省级政府与市级政府之间的事权和支出责任；由市级政府负责、县级政府参与来划分市级政府与县级政府之间的事权和支出责任，依此类推。上级政府首先要承担受益范围与自己辖区范围吻合的公共产

65

　　① 有研究者指出，应采取概括加列举的方式细分政府间事权和支出责任，尽可能全面列举各级政府的全部事权，并明确公布各级政府应承担的比例（郑培，2012）。对此本书认为，这对于提高事权和支出责任划分的可操作性具有重要意义，但必须考虑到制度规定的地区差异，不考虑地区差异的"一刀切"的制度规定越具体越不利于体现公平和效率原则。

　　② 孔海涛（2016）以广东与青海、西藏与海南、广东与浙江为例，强调了受历史、文化，以及自然因素的制约，我国行政区划的复杂性使省级行政区及其内部不同地区之间情况差异明显，因此为发挥地方各级政府在承担事权方面的优势，同样的事权在不同地区之间的划分应存在差别。

品提供的事权和支出责任，对于受益范围小于自己辖区范围且超出下级政府辖区范围的公共产品，则由上级政府主导、下级政府参与，根据"就近一致原则"确定事权和支出责任的具体划分办法。二是"基层优先、逐级上收"的"自下而上"模式。具体说就是首先由最基层政府承担提供受益不超出其辖区范围的公共产品供给的事权和支出责任，超出其辖区范围的，由基层政府与其上级政府根据"就近一致原则"确定事权和支出责任的具体划分办法，以此类推。如果假定政府是利己的，在"自上而下"模式下，下级政府相对上级政府会处于不平等的博弈地位，容易造成支出责任下移（李春根、舒成，2015）；在"自下而上"模式下，下级政府则会利用自己的优势地位，上移支出责任。如果假定政府是利他的，"自上而下"模式和"自下而上"模式可以实现同样的均衡。但是，一般认为，政府利己假设比政府利他假设更能经得起实践检验，在这样的条件下，"自上而下"模式和"自下而上"模式到底孰优孰劣？根据委托代理理论，委托人监督代理人的效果受委托代理链条长短的制约，委托代理链条越长，委托人监督代理人的效果越差；反之，越好。对广大民众来说，无论是中央政府还是地方基层政府，都是代理人，由于"自下而上"模式下基层政府可受到来自民众相对更有力的监督，所以可取得比"自上而下"模式相对更好的效果（李森，2012）。因此，从理论上讲，划分政府间的事权和支出责任，"自下而上"模式比"自上而下"模式更具有合理性、必要性。但是，我国目前政治体制使地方政府具有"双重从属性质"，一方面，其作为权力机关的执行机关，需要向人大负责并报告工作；另一方面，作为行政机关，其需要对上一级国家行政机关负责并报告工作（魏红英，2004）。前者构成横向委托代理链条，后者构成纵向委托代理链条。由于现实中横向委托代理链条弱化而纵向委托代理链条强化，基层政府并不能受到来自辖区民众及其代表所组成的权力机关的有效监督，所以"自下而上"模式在我国要取得相对更为理想的效果，还需加快政治体制改革进程，强化权力机关对同级政府的监督制约作用，改变下级政府只能处于被动落实和执行上级政府政策的地位，这对完善政府间的事权和支出责任划分具有重要意义。

第五，需要注意发挥上级财政在协调和解决下级财政提供公共产品存在效益外溢问题时的积极作用，通过构建"辖区财政制度"消除其对政府间事权和支出责任划分所造成的负面影响。"辖区财政"概念提出的本意是强调每一级政府财政不能仅着眼于本级财政的收支,而是要对辖区范围内各级财政收支的平衡负有责任,不仅要实现区域财政纵向平衡,而且基于辖区内政府财力差别不能太大的认识还要实现辖区内财政的横向平衡,从而改变"层级化"财政下每一级财政只以本级财政为目标的行为方式(刘尚希,2009)。对政府间事权和支出责任划分问题来说,建立辖区财政责任制度,不仅要求上级政府改变以行政命令的方式要求下级政府承担职责、"层层下压"支出责任的做法(寇明风,2015),而且要求其在辖区内需本着公平和效率原则优化公共产品供给、尽可能实现辖区公共利益最大化。具体体现在:首先,一级政府对受益范围与自己辖区范围吻合以及受益虽小于自己辖区范围但相对更接近自己辖区范围的公共产品应承担起供给责任。其次,对下级政府提供的效益外溢不明显、受益更接近下级政府辖区范围的公共产品供给应给予专项转移支付,取消对下级政府提供的受益严格局限在下级政府辖区范围之内公共产品的专项转移支付,将其并入一般性转移支付,以消除本级政府各部门通过"条条"分配资金对政府间事权和支出责任划分所造成的负面影响。

第六,需要注意区分应然与实然意义上政府间事权和支出责任划分的差别。应然意义上的政府间事权和支出责任划分是依据效率和公平原则所进行的分析和判断,是一种理想状态。实然意义上的政府间事权和支出责任划分是现实状态。一般来说理想与现实总是有距离的,虽然通过努力可以使现实状态向理想状态靠拢,但难以做到完全一致。处理、协调二者的关系需要对应然意义上的政府间事权和支出责任划分做出透彻分析,明确努力的目标和方向。忽视应然分析,即便通过实然分析对现实的政府间事权和支出责任划分有清楚的认识和理解,仍然难以有效解决现实问题。应然意义上的政府间事权和支出责任划分是理想境界,应符合诸多规定、达到多项要求,这意味着研究现实的政府间事权和支出责任划分需要统筹兼顾,不能认为某一方面、某一环节的问题解决了,就一劳永逸解决了所有的问题。比如政府间事权和支出责任划分不清晰、主要停留在原则性的规定的确是亟待解决的现实问题,但这仅仅是问题的一个方面,不能认为政府间事权和支出责任划分清晰了就万事大吉。清晰划分政府间事权和支出责任仅仅是合理划分政府间事权和支出责任的一个必要条件而不是充分条件。违背公平和效率原则,存在结构性错位的事权和支出责任划分同样可以是清晰的，但是这种清晰的划分甚至可能比模糊划分还要产生更大的负面影响。在体现公平和效率原则的条件下明晰划分政府间事权和支出责任是复杂、系统的工程，不可能一蹴而就。如果仅仅执着于打破所谓的原则性划分，通过明确划分不同级次政府财政的支出分担比例来划分政府间的事权和支出责任，一个简单的急功近利的做法就是对不同类别、不同性质的支出，分别计算各级政府财政安排的该类别、该性质支出在总量中所占比例，然后以此作为政府间事权和支出责任划分的分配比例即可。由于该比例本身就是现实中不同级次政府财政的支出分担比例，所以如此确定事权和支出责任分担比例不会带来新的矛盾和冲突，但对解决政府间事权和支出责任划分的实际问题却并无多大帮助，实际仅仅是做了一个形式游戏，把实然的分析与应然的分析混同而已。

2.4 政府间财权和收入划分的理论分析

2.4.1 政府间财权和收入的划分应涵盖全部的财权和收入

政府间财权和收入的划分首先需要准确界定政府作为整体所应掌握的财权和收入，在此基础上，对全部的财权和收入在不同级次政府间予以划分，把政府间财权和收入的划分仅仅看作是税权和税收收入的划分是狭隘的观点。不可否认，财权大部分体现为税权；收入大部分体现为税收收入。从这个意义上讲，如果政府间财权和收入的划分能够把税权和税收收入划分问题解决了，政府间财权和收入划分的主要任务也就完成了。但是，如果划分政府间财权和收入仅仅是划分了税权和税收收入，或者对政府间非税收入权和非税收入也进行了划分，但与税权、税收收入划分在制度安排上存在差异，从而使二者在中央与地方政府以及各级地方政府间形成了不同的利益分配格局。那么作为利己的经济人，地方政府会根据所面临的不同制度约束条件而做出实现自身利益最大化的选择。比如，若税收收入分配向中央政府倾斜，而非税收入分配向地方政府倾斜，那么地方政府无疑要追求非税收入规模最大化；反之，则反过来，由此会导致地方政府收入筹集行为扭曲。因此，政府间财权和收入的划分应统筹兼顾、合理安排，财权应是包含税权和非税收入权在内的全部财权；收入应是包含税收收入和非税收入在内的全部收入。

2.4.2　政府间财权和收入划分的原则

2.4.2.1　受益原则

政府之所以要掌握一定数量的财权和收入，是因为其要担负和履行提供公共产品和服务的职责。事实上，不仅税收可以看作是私人为了获取政府提供的产品和服务而支付的特殊"价格"，而且所有的财政收入包括非税收入，从整体上看，都是私人部门为了消费公共产品和服务而向政府支付的特殊"价格"，体现私人经济部门和政府公共经济部门之间的交换关系。[①] 因此，政府间财权和收入划分需要考虑收入来源与政府提供的公共产品和服务之间的内在对应关系。如果某种收入的形成与某一政府提供的公共产品和服务有直接对应关系，那么该收入就应归该政府支配使用。这是划分政府间财权和收入所应遵循的一个基本原则。其本质是对私人经济部门等价交换原则的模拟。在私人经济部门，谁提供了产品和服务，谁就有权得到销售收入。划分政府间财权和收入如果不遵循受益原则，意味着公共产品的提供和成本分担会脱节，由此会导致公共产品生产提供机制扭曲。比如有的地方政府辖区内的民众享受的公共产品和服务供给种类全、数量多、质量高，却不必为此承受相应的成本或承受的成本相对少，那么其对公共产品和服务的需求必然加大，同时民众监督约束政府的意识也会淡化，而政府作为代理人，其与作为委托人的民众在利益目标上难以完全兼容，这可能导致不仅公共产品和服务供给规模会不适当加大、结构难以优化，而且资金使用效益也难以保证；有的地方政府辖区内的民众享受的公共产品和服务种类少、数量少、质量低，在政府间收入分配并不遵循受益原则的条件下可能会承受相对重的成本，这明显不符合利益获取与成本分担对称的公平原则。

69

---

① 非税收入相对税收收入，二者都有收入筹集功能和经济调节功能，只不过前者更侧重调节功能，后者更侧重收入筹集功能。

2.4.2.2 便利原则

不同级次政府的辖区范围大小不等，对收入征管信息的了解掌握程度存在差别。一般来说，管辖范围比较大的高层政府在掌握收入来源集中、地区差异小、收入量大的收入征管信息方面具有比较优势；而管辖范围比较小的基层政府在掌握收入来源具有明显地域性、地区差异明显、零星分散的收入征管信息方面具有比较优势。因此，政府间财权和收入的划分，需要考虑不同级次政府在掌握收入征管信息方面所具有的比较优势，以尽可能降低征管成本，提高收入征管效率。按照这一原则，收入量大、税源集中、征管难度小的收入一般划为中央收入或共享收入；收入量少、税源分散、征管难度大的收入一般划为地方收入。

2.4.2.3 功能原则

在通常所界定的财政三大职能中，优化资源配置职能主要由地方政府承担。因为大部分公共产品实际是地方性公共产品，全国性公共产品在公共产品总量中所占比重较小。而地方性公共产品由地方政府配置资源、生产提供是符合效率和公平原则的①。因此，凡有利于地方政府优化资源配置职能实现的收入一般都划为地方收入。而公平收入分配职能一般由中央政府承担，因为若由地方政府承担，地方政府之间的竞争会迫使其降低收入再分配力度，毕竟社会成员可以在全国范围内自由迁移，作为利己的经济人，其会在全国范围内选择一个能实现自身利益最大化的地方政府辖区工作、生活。任何一个地方政府都不希望本地的高收入者迁出而低收入者迁入。如果地方政府之间公平收入分配的力度存在差别，而且这种利益差别大于社会成员在不同地方政府之间迁移的成本，那么这种迁移就会实际发生。所以，有利于公平收入分配职能实现的收入，考虑到该职能主要由中央政府承担一般划为中央收入。另外稳定经济增长职能主要也是由中央政府承担。因为在一个国家范围内，市场是高度开放的统一市场，所以地方政府若通过收支调整来影响社会总需求和经济增长，其政策效果会在全国范围内外溢。由于各个地方政府

---

① 地方政府相对中央政府更熟悉、了解辖区民众的偏好，由地方政府配置资源、生产提供地方性公共产品，更有利于实现公共产品的供求均衡，从而体现效率原则，另外由地方政府在辖区范围内分担成本也有利于体现公共产品利益获取与成本分担对称的公平原则。

财政收支规模相对中央都比较小，所以其增收减支或减收增支所形成的差额对社会总需求虽然有影响，但效果在全国范围内分散后会微不足道。但若是中央财政通过自身收支来调节和影响总需求，其效果一般不会在世界范围内扩散，因为国家与国家之间的市场开放程度远远小于国家内部不同地区之间的市场开放程度。另外由于中央财政的收支规模通常远大于任何一个地方政府的收支规模，因此，其增收减支和减收增支所形成的差额通常要远远大于任何一个地方政府，其政策效果会相对较为理想。总之，凡是能有利于中央政府公平收入分配职能和稳定经济增长职能实现的收入，原则上要划为中央收入；凡是有利于地方政府优化资源配置职能实现的收入，原则上应划为地方收入。

2.4.2.4　协调原则

在中央政府与地方政府之间划分财权和收入并不存在固定的分配比例。不同的国家、同一国家不同历史发展阶段，中央与地方合适的财权和收入划分比例是不同的。但是，一般来说，按照一定的方式、方法在中央与地方之间划分财权和收入，要求中央和地方财政收入规模能够做到大致协调。虽然中央政府为了强化宏观调控能力往往在财权和收入划分中占大头，但是所占比例也并非可以无限制提高。如果中央与地方政府间财权和收入划分的结果是绝大部分收入都控制在中央手中，会导致政府间转移支付规模过于庞大，从而降低制度运作效率。反之，如果中央与地方政府间财权和收入划分的结果是绝大部分收入控制在地方手中，中央财政运作在很大程度上需要依赖地方政府收入上解才能实现职能，会直接威胁中央政府集中统一领导地位。

2.4.3　政府间财权和收入划分的内容和方法

2.4.3.1　收入立法权的划分

1. 集权做法

所有收入形式的立法权都由中央掌握，地方政府对任何收入形式都没有立法权，其只能在中央制定的有关收入筹集的法律、法规等制度规定约束下筹集收入。这种集权做法的好处是便于在全国范围内形成统一的收入征管制度，维持统一的收入分配秩序，但缺点是束缚了地方政府手脚，不便于地方政府根据当地社会经济发展状况因地制宜、筹集具有地方特色的收入。

2. 分权做法

中央收入的立法权归中央，但地方拥有对地方收入的立法权，由此形成中央和地方两大收入立法体系，彼此之间界限清晰。这种做法的好处是便于调动中央与地方两个积极性，便于地方因地制宜筹集收入，但缺点是容易导致地方筹集收入具有过强的自主性和独立性，不利于在全国范围内形成统一的地方收入分配管理制度。

3. 集权与分权相结合的做法

中央收入的立法权完全由中央掌握，对地方收入的立法权中央也掌握一部分而不是全部。在全国范围普遍征收、地区之间差别不大的地方收入仍然由中央立法，以便在全国范围内保持制度的统一。但是地区差别明显、不宜在全国范围制定统一制度，需要充分调动地方政府积极性收入的立法权则交由地方行使。这种做法的好处是能尽可能吸取集权和分权的优点而摒弃二者的缺点。

2.4.3.2 收入征管权的划分

1. 收入征管权由地方政府掌握

地方政府征管上来的收入在中央与地方政府之间按规定分配办法和比例分配。这种办法的弊端是地方容易利用自己所掌握的收入征管权隐藏收入，侵害中央政府的财政权益。优势是可以充分发挥地方政府在税源分散零星、收入量少、征管难度大的收入征管方面所拥有的信息优势。

2. 收入征管权由中央政府掌握

中央政府将征管上来的收入在中央与地方政府之间按规定分配办法和比例分配。这种办法的弊端是中央政府相对地方政府在掌握税源分散零星、收入量少的收入征管信息方面没有比较优势，可能由此会影响收入征管效率。另外，若关于财政体制的法律、法规不健全，中央政府克扣地方政府收入，不能保证地方政府及时足额获取收入的现象也可能会出现。这种办法的优点是可以充分发挥中央政府在税源集中、收入量大、征管难度小的收入征管方面所具有的比较优势。

3. 收入征管权由中央政府和地方政府分别掌握

中央政府负责征管中央收入，地方政府负责征管地方收入，二者都成立自己的收入征管机构，彼此职责权限划分明确，各司其职、各负其责。这种方法的优点是中央政府和地方政府收入征管相对独立，可以充分调动和发挥中央政府和地方政府加强收入征管的积极性。但缺点是收入征管机构设置及征管人员配备往往规模庞大，会加大收入征管成本，降低收入征管效率。

2.4.3.3　收入支配使用权的划分

1. 按收入形式划分

财政收入形式是指政府获取收入所采取的方式、方法和名称。比如政府通常采用的收入形式包括税收、收费、规费、国有资产收益、公债、罚款、基金、货币发行收入等。按收入形式划分中央与地方财权和收入的好处是，由于不同收入形式之间界限清楚，因此可以做到中央与地方政府之间财权和收入清晰划分。但是这种方法存在明显的局限：一是财政收入形式种类不多，就那么几种，因此若严格按照收入形式划分政府间财权和收入并不能保证每级政府都有足够的、稳定的收入来源；二是各种收入形式筹集的收入量差别极大，比如税收通常筹集 90% 以上的财政收入，所以不可能把这种巨无霸的收入形式划为某级政府的专享收入。因此，税收收入通常要在中央与地方政府间分配使用，所采取的划分办法主要包括：一是划分税制，即分别设立相互独立的中央税制和地方税制，中央享有或与地方共享税收立法权、税种开征停征权、税目税率调整权，这可以在中央与地方间实现比较彻底的分税；二是划分税种，即根据税种不同把税收收入分为中央税、地方税以及中央与地方共享税；三是划分税额，即把某种税取得的收入按照一定比例在中央与地方之间进行分配；四是划分税率，即同样的计税依据，中央有中央的税率，地方有地方的税率，中央和地方分别按照各自的税率对同一计税依据征税；五是划分税基（税基通常体现为整体意义上的征税对象），即对同一种税的征税对象从整体上加以分类，中央和地方分别对同一种税的征税对象的不同构成部分分别征税；六是混合型分税，即同时采用上述分税办法中的两种或两种以上办法实现分税，多数国家都采用混合型分税办法。

2. 按比例划分

这又可以区分为两种，一种是总额分成，即所有的政府收入不进行分类，都按照统一的比例在中央与地方政府之间分配。这种方法的优点是把中央与地方的财政利益捆绑在一起，"一荣俱荣、一损俱损"，有利于调动中央与地方两个积极性，有利于体现财权和收入划分的协调原则，使中央与地方财权和收入划分变得简单、透明、易于操作。但是其缺点也是相当明显：不利于体现受益原则，比如若遵循受益原则，有的收入就应该划为地方政府收入，但按照总额分成，该收入和其他收入一样，中央都要按比例分成，这可能会导致地方政府提供某些地方性公共产品和服务的积极性受到不利影响；对中央政府来说，也存在类似的情况。比如若遵循功能原则，有利于公平收入分配和稳定经济增长的收入应划为中央收入，但是在总额分成办法下，地方政府也要和其他收入一样按比例分成，这会影响中央政府宏观调控职能的履行。另一种是分类分成。即把政府收入按照一定标准划分为若干类别，不同类别的收入在中央与地方之间的分成比例也不相同。这种方法的优点是有效避免了总额分成办法下收入划分"一刀切"的弊病，根据收入的不同类别分别确定分成比例，便于相机抉择、灵活处理，但是分类分成会导致收入划分办法比较烦琐，加大制度运作成本。从理论上讲，按收入形式划分收入属于分类分成的一种特殊形式。

2.4.4 政府间财权和收入划分的一般结果

2.4.4.1 税权和税收收入划分的一般结果

税收收入是政府财政收入最为重要的收入形式，所以政府间财权的划分在很大程度上体现为税权的划分，政府间收入的划分在很大程度上体现为税收收入的划分。

政府间税权和税收收入划分首推受益原则。因为税收本质上是私人为了消费公共产品和服务而向政府部门支付的特殊价格。因此，按照受益原则收取的税收，应根据公共产品的受益范围确定收入归属。但是现实中大部分税收收入并不是按照受益原则筹集的，这为按照受益原则划分政府间的税权和税收收入造成一定难度。

现实中的税收一般按照支付能力原则筹集。这意味着政府筹集税收收入一般不考虑社会成员消费公共产品的受益状况，而是考虑纳税人的支付能力及政府职能实现需要。在市场经济条件下，财政职能通常被概括为优化资源配置、公平收入分配和稳定经济增长三大职能①。其中公平收入分配职能和稳定经济增长职能主要由中央政府承担，而优化资源配置职能主要由地方政府承担②。因此，凡是有利于公平收入分配职能和稳定经济增长职能履行的税种一般划为中央税，而有利于优化资源配置职能履行的税种一般划为地方税。但是，税收作为财政收入形式，其基本功能是分配功能而不是调节功能。相当部分税种，特别是收入筹集量大的主体税种与政府财政调节功能实现往往并没有明显联系，这就很难按照政府财政职能实现的要求按税种划分政府间的税权和税收收入。这意味着划分税额和划分税率的分税办法在划分政府间税权和税收收入时不可或缺。另外，不同税种在收入筹集等方面存在的功能差异也使按照税种划分政府间的税权和税收收入存在很大局限。通常的情况是一个

---

①　马斯格雷夫 1959 年把财政职能概括为配置、分配和稳定三大职能。我国在 1992 年明确改革的目标是建立市场经济体制后，引进了马斯格雷夫的三职能理论，并加以完善，形成了优化资源配置、公平收入分配和稳定经济增长的新三职能理论，替代了我国传统的分配、调节和监督三职能理论。总的来看，适应了市场经济发展的要求。传统三职能理论实际上概括的是财政的功能而不是职能，比较抽象。从形式上看体现为名词化的动词。分配什么、调节什么、监督什么以及如何分配、如何调节、如何监督，从职能本身看不出任何界定。新三职能则以动宾词组作为体现形式。首先肯定市场机制可以配置资源、分配收入以及促进经济增长，但其不够优化、不够公平和不够稳定，由财政来使之优化、公平和稳定，因而较好地处理市场与政府的关系，从而适应市场经济发展要求。

②　公平收入分配职能的履行不管采取何种具体实现形式，总是要通过各种手段减少高收入者的收入，增加低收入者的收入。如果由地方政府履行该职能，则民众在地方政府之间的迁移会迫使地方政府处于竞争状态，每一个地方政府都不希望辖区内高收入者迁出，低收入者迁入，它们彼此之间的竞争会促使其放弃履行该职能。而中央政府履行该职能，可以在全国范围采取大致统一的公平收入分配力度，从而避免民众迁移而对职能实现所造成的不利影响。财政稳定经济增长职能的履行需要调节财政收支对比关系，如果由地方政府履行该职能，由于地方政府之间市场具有高度开放性，其效果会在全国范围内外溢。比如，要扩张需求，通过减收增支拉动需求、推动价格上涨，但本地区价格的上涨会吸引其他地区商品流入，由此以来，其效果会在全国范围内外溢。由于任何一个地方政府财政收支规模占全国财政总收支的比重较为有限，其增收减支或减收增支形成的差额就更为有限，其对全国总需求的影响可以忽略不计。因此，由地方政府财政履行稳定经济增长职能难以取得理想效果。而中央政府履行该职能，其效果难以在国际间外溢。因为国家与国家之间的市场开放度远远小于国家内部地区之间的市场开放度。优化资源配置职能虽然涵盖内容繁杂，但概括为一点就是提供公共产品。该项职能主要由地方政府承担，在很大程度上是基于这样一个基本判断：地方性公共产品在公共产品总量中占有较大比重，而地方政府在提供地方性公共产品方面具有比较优势，由其负责提供可以相对更好地体现效率和公平原则。

主体税种筹集的税收收入可能远超多个非主体税种筹集收入的总和，在税收收入总量中所占比重甚高。在这样的条件下，要在不同级次政府间合理划分税权和税收收入，形成一个大致均衡的收入分配格局，进而保证不同级次政府职能都能顺利实现，把一个主体税种划给某一级次的政府会导致不同级次政府间财力分配格局高度不均衡，从而不利于整体意义上政府职能的顺利实现，这也意味着划分税额和划分税率的方法在处理政府间财力分配格局时必然会得到足够的重视和运用。

2.4.4.2 非税收入权和非税收入划分的一般结果

非税收入权和非税收入划分与税权和税收收入划分不同，非税收入的获取与公共产品和服务的提供有着相对更为紧密的对应关系。因此，按照隶属关系划分收入是较为常用的一种方法。比如政府性收费，按照受益原则收取，负责向社会提供产品和服务的企事业单位隶属于哪级政府，收费收入自然就归该级政府所占有、支配、使用。由于企事业单位隶属关系明确，所以收费收入的归属自然也就划分清晰；公债收入作为有偿收入，一般按照"谁举债、谁偿还"的原则，明确各级政府的举债权并承担相应的偿债责任。在分级财政真正建立、政府受到有效监督制约的条件下，各级政府财政都会拥有举债权并掌握一定数量的公债收入，但在分级财政没有真正建立，地方财政特别是地方基层财政对中央财政和地方高层财政存在明显依附关系的条件下，地方政府的举债权往往会受到限制而难以自主获取债务收入[①]。罚没收入作为行政司法机构为纠正违法、违规行为而强制筹集的收入一般要按照行政级次划分收入归属，哪一级政府的行政司法机构收取的罚没收入，就由该级政府所占

---

① 在政府行为得不到有效监督制约的条件下，地方政府特别是基层政府的举债权会受到中央政府或地方高层政府的制约，因为地方政府领导人的届别机会主义会导致地方政府盲目举债，在债务得不到及时清偿形成债务危机的时候，需要由地方高层政府或中央政府承担兜底责任。因此，在分级财政制度并没有真正建立、地方政府的行为得不到有效监督的条件下，地方政府特别是基层政府的举债权会受到限制从而难以按照自己的意图获取相应的债务收入。一般来说，在民众—权力机关—政府—财政部门横向委托代理链条强化并真正发挥作用时，地方政府的行为通常可以受到有效监督和约束，地方政府领导人的届别机会主义行为往往可以受到抑制而难以产生现实的机会主义行为。因为辖区民众直接消费政府提供的公共产品和服务，作为消费者，可以对政府行为的有效性和正当性做出较为准确的判断，民众以及民众选出的代表所组成的权力机关可以形成具有信息优势的"一对一"的监督，信息不对称的程度较低，监督主体拥有相对成分的信息。在这样的条件下，地方政府举债权被滥用的概率较低。

有、支配和使用。从理论上讲，若行政司法机构收取的罚没收入与其支出挂钩，客观上会存在追求罚没收入最大化的可能。根据"蒂伯特模型"，虽然民众在地方政府之间的自由迁移可以对地方政府盲目追求罚没收入最大化有一定制约作用①，但要求不同地方政府收取罚没收入给罚没对象所带来的利益损失的差别大于其在不同地方政府辖区之间迁移成本的条件相当严格，这为地方政府胡乱收取罚没收入提供了很大的选择空间。为了抑制地方政府所可能出现的不当行为，罚没收入的收取标准一般应由中央政府做出统一规定。但中央政府考虑到地区差异的客观存在，一般在确定罚没收入收取标准时会设置较大的自由浮动空间，这为地方政府在收取标准自由浮动所提供的权限范围内尽可能攫取罚没收入最大化提供了条件。规费收入包括行政规费和司法规费，收取的目的主要是发挥调节作用，促使社会成员节约使用公共产品和服务，因此规费一般按照隶属关系划分收入征管权，各级政府掌握各自行政司法机构收取的规费收入。国有资产收益包括利润上缴、股息红利、承包费、租金，从理论上讲，应由代表国家掌握国有资产所有权的中央政府掌管，但在国有企业还拥有行政级别、隶属于不同级次政府的情况下，国有资产收益通常按照企业的行政隶属关系分属不同级次政府财政占有、支配和使用。

2.4.5　政府间财权和收入划分应注意的问题

2.4.5.1　政府间财权和收入的划分必须统筹考虑

由于税收收入在财政收入体系中居于主导地位，因此税权和税收收入在财权和财政收入划分中居于主导地位是不言而喻的。无论在理论上还是在实践上，把税权和税收收入划分作为财权和收入划分的重点，从抓主要矛盾的角度讲都是理所当然的。但是，这并不意味着非税收入权和非税收入划分无足轻重。事实上，非税收入权和非税收入的划分与税权和税收收入划分相互影响、相互制约，这种影响、制约可以是积极

---

①　如果地方政府盲目追求罚没收入最大化给民众造成的利益损失大于民众在地方政府之间迁移的成本，则民众会通过"用脚投票"来迫使地方政府处于竞争状态而收敛自己的乱罚款行为。

77

的、正面的，相互协调、相互促进的；也可以是消极的、负面的，相互掣肘、相互妨碍的。中央政府与地方政府间税权和税收收入合理划分可为合理划分非税收入权和非税收入提供良好的基础条件，反之则相反。如果税权和税收收入划分过于集权，而非税收入权和非税收入划分过于分权，那么地方政府会尽其所能实现非税收入权和非税收入最大化。一般来说，非税收入所具有的特殊性质决定非税收入权难以像税权那样集中。比如举债权作为一种非税收入权即便在形式上严格由中央政府掌控，甚至可以从法律上剥夺地方政府的举债权，但实际上仍然不能阻止地方政府通过各种或明或暗的渠道获取债务收入，形成债务负担，而且地方政府利用自身信息优势采取透明度较低的行动，会进一步加大财政隐性风险，甚至可能形成风险倒逼机制。因此，划分政府间财权和收入应统筹兼顾、合理安排，要有整体眼光，不能顾此失彼。

2.4.5.2 自上而下分权体制下需要注意避免财权和收入划分过于集中

在自上而下分权体制下，地方政府、基层政府权力来自中央政府、高层政府的分权。集中体现为地方政府、基层政府领导人形式上由权力机关选举产生，实际上却主要取决于上级政府和组织任命。在这样的制度框架下，中央政府与地方政府划分财权和收入，彼此地位并不对等，不是平等的博弈主体。中央政府可以利用自己的优势地位单方面确定财权和收入划分方法。通常在体制设计的初始环节，中央政府会把更多的财权和收入掌控在自己手中。地方政府囿于自身所处地位，只能被动接受这种集权做法。但是集权的做法违背规律，会导致严重后果，其中包括地方政府利用自身信息优势所采取的机会主义行为。在后果严重到一定程度，超过中央政府自身承受能力时，其会被迫对集权的做法进行调整，由此导致体制在集权与分权之间震荡。从理论上讲，与其让体制在集权与分权之间震荡而遭受效率和福利损失，就不如在初始环节合理划分中央政府与地方政府之间的财权和收入，避免财权和收入划分过于集权。

2.4.5.3 政府间财权和收入划分不能与政府间事权和支出责任划分脱离

在理论研究中，囿于篇幅及研究者的时间精力，对政府间的财权和收入划分往往进行专门研究甚至只是研究其中的一个方面或一个环节，但若从整体意义上的财政体制问题或政府间财政分权问题研究考虑，政府间财权和收入划分不能与政府间事权和支出责任划分割裂开来。归根结底，政府间财权和收入划分要服务于政府间事权和支出责任划分，以保证各级政府财政职能顺利实现，发挥各自比较优势，提高公共产品和服务供给效率，增进社会福利水平，实现公共利益。虽然财权和收入划分与事权和支出责任划分通常并不直接对应，不少国家为了强化中央政府的宏观调控地位，在财权和收入划分时会向中央倾斜，在事权和支出责任划分时则向地方倾斜，从而在中央与地方之间形成收支不对称的格局。但是，强化中央政府的宏观调控地位本身边际收益递减、边际成本递增，在边际收益等于边际成本时，强化中央政府的宏观调控地位这项活动的净收益就达到最大值。这意味着强化中央政府的宏观调控地位也有一个"度"。如果把所有的财权和收入都掌控在中央手中，则强化中央政府的宏观调控地位就可以做到极致，达到边际收益为零，但由此会导致政府间转移支付规模极其庞大，加大制度运作成本[①]，总体看边际成本远大于边际受益，强化中央政府宏观调控地位的净收益就远不能达到最大值。影响政府间财权和收入划分的因素很多，其中政府间事权和支出责任划分是基本影响因素。这正是市场经济条件下，推崇"量出为入"理财原则在处理政府间财政关系方面的具体要求和体现。

2.4.5.4 政府间财权和收入划分采用"总额分成"的办法并不可取

从理论上讲，总额分成是划分政府间财权和收入最为简单的方法。筹集上来的全部收入在中央政府与地方政府以及地方各级政府之间按一定比例分配即可，中央政府与地方政府利益共享、风险共担、一荣俱荣、一损俱损。虽然从最终结果看也划分了政府间的财权和收入，但是从过程看实际则是中央与地方在吃"大锅饭"。无论对中央政府还是地

---

① 政府间财权收入划分与政府间事权支出责任划分存在矛盾可以通过政府间转移支付制度设计予以协调。如果不考虑制度运作成本，政府间财权收入划分与政府间事权支出责任划分脱节导致的矛盾和冲突更尖锐，也可以通过转移支付规模的加大来协调。最极端的情况之一是全部的财权和收入掌控在中央手中，全部的事权支出责任由地方政府承担，从而使财政运作体现"收支两条线"格局，转移支付规模达到最大。这在实践中可以做到，但由此需付出的制度运作成本极其高昂，从而不具有经济上的可行性。

方政府，通过自身努力实现收入增加都存在一定程度效益外溢，效益外溢程度取决于总额分成的比例。某级政府分成比例越低，效益外溢越严重，其发展经济、广开财源、增加收入的积极性越低。因此，在实践中，为提高地方政府当家理财的积极性，中央政府往往会把总额分成的办法与"包干"办法结合起来，但是收入征管权若主要由地方政府掌握，地方政府在包干办法下会利用信息优势挖挤中央收入，从而产生严重的机会主义行为。另外总额分成的办法只是对财权和收入进行总体划分，没有考察财权和收入性质的结构性差别，实际是对所有收入都采取由不同级次政府共享的做法，这与依据不同级次政府和不同收入形式的具体性质把某些收入划为中央或地方专享收入的要求相悖。因此，虽然其简便易行，但并不是划分政府间财权和收入的理想方法。相比而言，分类分成是相对较为可行的划分政府间财权和收入的办法。其便于根据不同的收入形式及不同级次政府的具体性质和职能实现需要，具体问题具体分析，灵活选择财权和收入划分办法，而不是对收入总额在不同级次政府间通过"一刀切"划分收入。分类分成的办法和思路并不是要把不同收入形式都定为共享收入然后确定分成比例。因为分成比例可以界定为某级政府享有百分之百的收入，这样的收入划分实际已不是收入分成而是使之成为某级政府的专享收入。分税制条件下，把税收划分为中央税、地方税和中央与地方共享税本质上采用的就是"分类分成"的办法，只不过这里的"类"是按不同税种划分的小类，而不是按照不同收入形式划分的大类，共享税需要在中央政府与地方政府之间确定分成比例，而中央税和地方税则可视作中央或地方分成比例分别达到百分之百的收入。

2.5 政府间事责财权关系协调的理论分析

2.5.1 不同的事责财权划分模式及所对应的转移支付规模评价

2.5.1.1 模式一：财政收入和财政支出都集权的"双集权"模式

绝对的财政收入集权是指财政收入依据的制定权（立法权）、财政收入的征管权、财政收入的占有权、支配权和使用权都掌握在中央政府手中。绝对的财政支出集权是财政支出的决策权、分配权和使用权也都由中央政府掌握。显然，这会导致地方政府没有任何收入来源，也无法安排任何支出，其职能无法实现，因而根本不可能存在。因此，绝对的收入集权和绝对的支出集权这种"双集权"模式意味着只能有一级政府，不可能有分级政府和分级财政存在。

政府实行分级管理的国家不可能采用绝对的双集权模式，其只在单一政府级次的国家存在。在领土面积狭小、人口较少的国家，单一级次政府的存在是可能的，甚至是必要的，这体现了绝对的双集权模式的现实意义。但是随着国家辖区面积和人口规模的扩张，地区差异日益明显，即政府客观上需要实行级次化管理的时候，绝对的"双集权"模式的弊端就会明显展示出来。其本质就是在政府履行资源配置职能、提供公共产品、满足公共需要的过程中，用中央政府完全替代地方政府，实际就是在充分发挥中央政府比较优势的同时，也用中央政府的比较劣势替代地方政府的比较优势，在这种情况下，推行"双集权"模式显然会遭受效率损失。

现实中的"双集权"模式通常只能体现为相对集权，即大部分财政收入权和财政支出权由中央政府掌握，少部分权力由地方政府掌握。在我国，其较为典型的表现形式是"收支两条线"体制。即在收入管理方面，中央集中的往往是最为关键的收入支配权、分配权，而收入的征管权一般由地方政府掌握，地方筹集的收入要上解中央。在支出方面，中央掌握支出的决策权和分配权，而部分甚至相当部分支出的使用权还是要赋予地方政府。从理论上讲，在国土面积较大、人口较多，存在一定地区差异从而客观上存在实行政府分级管理需要的国家，这种中央负责决策、地方负责执行的权力划分办法会带来一定效率损失。地区差异越大、政府级次越多，这种相对的"双集权"模式所带来的效率损失也就越大；而地区差异越小、政府级次越少，这种相对的"双集权"模式所带来的效率损失也就越小。

在"收支两条线"体制下，地方逐级上解收入，然后再由中央逐级下拨支出，这意味着地方上解的收入中有相当部分最终还是要由地方政府来使用，转化为地方政府支出，对与这部分支出对应的地方财政收入，由地方政府逐级上解实际是没有必要的。所以，所谓的"收支两条线"体制往往会演变为"以支定收、一年一变"的体制，即中央先核定地方政府的支出指标，收大于支的上缴、收不抵支的中央予以补助、和支出相等的收入地方留下而不必上解。这种体制有助于效率提高，但中央仍然掌握收入的支配权，也就是支出的决策权。在地区差异明显的大国，中央对收入支配权和支出决策权的掌握仍然要导致效率损失。

我国从 1949～1952 年实行的统收统支的"收支两条线"体制，1953～1979 年实行的"以支定收、一年一变"的体制，都是相对的"双集权"模式。在该模式下，地方收支实际是不挂钩的，地方多收不能多支、少收不见得少支，地方能安排多少支出关键看中央核定的支出指标，即收入支配权和支出决策权都掌握在中央手中，地方财政实际作为中央财政的派出机构而存在，因此当时的体制还不是严格意义上的分级财政。

在计划体制下，一方面在横向政府与市场关系处理方面，政府过度替代市场，限制甚至否定了市场的作用，夸大了政府权力；另一方面在纵向不同级次政府关系处理方面，中央政府过度替代地方政府，束缚了地方政府的手脚，使其丧失了能动性，变成中央政府可以支配的一个"棋子"或是"螺丝钉"，由此导致经济绩效和财政绩效都难以达到理想水平。

2.5.1.2 模式二：财政收入和财政支出都分权的"双分权"模式

绝对的财政收入分权是指收入依据的制定权、征管权、占有、支配、使用权都由地方政府掌握，绝对的财政支出分权是指支出的决策权、分配权和使用权全部掌握在地方政府手中。显然，在财政收支绝对分权的条件下，就不可能有中央政府的存在，因此，在一个政府实行级次化管理的国家，绝对的财政收入分权和财政支出分权是不可能存在的。这与财政收支的"双集权"模式不同。在只有一级政府时，"双集权"模式是存在的。但"双分权"模式本身意味着至少存在中央与地方两个政府级次，由于绝对的"双分权"模式中央政府无法维持经济上的存在，所以现实中能够存在的只能是财政收入和财政支出的相对"双分权"。

相对的"双分权"模式可以充分发挥分权的比较优势，有利于提高受益范围在地方政府辖区之内的公共产品的供给效率，但是相对的

"双分权"也通常意味着分权过度替代集权，集权的比较优势难以充分发挥，对于超出地方政府辖区范围的部分公共产品，在很大程度上要依靠地方政府之间的交易谈判协商来解决，由此要付出交易成本。因此，"双分权"模式在提供大受益范围的公共产品方面，实质是在一定程度上用分权的比较劣势来取代集权的比较优势，由此必然遭受效率损失。

现实中的相对的"双分权"模式表现为大部分收入和支出的控制权掌握在地方政府手中。中央政府要依靠地方政府收入的上解才能实现其职能。

我国 1980～1993 年的"包干体制"近似于相对的"双分权"模式。在这种模式下，收入征管权掌握在地方手中。由于收入增量大部由地方控制，加之地方"挖挤"中央收入，所以地方掌握了大部分收入的控制权，中央财政收入占财政总收入的比重下降，给中央政府职能实现造成了障碍。中央政府无力调节地区之间经济发展差距，导致地区间经济发展和收入水平差距拉大。

在国家组织结构形式上，相对的"双分权"模式与邦联制这种复合制国家形式有一定对应关系。邦联没有统一的国家主体，各个成员国地位平等，拥有完全的主权和内政外交上的独立，不存在从属关系。邦联的共同协商机关是邦联议会或成员国首脑会议，其活动只限于就相互关心的政治、经济、军事等问题进行协商，决议必须经成员国认可才能生效[1]。

"双分权"模式对于大国相对有效，因为作为大国，国土面积辽阔，人口众多，地区差异明显，客观上更需要分权，而采用"双分权"模式有利于发挥地方政府的积极性、主动性和创造性；而对于小国而言，"双分权"模式相对无效。因为作为小国，国土面积较小、人口较少，基本不存在地区差异，客观上更需要集权，而采用"双分权"模式不利于维护中央政府的集中统一领导地位，地方政府自主决策、各自为政在满足并不存在明显地区差异的公共需求方面并不能发挥多大优势，而中央政府集权决策却相对有效。

2.5.1.3 模式三：财政收入集权、财政支出分权

绝对的收入集权和绝对的支出分权本身相互矛盾，很明显是不可能

---

① 周波：《政府间财力与事权匹配问题研究》，东北财经大学出版社 2009 年版，第 63 页。

存在的，在收入绝对集权的条件下，地方政府支出将没有收入来源；在支出绝对分权的条件下，中央政府的职能无法实现。

相对的收入集权和支出分权意味着大部分收入掌控在中央手中，而大部分支出由地方分配使用。显然，在这样的条件下，中央对地方的转移支付就成为地方政府财政职能顺利实现的重要收入来源，即地方财政支出安排会对中央转移支付有很高的依存度。

收入集权有助于发挥中央政府在收入征管方面的比较优势、支出分权有助于发挥地方政府在支出安排方面的比较优势，但是存在一个"度"的问题。强调中央政府在收入征管方面具有比较优势并不等于说地方政府在收入征管方面没有任何优势可言，地方政府在税源比较分散、收入量少、征管难度大的税种的征管方面还是具有比较优势的。因此，如果收入集权过头，地方政府在收入征管方面的比较优势就无从发挥。同样，在支出安排方面，强调地方政府在提供小受益范围的公共产品方面具有比较优势，这没什么问题，但全国性公共产品的客观存在意味着中央政府也有自己的比较优势，因此，支出方面过于分权也不利于提高制度运作效率。

在实践中，收入集权而支出分权的模式极易导致财权上收、事权下划的格局，地方财政特别是基层财政容易处于相对困难的状态。因为在政府自利假设下，中央政府往往倾向于掌握更多的财权，从而使收入分配向自身倾斜，同时把更多的事权和支出责任交予地方政府承担，财权、财力逐级上收，事权、支出责任逐级下划，地方政府特别是基层政府处于财力被挤压的位置，只能在约束条件下发挥自身信息优势采取机会主义行为，由此累积地方财政风险。

2.5.1.4 模式四：财政收入分权、财政支出集权的模式

绝对的财政收入分权意味着财政收入都掌握、控制在地方政府手中，在这样的条件下不可能出现财政支出集权。因此所谓收入集权和支出分权的模式也只能是相对的。

相对的财政收入分权只能是地方掌握大部分的财权和收入，而大部分支出权力由中央掌握。

这种模式有助于发挥集权的优势，在提供大受益范围的全国性公共产品方面具有比较优势，但是对小受益范围的公共产品的提供却无助于

效率提高。在一个小国，不存在明显的地区差异，全国性公共产品在公共产品总量中所占比例和份额较大，财政收入分权和财政支出集权的模式可以取得相对理想效果；而在一个大国，地区差异明显，地方性公共产品所占比例大的情况下，这种模式带来的效率损失会比较大。

在这种模式下，中央财政职能的实现要依靠地方政府的收入上解。在政府自利的假设前提下，收入的分权会促使地方为了自身利益最大化而难以给中央政府提供足够的上解收入。因此，如何防范和化解地方政府机会主义行为对中央政府财力的不利影响是这种模式需完成的重要任务。

2.5.1.5　模式五到模式九：模式扩展

上述分析把收入权力和支出权力划分分别区分为集权与分权两种状态，二者搭配组合有四种具体模式。实际上无论收入权力还是支出权力划分还都有一种理想状态，即在集权与分权之间实现恰当均衡的适度状态，既不偏于集权也不偏于分权。如果考虑到这种状态，那么收入权力划分的三种状态与支出权力划分的三种状态搭配组合总共就有九种模式（见图 2 - 13）。在这九种模式中，最为理想的状态应是收入权力与支出权力在集权与分权之间划分适度的搭配组合。

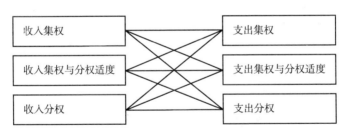

图 2 - 13　收入权力划分与支出权力划分搭配组合模式

模式一和模式二即双集权和双分权模式是两种极端模式，在这两种模式下由于收入权力划分与支出权力划分保持对应，所以转移支付规模从形式上看会相对比较小，但在提高公共产品和服务供给效率方面难以取得理想效果，基本处于顾此失彼的状态。对双集权模式来说，由于加大了中央政府配置资源所占比重，可以相对有效地解决全国性公共产品的供给效率问题，发挥了中央政府的比较优势，但同时其压缩了地方政府配置资源所占比重，实际相当于中央越俎代庖配置了一些本应由地方政府配置的资源，一些地方性公共产品也要由中央政府提供，这就是用中央政府的比较劣势替代地方政府的比较优势，因此难以保证地方性公共产品供给能有比较高的效率。对双分权模式来说，由于加大了地方政府配置资源所占比重，可以相对有效地解决地方性公共产品的供给效率问题，发挥了地方政府的比较优势，但同时其压缩了中央政府配置资源所占比重，实际相当于地方政府越俎代庖配置了一些本应由中央政府配置的资源，一些全国性公共产品也要由地方政府提供，这就是用地方政府的比较劣势替代中央政府的比较优势，因此难以保证全国性公共产品供给能有比较高的效率。对这两种模式来说，调整过于集权和过于分权的做法是必要的。对双集权模式来说，把收入和支出权力划分的集权程度都降低，把本应由地方政府掌控的地方性公共产品的资源配置权交予地方，加大地方政府配置资源所占比重；对双分权模式来说，把收入和支出权力划分的分权程度都提高，把本应由中央政府掌控的全国性公共产品的资源配置权交予中央，加大中央政府配置资源所占比重，就可以促使双集权或双分权模式向理想模式靠拢。

模式三和模式四的收入权力划分与支出权力划分完全不对称，收入集权、支出分权或收入分权、支出集权的模式选择使转移支付规模扩张。在这九种模式中，这两种模式对应最大的转移支付规模。就公共产品供给效率而言，收入集权、支出分权模式相对要好于收入分权、支出集权模式，这是因为大部分公共产品属于地方性公共产品，而地方政府在提供地方性公共产品方面具有比较优势。从这个意义上讲，支出分权模式比支出集权模式效率相对要高，至少在一些地区差异比较大的国家是如此。但是即便是在地区差异大的大国，在大部分公共产品体现为地方性公共产品的条件下，还是有一部分公共产品体现为全国性公共产品，因此对于支出分权模式也需要注意度的选择，过高的分权程度意味着全国性公共产品也要由地方政府提供，由此必然导致效率损失。对支出集权模式来说更应降低支出集权程度，毕竟大部分公共产品体现为地方性公共产品，因此对于支出集权模式更需要注意度的选择，过高的集权程度意味着地方性公共产品也要由中央政府提供，由此必然导致效率损失。在对支出的集权和分权程度进行优化调整后，收入的集权和分权程度也需要优化调整。过高的收入集权意味着自上而下的纵向转移支付规模扩张；过高的收入分权意味着自下而上的纵向转移支付规模扩张，由此导致大量资金处于在途划拨状态，从而加大制度运作成本。在收入和支出的集权与分权程度都进行调整后，这两种模式也会向理想模式靠拢。

除上述五种模式外，另外四种模式表现为收入权力划分和支出权力划分至少有一方是适度模式，比如收入权力划分适度分别与支出集权和支出分权搭配组合的模式；支出权力划分适度分别与收入集权和收入分权搭配组合的模式。这时候只需要对收入或支出单方面偏于集权或分权的模式进行调整即可。支出权力划分适度条件下，降低收入集权程度，或是在收入权力划分适度，降低支出过于分权的程度，就可以压缩不必要的自上而下的纵向转移支付规模；支出权力划分适度条件下，降低收入分权程度，或是在收入权力划分适度，降低支出集权程度，就可以压缩自下而上的纵向转移支付规模，由此可对偏大的转移支付规模予以纠正，使这四种模式向理想模式靠拢。

2.5.2　协调政府间事责财权关系的手段——转移支付

2.5.2.1　政府间转移支付存在的理由

一是解决中央与地方事责财权划分的非对称格局。中央政府与地方政府间事权支出责任划分与财权收入划分未必保持完全的对应关系。通常，为了强化中央政府的宏观调控作用，事权支出责任的大头一般在地方，而财权收入的大头一般在中央，这就必须通过中央对地方安排纵向转移支付才能保证二者职能的顺利实现。反过来说，如果事权支出责任大头在中央，财权收入大头在地方，则必须通过地方对中央的转移支付才能保证二者职能的顺利实现，但一般不会出现这种情况。

二是解决地区经济发展不平衡问题。在一个大国，地区经济发展不平衡往往是难以避免的现象，地区之间贫富差距拉大[①]。为了缩小地区

---

①　这通常被概括为穷的越来越穷、富的越来越富的"马太效应"：由于自然、历史、社会、经济等因素的影响，富的地区收入多，满足消费之后储蓄就多，储蓄转化为投资，在投资过程中可以采用更加先进的技术设备，可以对劳动者进行培训、改进管理方式方法，实现生产资料和劳动力更加有效地结合，带来更高的劳动生产率和更高的收入，从而实现富裕的恶性循环，而贫穷的地区正好相反，其偏低的收入满足消费之后就没多少剩余，导致储蓄和投资不足，生产资料和劳动力无法有效结合，从而导致收入少，进而陷入贫穷的恶性循环。

经济发展差距，促进落后地区经济发展，中央政府往往要集中发达地区部分财力转移支付给欠发达地区。

三是解决地方政府提供公共产品的效益外溢问题。地方政府提供的地方性公共产品出现效益外溢，但效益并未覆盖全国①，此时地方政府提供该公共产品的积极性会受到影响，会因资源配置量不足而导致资源配置的边际收益大于边际成本，为提高资源配置效率，提高地方政府供给效益外溢公共产品的积极性，中央政府要对地方政府安排转移支付。

四是本应属于中央政府事责范围的公共产品供给任务，中央委托给地方政府承担供给责任②；或者本属于地方政府事责范围内的公共产品供给，地方委托中央政府承担供给责任，为此就需要安排政府间纵向专项转移支付。

2.5.2.2 作为协调中央与地方事责财权关系的理想转移支付

第一，理想的转移支付应能体现效率原则。这首先体现为转移支付的规模确定应合理。为实现特定的转移支付目标，转移支付需达到一定规模。为了保证中央政府能对地方政府行为有一定调控力度，在设计财政体制、划分财政管理权限时，通常需要把收入大头控制在中央，而支出大头放在地方，从而形成中央与地方政府间收支不对称的格局。但是这种收支不对称的格局达到什么程度并非可以随意确定。从极端意义上讲，收入可以全部掌控在中央手中，而支出则全部由地方政府安排，从而形成所谓"收支两条线"格局，此时转移支付规模达到最大，即地方政府安排的支出全部来自中央政府的转移支付。虽然此时中央对地方的调控力度可以达到最大，但效果却并不是最好。从政府间财力分配的角度讲，中央对地方政府行为的调控力度在很大程度上取决于转移支付的规模，但这种调控力度及转移支付规模并不是越大越好，其边际效用递减。转移支付规模过大，导致大量资金处于下拨状态，影响地方政

88

---

① 如果效益严重外溢，受益范围远超地方政府辖区而更接近覆盖全国，按照"就近一致"原则应由中央政府负责提供。

② 国防无疑是中央事权，但事实上入伍宣传、转业军人安置等却由地方承担；类似的，外交应该也是中央事权，但是外国领导人一旦到除北京之外的地方访问或者举办 G20、东盟峰会等，地方政府无疑承担了很大部分（白彦锋：《财政事权与支出责任划分：泾渭分明还是动态博弈》，载《中国经济时报》2016 年 11 月 7 日第 005 版）。这需要中央对地方安排专项转移支付予以财力补偿。

特别是基层政府对财政资金的及时安排使用，降低财政运作效率。当然，如果规模过小，则中央政府调控地方政府行为的力度会偏弱。对于缩小地方政府财力差距的转移支付，也不是规模越大越好，这涉及公平与效率的权衡。中央政府对经济欠发达地区安排的转移支付归根结底来自经济发达地区做出的贡献，实际是对地方政府间横向的初始财力分配格局进行调整，从而在一定程度上改变地方政府收支对比关系，使筹集较多收入的地方政府安排相对少的支出，而筹集较少收入的地方政府安排相对多的支出。正如市场机制自发作用下所形成的收入分配格局能充分体现要素边际贡献率大小因而最能体现效率原则一样，不经政府间收入调节机制调节的地方政府间的财力分配格局也是最能体现效率原则的。但也正如市场机制作用下的收入分配格局必然导致收入差距拉大而不能体现公平原则一样，不经过政府间收入调节机制调节的地方政府间的收入分配格局必然导致地区间收入分配差距拉大从而不能体现公平原则。通过安排政府间转移支付可以缩小地区之间的财力差距，转移支付的规模体现和反映了对公平原则的重视程度，但随着转移支付规模的扩张，其在体现公平原则的同时，也对效率产生影响。对效率影响到一定程度，会反过来使公平的实现丧失效率基础，进而影响转移支付的规模。因此，从均衡地区财力的角度分析，转移支付规模也不是越大越好。当然，转移支付规模过小，虽然较好地尊重和体现了地方政府收入与支出之间的对应关系，进而符合效率原则，但地区间财力差距以及由此所导致的公共服务水平差距的拉大会使公平原则难以体现。从纠正地方政府提供的地方性公共产品效益外溢的转移支付来说，其规模应根据效益外溢程度严格界定。转移支付的规模取决于效益外溢的规模。转移支付规模过小，效益外溢的地方性公共产品的供给会不足，资源配置的边际收益大于边际成本；转移支付规模过大，供给则过多，资源配置的边际成本大于边际收益，这都会导致效率损失。至于政府间相互委托办理的公共产品供给，转移支付的规模取决于提供公共产品所需安排使用的资金规模。如果不同级次政府及同一级次不同政府在经济上地位平等，此类转移支付的规模受不同级次政府讨价还价能力的影响。这类似私人产品市场的交换，供求双方的交易谈判会影响最终形成的均衡交易价格。此类转移支付规模越大，越有利于代理方；此类转移转移支付规模越小，越有利于委托方。要协调双方关系，需要合理确定转移支付规模。总之，转移支付规的规模不是越大越好，也不是越小越好，客观上存在最佳的转移支付规模。在图 2 - 14 中，上图是转移支付的总收益（TB）和总成本（TC）曲线，中图是边际收益（MB）和边际成（MC）曲线，下图为净收益（NB）曲线，在 MC = MB 时，TB - TC 的差即转移支付的净收益达到最大值。

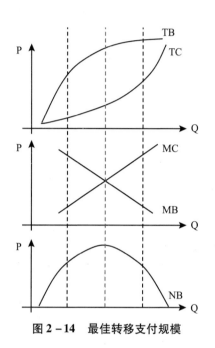

图 2 - 14　最佳转移支付规模

其次，转移支付的结构应合理确定。一般性转移支付和专项转移支付存在依据不同，应根据特定时期转移支付的具体目标和工作任务合理确定转移支付结构。一般来说，专项转移支付的存在有严格的假定条件，通常是为了解决地方性公共产品的效益外溢或弥补政府间各项委托事项的费用开支。用于均衡政府间财力、服务于一般性公共产品和服务供给的转移支付需采用一般性转移支付。其基本依据是地方政府相对中央政府在提供地方性公共产品和服务方面具有信息优势，地方性公共产品在公共产品总量中占大头，为了发挥这种信息优势，财政资金的支配使用权应交予地方政府，而财权和收入划分因中央政府在收入征管方面具有比较优势而占大头，因此必须通过一般性转移支付来保证各级政府财政实现收支平衡。如果转移支付服务于地方性公共产品提供而采取专项转移支付的形式，中央严格规定转移支付资金的具体使用方向和使用方式，会束缚地方政府手脚，难以发挥其比较优势，不利于调动其当家理财的积极性、主动性和创造性。因此，应根据转移支付资金的具体用途合理确定转移支付的结构。

第二，理想的转移支付应能体现公平原则。公平作为一种主观感受，不同的人对公平标准的理解不同，但是共性寓于个性之中，从不同社会成员对公平标准千差万别的理解中，仍然可以抽象出多数人所能接受的公平标准，那就是所谓的"同等情况、同等对待；不同情况、不同对待"。在设计转移支付制度体系时，高层（上级）政府要面对多个基层（下级）政府，因而应保持制度的统一性，按照统一标准安排转移支付，做到同等情况、同等对待；同时还要保证经济欠发达地区及其他情况特殊的地方政府能得到更多的转移支付，做到不同情况、不同对待。从这个角度讲，也需要合理确定体现不同公平标准的转移支付占总量的比例，以优化转移支付结构。

2.5.2.3　转移支付制度扭曲的可能性分析

转移支付本是协调中央与地方事责财权关系的重要手段，但是在运用过程中却极易扭曲。这种扭曲可分为两种情况予以分析：

一是在偏于集权体制下，中央相对地方居于绝对主导地位，作为利己的经济人，其往往会利用体制制定权，在事责划分方面向地方倾斜，把更多的事权支出责任推给地方政府，而在财权和收入划分方面向中央倾斜，由中央控制收入的大头，进而导致中央对地方政府转移支付规模扩张。在极端集权的条件下，甚至可以使地方财政支出完全依赖于中央政府的转移支付，这就是所谓的"统收统支"体制。我国在 1949 ~ 1952 年曾经推行过这种高度集权的体制，通常被形容为"收支两条线、全国一盘棋"。在这种体制下，地方政府筹集的收入原则上全部上解中央，而所需安排的支出再由中央自上而下拨付，即地方政府的几乎全部支出都要依靠中央政府的转移支付，转移支付的规模扩张到极致。与之对应，中央政府对地方政府的控制力也达到最大，事实上相当于所有的决策权都掌握在中央手中，地方政府财政只是掌握执行权。换言之，地方政府财政实际已蜕变为中央政府财政的派出机构，虽然名义上、形式上看是分级财政，但从实质和内容上看却是一级财政。集权体制下转移支付的扭曲除表现为规模扩张外，还表现为结构不合理。由于专项转移支付在转移支付中所占比重在一定程度上可以反映中央政府对地方政府的控制力度，因此在规模庞大的转移支付中，中央政府掌握支出决策权的专项转移支付往往会占有较大比重。专项转移支付必须专款专用，实际相当于决策权掌握在中央手中，地方政府财政要按照中央政府的意图和要求来使用这笔资金。由于地方政府在提供地方性公共产品方面具有信息优势，因此，专项转移支付所占比重过大就会束缚地方政府手脚，抑制其主观能动性的发挥。相对于单纯转移支付规模偏大的扭曲，这种专项转移支付规模偏大而导致的结构性扭曲对效率所造成的负面影响往往更为严重。

二是在偏于分权体制下，地方政府相对中央会居于主导地位，作为利己的经济人，其在掌握收入征管权的条件下，上解中央的自下而上的转移支付往往不足。从公共经济部门资源配置的结果看，全国性公共产品供给会相对短缺，而地方性公共产品供给会相对偏多，这种公共产品供给结构的扭曲会导致社会福利损失。

转移支付制度扭曲的根源在于政府的经济人属性。无论地方政府还是中央政府，都应视作利己的经济人，它们都会在特定约束条件下追求自身利益最大化。如果转移支付制度的扭曲有利于实现其自身利益最大化，并且其又掌握体制制定权或在体制运作过程中居于主导地位，那么转移支付制度的扭曲就具有现实可能性。因此，为保证转移支付制度的正常运作，需要加大财政法制建设，对政府的利己动机和行为予以限制和约束。

2.5.3 政府间事责财权关系的正常协调与不正常协调

2.5.3.1 政府间事责财权关系的正常协调

政府间事责财权关系的协调首先需要划分政府间的事权和支出责任、政府间的财权和收入，然后在此基础上协调事责财权关系。如果政府间事权和支出责任划分合理，既界定清晰又符合公平和效率原则，在此基础上，政府间财权和收入的划分也充分考虑了收入的具体性质及不同级次政府的具体情况，符合政府间财权和收入划分的原则要求，那么此时政府间事责财权关系的协调即为正常协调。也就是说，在政府间事责财权划分都没问题的情况下，事责财权由于不能直接对应而需要通过转移支付制度设计来协调政府间事责财权关系。

2.5.3.2　政府间事责财权关系的不正常协调

政府间事责财权关系的不正常协调是指在政府间事权支出责任划分和政府间财权收入划分并不合理基础上的协调。之所以出现这种情况是因为做到政府间事责财权关系正常协调并非轻而易举：一方面，政府间事权和支出责任合理划分的前提和基础是政府作为整体所应承担的事权和支出责任界定清晰，这需要理顺市场与政府的关系。如前所述，由于混合产品的大量存在，市场与政府的作用边界往往相互交叉重叠，理顺二者的关系并不容易。另一方面，政府间财权和收入得到合理划分的基础和前提是政府作为整体所应掌握的财权和收入得到合理确定。由于政府掌握凌驾于私人部门之上的政治权力，且政府部门从业人员利己动机客观存在，这使政府作为整体所掌握的财权和收入规模往往偏大。这两方面因素综合作用的结果通常是政府作为整体意义上的事责和财权难以合理界定，这就使政府间事责财权划分缺少合理的基础条件，一旦政府间事责财权划分不合理，那么协调政府间事责财权关系也就丧失了起码的基础，由此决定政府间事责财权关系的协调往往体现为不正常协调。在这种情况下，政府间事责财权关系的协调更多地体现为弥补和纠正事责财权划分所存在的问题和不足，而不是在政府间事责财权得到合理划分的基础上协调二者的关系。当然，这可能体现为事责财权两个方面的划分都存在问题，也可能体现为两个方面中一个方面存在问题，而另一方面的划分做到了科学合理。为弥补和纠正政府间事权支出责任划分及财权和收入划分存在的问题，保证不同级次政府财政职能顺利实现，只能通过转移支付制度设计协调二者关系，但这种协调显然是不得已而为之的权宜之计。从保证不同级次政府财政职能顺利实现的角度看虽然具有重要意义，但从优化财政体制，协调不同级次政府财政关系的角度看，这种协调实际上遮掩了政府间事权支出责任划分和财权收入划分存在的问题，虽然由此可避免这些问题产生严重后果，但并不利于问题的根本解决，长期看可能形成既得利益分配格局而导致制度锁定。在财政体制改革实践中，对这种政府间事责财权关系的不正常协调应该有清醒的认识：一方面，政府间事责财权关系协调并不是一件简单的事情，要求二者关系的协调一定是正常协调是不现实的，毕竟不同级次政府财政职能要实现，若事责财权没有合理划分就不借助转移支付制度设计协调二者关系显然是不合适的。虽然权宜之计不能治本，但为解燃眉之急也必须采用；另一方面，对不能治本的权宜之计本身要有清楚的认识，不能满足于治标的效果而对政府间事权支出责任划分、财权收入划分存在的问题视而不见，毕竟政府间事权支出责任划分和财权收入划分存在的问题虽然可以通过转移支付制度设计在一定程度上予以弥补和纠正，但二者存在的问题却不是转移支付制度设计本身所能从根本上解决的。

2.5.4 协调中央政府与地方政府间事责财权关系所需具备的条件

中央政府与地方政府事责财权关系问题的本质是财政分权问题，即财政权力在中央与地方政府之间的配置问题。因此，完善中央政府与地方政府事责财权关系需在实现财政分权的几个重要方面具备以下条件。

2.5.4.1 确定科学的财政分权思路

在中央政府与地方政府之间实现财政合理分权，完善二者事责财权关系，首先需要通过分析政府财政与市场的比较优势，理顺政府与市场的关系，界定整体意义上的财政权力，包括整体意义上的政府职责界定（整体意义上的财政事权支出责任）和整体意义上的政府财力即财权和财政收入规模界定。其次，通过分析中央政府与地方政府的比较优势，界定不同级次政府间财政权力的配置格局。在整体意义上的财政权力包括事权和支出责任、财权和收入界定清楚后，如何在不同级次政府财政间划分权力可以采取两个思路：自上而下分权和自下而上授权。

在政府利他的假设前提下，自上而下分权和自下而上授权可以实现同样的均衡。在自上而下分权思路下，财政权力首先掌握在高层政府手中，高层政府提供大受益范围的公共产品具有比较优势，但提供小受益范围的公共产品则是其比较劣势。换言之，在提供小受益范围公共产品方面，基层政府因为具有信息优势可以实现相对高的效率。因此，为了提高公共产品供给效率、增进社会福利，高层政府会把提供小受益范围公共产品的财政权限下放基层政府。随着管理权限的下放，高层政府资源配置边际收益逐渐趋近于基层政府资源配置的边际收益，当二者相等时，自上而下分权就达到均衡；在自下而上授权思路下，财政权力首先掌握在基层政府手中，基层政府在提供小受益范围公共产品方面具有比较优势，但提供大受益范围的公共产品则是其比较劣势。换言之，在提供大受益范围公共产品方面，高层政府可以实现相对高的效率。为了提高公共产品供给效率、增进社会福利，基层政府会把提供大受益范围公共产品的财政权限上授高层政府。随着管理权限的上授，基层政府资源配置的边际收益逐渐趋近于高层政府资源配置的边际收益，当二者相等时，自下而上授权达到均衡。因此，在政府利他的假设条件下，无论是自上而下分权还是自下而上授权，二者可以实现相同的均衡：高层政府和基层政府资源配置的边际收益相等。

假定政府自利，自上而下分权时，高层政府即便明确知道基层政府提供小受益范围公共产品具有比较优势，也会倾向于把更多的权力掌握在自己手中，即财政权力的下放将是不充分的，从而使体制偏于集权；而自下而上授权时，则出现相反的情况，基层政府会在明确知道高层政府提供大受益范围公共产品具有比较优势的条件下把更多的权力掌握在自己手中，即财政权力的上授将是不充分的，从而使体制偏于分权。无论体制偏于集权还是偏于分权，都不是理想状态。本着两害相权取其轻的原则，应比较二者到底哪一个导致的效率损失较小。一般来说，自下而上授权较之自上而下分权可以实现相对高的效率。因为在自下而上授权的思路下，虽然基层政府自身希望把更多的权力掌握在自己手中而不上授高层政府，但基层政府会受到来自民众相对更为有效的监督，从而迫使其不得不把相对多的权力授予高层政府，因为这有利于增进社会公共利益；但在自上而下分权思路下，高层政府受到的来自民众的监督制约作用力度会因委托代理链条较长而变小，从而便于把相对更多的权力掌握在自己手中而不下划。也就是说，采取自下而上授权思路虽然会使体制偏于分权，但其距离最佳均衡点较近；而采取自上而下分权思路会使体制偏于集权且其距离最佳均衡点较远。因此，从理论上讲，采取自下而上授权思路较之采取自上而下分权思路更有利于增进社会利益。

2.5.4.2　选用合适的财政分权方法

无论是政府间事权支出责任的划分，还是政府间财权和收入的划分以及政府间转移支付制度的设计，都有多种方法可以选择，比如事权支出责任划分包括行政隶属关系法、公共产品种类法、公共产品受益范围法、事权支出责任构成要素法；收入划分中总额分成、分类分成方法以及税收收入划分的划分税种、划分税率、划分税额、划分税基等方法。不同的方法各有利弊得失，因此合适的财政分权方法应该是各种方法的综合运用，不能拘泥于一种方法而舍弃其他方法。各种不同方法应相互协调、相互配合、取长补短。

2.5.4.3 把握理想的财政分权程度

完善的中央与地方政府之间的事责财权关系处理应该保证财政权力在中央政府与地方政府之间得到合理配置。财政权力过多地配置于中央政府则使体制过于集权，财政权力过多地配置于地方政府则使体制过于分权。集权有利于发挥中央政府的积极性、主动性、创造性，有利于提高全国性公共产品的供给效率，但不利于发挥地方政府的比较优势，不利于提高地方性公共产品的供给效率；分权有利于发挥地方政府的积极性、主动性、创造性，有利于提高地方性公共产品的供给效率，但不利于发挥中央政府的比较优势，不利于提高全国性公共产品的供给效率。因此，合适的选择是在集权与分权之间实现恰当的均衡。为此，需要选择合适的指标来对财政分权度进行量化（财政分权程度的衡量是个难题，用地方财政支出占总支出比例或者用地方财政收入占总收入的比例来衡量存在很大局限①；用地方本级收入占其支出的比重来衡量相对好一些。真正意义上可以衡量财政分权程度的只能是财政决策权的配置格局。地方或中央掌握决策权的公共产品占公共产品总量的比重可以衡量财政分权的程度）。一般来说，在特定国家的特定发展阶段存在一个最

---

① 地方财政支出占财政总支出的比重只是衡量了地方政府使用的财政资源占总量的比重，而财政权力不仅体现为资源的使用权，更体现为资源配置的决策权。在地方政府掌握使用权而中央政府掌握决策权的情况下，地方财政支出占总支出的比重可以很高，但实际的财政分权度却很低。典型的例子是：在统收统支体制下，大部分支出由地方政府安排，但决策权掌握在中央手中，体制仍然是高度集权的。因此，用地方支出占总支出的比重所衡量的财政分权度只是形式上或名义上的财政分权度，而形式和内容、名义和实际是有差别的，有时一致，有时则不一致。从决策权配置的角度分析，用地方政府本级收入占支出的比重衡量财政分权度可能更为准确。如果考虑到一般性转移支付可以视作地方政府掌握了决策权，可以把地方政府本级收入加一般性转移支付占支出的比重作为衡量分权度的指标。之所以扣掉专项转移支付是因为该项资金的决策权掌握在中央手中。

佳的财政分权度。偏离了这个最佳财政分权度，就存在改进余地。由于偏离最佳财政分权度的方向不同，所以提高或降低财政分权度到底好还是不好，不能笼统地给出结论，需要考虑目前的财政分权程度。目前分权程度偏低，提高财政分权度就好，反之就不好；目前分权程度已偏高，降低财政分权度就好，反之就不好。这可以解释为什么研究财政分权与经济增长关系的实证文献会得出完全不同的结论。有的结论认为财政分权与经济增长正相关，有的结论是负相关，有的结论则是不相关或相关度不高。一是因为选用的数据资料所反映的特定阶段的财政分权所处的具体状态不同所致。若一个国家的财政分权处于偏低水平，那么提高财政分权度当然可以促进经济增长；若一个国家的财政分权本身已经处于偏高水平，再提高财政分权度只能抑制经济增长。如果一个国家的财政分权度处于一个较为理想的区间，那么财政分权度的变化调整和经济增长的关系就可能表现为相关程度不高。二是因为所选择的财政分权指标并不能准确量化财政分权的程度。比如有的研究者用地方财政支出占财政总支出或占中央支出的比重（或用人均指标）来量化财政分权，表面看似乎很有道理，但实际却未能准确量化财政分权程度。因为其仅从资金使用或支出执行的角度来衡量支出分权，这是不全面的，真正制约财政支出分权程度的实际是支出决策权的配置格局。在高度集权的统收统支体制下，地方支出仍然可以占财政总支出很高的比重，仅从该指标分析，似乎支出是高度分权的，但实际上地方并不掌握支出决策权，其只不过按照中央要求安排、使用财政资金而已，实际是高度集权。若能用合适指标量化出这种极低的财政分权水平，那么其与经济增长的关系就可能体现为财政分权程度偏低制约了经济增长，要推动经济增长，就需要提高财政分权程度，二者是正相关关系；若用地方支出占总支出比重指标量化，则财政分权程度很高，其与经济增长的关系就可能体现为财政分权程度偏高制约了经济增长，要推动经济增长，就需要降低财政分权程度，二者就是负相关关系。之所以结论大相径庭，主要是因为选用的衡量指标不同导致对财政分权程度的量化有质的区别。三是因为影响经济增长的因素很多，财政分权仅是一个影响因素，在考虑不周的情况下，其他因素对经济增长的影响会干扰对财政分权影响经济增长的评价。

2.5.4.4　分析现实的分权制约因素

完善中央政府与地方政府事责财权关系划分，实现合理的财政分权是复杂的系统工程,受诸多因素的制约。不同国家国情不同,财政分权所受制约因素也有很大差别。不考虑制约因素差别,对协调政府间事责财权关系的制度安排盲目照抄、照搬难以取得理想效果。因此,实现合理的财政分权需要考虑特定国家在特定发展阶段所受制约因素的特殊性,选择适合具体国情的分权思路、方法及制度安排。比如自然地理因素对财政分权的影响在我国和欧洲就有很大不同。我国的自然地理因素对我国形成集权传统有深刻影响;而欧洲之所以能形成分权传统和其特定的自然地理环境有一定关系①。再如国家领土面积的大小对财政分权程度及制度选择也有重要影响。一个国土面积辽阔的大国,一般会存在明显的地区差异,人口规模一般也较大,所以一般会倾向于分权,而且政府级次一般较多;而一个国土面积狭小的国家,几乎不存在地区差异,人口规模也较小,所以其一般会倾向于集权,而且政府级次一般较少②。还有不同国家民主制度的完善程度不同,决定了不同国家财政分权程度也会有巨大差别。因此,要实现合理的财政分权,协调中央政府与地方政府事责财权关系,需要结合具体国情,对制约财政分权的因素具体问题具体分析,由此才能得出符合客观实际的结论并提出针对性、可操作性强,能解决实际问题的对策建议。

2.5.4.5　优化财政分权的制度安排

财政分权的制度安排至少包括政府间事权和支出责任划分制度、政府间财权和收入划分制度以及政府间转移支付制度三大块内容。从规范的意义上讲,制度应明晰清楚且用法律的形式确定下来,保持相对稳定;应在集权与分权之间实现恰当均衡,发挥中央政府与地方政府的比较优势。但由于种种原因现实中的财政分权制度会存在诸多问题,这样

① 纵观中国历史的发展可发现:虽然"天下大势,合久必分、分久必合",但不难看出:集权一直是主流,分权是支流。黄仁宇在《中国大历史》中对中国的集权传统做出了解释:黄土文明加季风气候决定"治水"是中国头等重要的大事,为此需要建立集权的国家解决水患。欧洲则不存在这样的问题,无须建立集权的国家。魏特夫在《东方专制社会》中用灌溉文明解释了集权的成因:中国夏秋降水丰沛而冬春降水稀少,发展农业生产需要修建大型农业水利工程,因而需要建立集权国家动员大群体力量。而欧洲气候相对平均的降水则无此必要。

② 纵观世界各国,凡是国土面积辽阔、人口较多的国家一般推行较为分权的联邦制。比如欧洲的俄罗斯;美洲的美国、加拿大、巴西;澳洲的澳大利亚;非洲的南非;亚洲的印度等国,莫不如此。

的制度往往还处于稳定状态而难以调整，甚至出现制度锁定。因此优化财政分权的制度安排就需要分析制度锁定的影响因素，分析制度变迁的路径依赖，把握制度实现主动式变迁和被动式变迁、整体变迁和部分变迁、激进式变迁和渐进式变迁①的各种可能性，探求不同制度变迁的具体实现条件，并最终采取对策促进财政分权制度得以优化调整。除此之外，还必须看到财政分权制度并不是孤立存在，其与其他制度相互影响、相互制约，共同构成完整的制度体系。把财政分权制度从制度体系中割裂出来，就财政论财政，可能引进、选择、构建的财政分权制度本身并没有问题，但若与制度体系的其他制度不相适应，在运作中就会走样。因此，运用系统论的观点完善制度体系，协调财政分权制度与其他制度的关系就显得非常重要。特别是对作为合理的财政分权制度的制度基础尤其应给予足够重视，相对于财政分权的制度基础，财政分权本身更多地体现为一种手段和方式，其选择、构建更多地体现为一种技术性问题。通常，通过选择合适的财政分权方法来划分政府间事权和支出责任、划分政府间财权和收入乃至设计合适的政府间转移支付方式、方法进而形成相应的制度安排并不是非常困难的事情，但若为合理的财政分权制度提供赖以生存的"土壤"即制度基础并不是那么容易，这涉及政府治理模式的改革、调整和完善，往往与政治体制改革交织一起，工

99

---

①　实现中央政府与地方政府事责财权关系的优化本质上是制度变迁的过程。制度变迁按照不同标准可以划分为若干类型。比如按照推动制度变迁主体选择余地的大小，可分为主动式变迁和被动式变迁。所谓主动式制度变迁是指推动制度变迁的主体还有很大的选择余地和回旋空间，问题还没有严重到一定程度，其主要是出于对制度发展演化规律的认识和理解，顺应规律的要求，未雨绸缪而积极主动实现制度变革；所谓被动式制度变迁是指推动制度变迁的主体受形势所迫，问题已相当严重，不实现制度变革将面临更为严重的后果而不得不实现制度变迁，已经没有选择余地和回旋空间。按制度变迁所涵盖的范围和内容，可分为整体性制度变迁和部分制度变迁。就中央政府与地方政府事责财权划分关系的制度安排而言，整体性的制度变迁至少包括政府间事权支出责任的划分、政府间财权和收入的划分以及政府间转移支付制度设计三大块内容，其中每项内容的制度变化调整都是复杂的系统工程，因此，通常来说，实现整体性的制度变迁是有难度的，通常做法是由易到难、循序渐进，先进行部分制度变迁，通过量的积累，最终实现整体性质的变迁。按照制度变迁的时间跨度，可分为渐进式制度变迁和激进式制度变迁。渐进式制度变迁的时间跨度比较长，通常采用先试点、再推广，分阶段逐步实现制度的变化和调整。一般来说，制度的变迁相当复杂，寄希望于短时间解决所有问题是不现实的，欲速则不达；而激进式制度变迁则是"快刀斩乱麻"，短时间摆脱琐碎细节问题困扰，通过解决关键问题实现突破。"不能分两步跳过悬崖"常被作为阐明激进式制度变迁合理性的例证，但我国和苏联等东欧国家的改革实践证明，激进式制度变迁的实际效果远不如渐进式制度变迁。

作难度会大大增加。这种不同制度之间的相互协调及制度整体性变革的重要性，著名新制度经济学家诺斯（North）强调过类似观点："即使能从国外借鉴良好的正式规则，如果本土的非正式规则因为惰性而一时难以变化，新借鉴来的正式规则和旧有的非正式规则势必产生冲突。其结果，新借鉴来的制度可能既无法实施又难以奏效。"[①]

2.5.4.6　遵循正确的财政分权原则

财政分权原则是指导财政分权实践活动、协调政府间事责财权关系的行为准则。首先，它是主观形式与客观内容的统一。从形式上看，财政分权原则作为主观认识的产物而存在，并在政府有关财政的法律、文件、通知、规定中体现出来，但从内容看它是对财政分权所应遵循规律的体现和反映，具有客观性。其次，财政分权原则是共性与个性的统一。其个性体现在不同国家、同一国家不同历史发展阶段客观上存在不同的财政分权原则，而共性则寓于个性之中，体现为可以从具有个性特征的具体财政分权原则中抽象出一般意义上的财政分权原则。既然财政分权原则具有这两大属性，那么指导现实的财政分权活动、协调政府间事责财权关系，就需要保证所遵循的财政分权原则符合这两大属性的要求。其一，要保证所遵循的财政分权原则是对财政分权规律的体现。如果财政分权实践遵循的原则本身已经不具有客观内容，不能体现和反映财政分权活动的规律，已成为僵死的教条，就必须予以调整。其二，要保证所遵循的财政分权原则既要能体现财政分权活动的共性规律，还要能体现由本国具体国情所决定的财政分权活动的个性规律。从这个角度说，财政分权原则不能照抄照搬，它不应该是抽象的规定，而应该具体化，由此才能保证现实财政分权活动能遵循正确的分权原则。

100

---

① 转引自青木昌彦：《比较制度分析》，上海远东出版社 2001 年版，第 2 页。

第3章 我国中央与地方政府事责财权关系划分的经验分析

3.1 分税制改革前中央与地方政府事责财权关系

3.1.1 1949~1979年的集权体制及教训总结

财政活动的目标取决于国家职能定位，取决于国家所面临的形势和任务。1949年中华人民共和国成立后，战争尚未完全结束，对内既要扫清国民党政权及其军队的残余势力，又要保证新生的人民政权稳定运行，还要安定民众生活，对外又打抗美援朝战争，所以当时的财政收支关系高度紧张，存在巨大的收不抵支缺口。1949年12月2日，薄一波在中央人民政府委员会第四次会议上作《关于1950年度全国财政收支概算草案编成的报告》，这是新中国第一个概算，当年该概算以实物形式表示，收入482.4亿斤细粮，支出594.8亿斤细粮，赤字112.4亿斤细粮，财政收支关系高度紧张。在这样的背景下，1950年3月3日政务院第22次会议通过《关于统一国家财政经济工作的决定》，主要确定了三项内容：一是统一全国财政收支管理；二是统一全国物资管理；三是统一全国现金管理。其中统一全国财政收支管理被认为是核心和关键[1]。随着统一全国财政经济工作的开展，中央政府与地方政府事责财

---

① 杨志勇、杨之刚：《中国财政制度改革三十年》，上海人民出版社2008年版，第19~20页。

权关系划分也采取了高度集权的模式，主要体现为收入、支出的双集权。具体做法是地方政府筹集的收入要逐级上解集中到中央，地方所需支出则由中央自上而下核拨。这被形象地称为"收支两条线、全国一盘棋"体制。

这种事责财权划分双集权的体制适应当时特定的社会政治经济环境，有利于中央政府集中财力保证政府职能实现的重点，便于在财政收入极其有限而支出压力巨大的条件下，协调财政收支关系，控制财政赤字规模。但是，其弊端也表现得非常明显：

第一，决策权高度集中于中央，地方政府实际并不掌握财政决策权，由此严重束缚地方政府手脚，不利于调动地方政府的积极性，不利于地方政府因地制宜、因时制宜灵活安排财政支出。按照"全国一盘棋"的说法，地方政府财政实际相当于"棋子"，真正掌握决策权的即所谓的"下棋者"是中央政府。严格地说，在这种集权体制下，地方政府财政相当于中央政府财政的派出机构，只拥有执行权而没有决策权。

第二，地方政府筹集的收入逐级上解、支出自上而下逐级核拨，导致了大量在途资金，财政资金使用的时效性保证不了，降低了支出效益。一个地域辽阔、人口众多、地区差异明显的大国，大部分支出事实上是需要由地方政府安排的。在这样的条件下，把地方政府筹集的收入近乎全部都集中起来，然后再逐级下拨，经常会出现地方财政亟待安排支出而资金却无法及时到位的情况，这显然会降低资金使用效益。

第三，地方政府收支并不挂钩，其能安排多少支出并不取决于筹集多少收入，而是取决于中央所核定的支出指标，地方政府多收不见得多支，少收不见得少支。因此，地方政府发展经济、广开财源、增加收入的积极性并不能调动起来，从而影响财政收入增长。

第四，地方政府会利用自己的信息优势要求中央政府增加支出项目和指标，而中央政府并不掌握充分的信息来判断地方政府的要求是否合理。为了平衡财政收支，中央会被迫压缩地方政府的支出项目和指标，在没有信息优势的条件下，不得不采取"一刀切"的做法，这显然会导致逆向选择，越是真实呈报支出项目、申请支出指标的地方政府越吃亏，越是虚列支出项目和指标的地方政府则越占便宜，由此导致越来越多的地方政府采取机会主义行为。

为了缓解统收统支集权体制带来的弊端，从 1953 年开始，中央与地方事责财权关系划分采用了新的办法。虽然从 1953～1979 年体制名称变化频繁，不断进行调整，但基本做法并没有发生实质性改变，基本可以概括为"以支定收，一年一变"的体制（见表 3－1）。在这样的体制下，地方政府筹集的收入并不需要全部上解中央，而是由中央核定地方支出指标，然后与地方政府的收入指标对照，求得收入分成比例及上解或补助办法。具体说就是地方筹集的收入若大于中央核定的支出指标，地方只需要上解多出部分；收入中等于支出的部分由地方政府支配使用无须上解；若收不抵支，中央则根据缺口大小安排补助资金。

表 3－1   1949～1979 年我国财政体制的演变

起止时间	体制名称	基本特征
1949～1952 年	统收统支	收支两条线、全国一盘棋
1953～1957 年	划分收支、分级管理、一年一变	分成比例每年核定一次
1958 年	以收定支、五年不变	体制推行了一年，实际还是以支定收
1959～1970 年	总额分成、一年一变	分成比例每年核定一次
1971～1973 年	收支包干财政管理体制	收支包干，包干办法一年一定
1974～1975 年	收入按固定比例留成、超收另定分成比例、支出按指标包干	收入不包干支出包干，办法一年一定
1976～1979 年	收支挂钩、总额分成（试行收支挂钩、增收分成）	分成办法一年一定

这种中央与地方事责财权关系划分实际是对 1949～1952 年高度集权的统收统支体制的一个调整。因为在统收统支体制下，地方筹集的收入中无论如何都要有一部分用于满足地方支出需要，对于这部分与支出相对应的收入，地方上解后必须再下拨，除了加大在途资金规模、影响地方政府及时使用财政资金外并不产生多少积极影响。因此对中央政府来说，只要求地方政府把收入大于支出的部分上解，可大大减少在途资金的规模，提高财政运作效率。当然，从本质上讲，调整后的体制仍然是一种集权体制，甚至可以说真正意义上的分级财政仍然没有建立起来。因为在该体制下，地方政府支出还是要经过中央

政府核定，只不过由以前的分次核定改为一次集中核定而已，决策权仍然掌握在中央手中。地方政府虽然掌握资金的使用权，但并不掌握资金的决策权、支配权，到底需要安排什么项目、项目安排多少资金、甚至资金的具体使用方式都要经过中央政府的核定。和高度集权的统收统支体制相比，二者的区别在于：统收统支体制下，全部收入都得上解，所需安排的支出都需要打报告审批，而在"以支定收、一年一变"体制下，则可以把一个年度所需安排的支出一次提交审批，中央核准后，与支出相对应的收入就不用上解。从这个意义上讲，较之统收统支体制的确能在一定程度上提高财政运作效率，但实际上地方政府仍然是接受中央政府的委托去安排支出，只掌握资金使用权而不掌握决策权的地位并没有发生实质变化。由于"以支定收"确定的分成比例每年都要核定一次，即所谓"一年一变"①，所以调整后的体制对地方政府来说仍然收支不挂钩，地方能安排多少支出，并不取决于筹集多少收入，而是取决于中央核定的支出指标。因此，在该体制下，地方政府发展经济、增加收入的积极性还是无法调动。其仍然会有积极性要求中央增加支出指标，而没有积极性去发展经济、增加收入②，由此导致全国范围内财政收支关系高度紧张的局面并不能得到有效缓解。

1949～1979年集权体制下的政府间事权和支出责任划分，从形式上看是按行政隶属关系进行划分，部门、单位隶属于哪一级政府就由该级政府财政拨付所需经费，但不同级次政府间的事权和支出责任实际是一个统一的整体，最终由中央政府统一掌管，地方的事权和支出责任来

① 分成比例"一年一变"和"一定几年不变"有着本质区别。前者意味着分成比例每年都要重新核定，地方政府无法形成稳定预期，其能够支配使用的资金不取决于其所能筹集的收入而是取决于核定的支出指标。因此，"一年一变"一般意味着集权。而"一定几年不变"意味着在几年当中，地方政府能安排的支出不再取决于分成比例，而是取决于其所能筹集到的收入，这有利于调动其发展经济、增加收入的积极性，有助于形成稳定预期，因此，"一定几年不变"一般意味着分权。

② 地方政府在要求增加收入指标方面是有信息优势的，其可以把要求增加支出指标的理由论证得非常充分。这对地方政府来说做起来并不困难。中央与地方之间存在的信息不对称使中央政府难以判断地方政府要求增加支出指标要求的合理程度，在面临巨大支出压力的条件下，会被迫采用"一刀切"的方式压缩地方政府的支出指标，由此导致所谓"逆向选择"，越是夸大支出指标的地方政府越处于有利位置。地方政府之间的竞争最终导致夸大支出指标的地方政府会越来越多，而如实呈报支出指标的地方政府会越来越少。

自中央政府的认定，其支出范围、支出规模、支出结构以及资金使用方式都需要经过中央政府的认可，地方政府并不真正掌握相对独立的事权和支出责任。财权和收入的划分采用"以支定收"的思路，中央核定地方的支出指标，然后据此核定地方收入中可以留归地方支配使用的比例。简而言之，地方收大于支的部分上缴中央财政，收不抵支则根据缺口大小由中央财政补助。具体采用总额分成或分类分成的办法。

1949～1979年的集权体制教训相当深刻，主要可以概括为以下几点：

第一，过于集权的体制没有出路。从1949～1979年，三十年财政体制的推行没有在集权与分权之间实现均衡，而是过于集权，实际上并没建立真正意义上的分级财政，财政体制不是"分灶吃饭"而是"一灶吃饭"。地方事责来自中央的核定和授予，实际是把地方政府财政当作中央财政的派出机构，要求其必须按照中央核定的支出来从事分配活动，地方财政并不真正掌握支出决策权。这就不能发挥地方政府提供地方性公共产品的比较优势，抑制了地方政府当家理财的积极性，不利于提高公共产品供给效率。在很大程度上，传统制度下高度集权的体制安排使当时的财政更多地体现为效益财政而不是效率财政。所谓效益财政是指财政支出的安排和财政资金的使用仅仅考虑投入产出对比关系，而不考虑资源配置的机会成本。在支出决策权由中央政府掌握的条件下，地方政府只能按照中央政府确定的资金使用方向、使用方式和使用方法来使用财政资金，尽可能提高投入产出率，由此实现较高的财政效益。但是财政效益高并不等于效率高，财政效率强调降低财政配置资源的机会成本。如果资源配置到其他方向能带来更高的收益，那么把资源配置到当前方面就是不合理的，只有不同资源配置方向都能实现相同的边际收益率，财政资源配置效率才算实现。但是在传统集权体制下，地方政府财政并不掌握支出决策权，其明明知道资源配置到其他方面可以有更高的收益，也必须按照中央政府规定的资金使用方向来使用资金，由此导致财政支出的效率损失。

第二，事责财权关系必须协调，地方财政收支必须挂钩而不能脱节。虽然"以支定收、一年一变"体制下中央要核定地方的支出指标，并以此来确定地方筹集的收入中归地方支配使用部分所占比例，从形式上看似乎收支是挂钩的，但对地方政府来说，由于该比例每年

105

都要核定一次，所以地方政府能安排多少支出并不取决于其所筹集的收入规模，而是取决于中央政府核定的支出指标，所以实质上其收支并不挂钩。这就不能调动地方政府增加收入的积极性，而只能刺激地方政府想方设法要求中央政府增加支出指标。因为如果中央核定的地方政府支出指标没有增加，其发展经济、增加收入所带来的结果只能是上缴比例提高，给中央多做贡献，因此其发展经济、广开财源、增加收入的积极性就难以调动，而要求中央增加支出指标的积极性却会非常高昂。通常，地方政府会充分利用自身的信息优势把自己要求增加支出指标的必要性、合理性论证得非常到位，中央政府面对地方政府增加支出指标的要求会感觉到无论压缩哪一项支出指标都是不应该的。于是中央政府所面临的局面是：一方面支出指标难以压缩，另一方面收入增长难以达到理想状态，平衡收支的压力巨大。在实在无法判断地方政府要求增加的支出指标到底包含多少水分的情况下，中央政府会采取"一刀切"的办法予以压缩，由此会导致逆向选择，越是相对如实呈报支出指标的地方政府越是吃亏，这会促使地方政府进一步加大支出指标的"水分"，从而使中央财政面临越来越大的平衡财政收支的压力。

第三，对政府间事权和支出责任划分中央政府占高比重应足够慎重。从表3-2中的数据可以看出，1949～1979年我国中央支出占全国财政支出的比重一直较高，多数年份都在50%以上，但总体呈下降趋势。在1953～1957年，该比重甚至维持在70%以上。虽然这与计划体制下客观上需要中央政府在一定程度上集中资源配置权有一定关系，但是在一个国土面积大、人口数量多、地区差异明显的国家，如此高的中央支出占比仍然会让人明显感觉到不利于调动地方政府的积极性，会严重束缚地方政府手脚。在1949～1979年的三十年间，中央财政支出占比总体呈下降趋势，估计与中央支出占比过高产生负面影响进而迫使中央政府不得不降低中央支出占比有关。一般来说，在一个比较大的国家，地区差异明显，地方政府在配置资源提供公共产品的过程中具有信息优势，根据公共产品需求中全国性公共产品与地方性公共产品的占比来协调中央支出与地方支出在总支出中占比，对于提高公共产品供给效率具有重要意义。

表 3 - 2 1953～1979 年中国中央财政支出、地方财政支出及占总量比重

年份	全国财政支出 （亿元）	中央财政支出 （亿元）	地方财政支出 （亿元）	中央支出 占比（%）	地方支出 占比（%）
1953	219.21	162.05	57.16	73.9	26.1
1954	244.11	183.70	60.41	75.3	24.7
1955	262.73	201.05	61.68	76.5	23.5
1956	298.52	210.02	88.50	70.4	29.6
1957	295.95	210.03	85.92	71.0	29.0
1958	400.36	177.22	223.14	44.3	55.7
1959	543.17	249.34	293.83	45.9	54.1
1960	643.68	278.63	365.05	43.3	56.7
1961	356.09	160.32	195.77	45.0	55.0
1962	294.88	181.64	113.24	61.6	38.4
1963	332.05	192.31	139.74	57.9	42.1
1964	393.79	224.86	168.93	57.1	42.9
1965	459.97	284.17	175.80	61.8	38.2
1966	537.65	339.11	198.54	63.1	36.9
1967	439.84	269.94	169.90	61.4	38.6
1968	357.84	219.49	138.35	61.3	38.7
1969	525.86	319.16	206.70	60.7	39.3
1970	649.41	382.37	267.04	58.9	41.1
1971	732.17	435.67	296.50	59.5	40.5
1972	765.86	431.40	334.46	56.3	43.7
1973	808.78	449.33	359.45	55.6	44.4
1974	790.25	397.84	392.41	50.3	49.7
1975	820.88	409.40	411.48	49.9	50.1
1976	806.20	377.63	428.57	46.8	53.2
1977	843.53	393.70	449.83	46.7	53.3
1978	1122.09	532.12	589.97	47.4	52.6
1979	1281.79	655.08	626.71	51.1	48.9

注：中央财政支出、地方财政支出均为本级支出；支出数据不包括国内外债务还本付息支出和利用国外借款收入安排的基本建设支出。

资料来源：《中国统计年鉴》（2015）。

3.1.2 1980～1993 年的分权体制及经验教训总结

1949～1979 年集权体制的推行导致了严重后果，集中表现为经济绩效和财政绩效都很差。首先经济增长率低，与发达国家经济差距拉大；其次财政收入增长缓慢，财政收支矛盾尖锐。前者导致政府存在的义理性基础受到怀疑，后者导致财政分配工作难以顺利进行。迫于经济和财政双重压力，我国从 1980 年开始推行分权体制，也就是所谓的包干体制。包干体制的推行大致经历了三个阶段：分别是 1980～1984 年的"划分收支、分级包干、一定五年不变"体制、1985～1987 年的"划分税种、核定收支、分级包干、一定五年不变"体制和从 1988 年开始推行的"大包干"体制。在包干体制发展演变的三个阶段，虽然体制内容有所变化和调整，但其基本做法大致相同并没有实质性变化。相对集权体制，这种分权体制的根本性变化和调整是，地方政府收支不再是不挂钩而是紧密挂钩，地方政府多收可以多支，少收则必须少支，自求平衡。地方政府在自己的收入范围内可以自主安排支出。因此，中国真正意义上的分级财政实际是从 1980 年随着包干体制的确定而形成的。

政府间事权和支出责任划分在包干体制下是比较简单的，基本上与高度集权体制下的做法相同，即按照行政隶属关系进行划分：中央政府负责安排中央本级的行政、立法、司法机构支出、中央本级的事业单位支出，以及中央所属企业支出和国防、外交支出等；地方政府负责安排地方本级的行政、立法、司法机构、党派社会团体支出，以及地方所属的事业、企业支出等。体制推行的第一年，中央还是要核定地方的支出指标，然后和地方收入指标加以对照，求得分成比例后五年保持不变。那么对地方政府来说，虽然体制推行的第一年能安排多少支出仍然取决于中央政府核定的支出指标，但是从体制推行的第二年开始，地方政府能够安排多少支出就不再取决于中央政府核定的支出指标，而是取决于地方能筹集多少收入，因为分成比例和包干办法已经确定，地方政府筹集的收入多就可以多支、筹集收入少就得少支，自求收支平衡。

从理论上分析，包干体制划分政府间事责财权关系的做法应该是较为理想的制度安排，中央和地方应该是互利共赢的关系。在包干办法确定的条件下，地方发展经济增加收入，不仅自己可支配收入增加，中央政府可支配收入也随之增加。但是，包干体制实际推行效果却完全不尽如人意。具体表现在包干体制推行后，整个国家的经济增长率虽然提高，但是财政收入增长率却没有随之相应提高，这似乎违背了经济决定财政的基本规律。随着经济的发展、GDP 总量的增长，财政收入占GDP 比重却逐年下降，出现了意想不到的财政功能严重弱化。与此同时，中央财政收入占全国财政总收入的比重也逐年下降。在财政功能整体弱化的情况下，中央财政功能相对地方财政更是严重弱化。"两个比重"（财政收入占 GDP 比重和中央财政收入占全国财政收入的比重）的降低（见表 3 - 3），已经影响到政府特别是中央政府职能的顺利实现，由此迫使中央进行分税制改革。

表 3 - 3   1979 ~ 1993 年中央与地方财政支出及比重

年份	全国财政支出（亿元）	中央财政支出（亿元）	地方财政支出（亿元）	中央支出占比（%）	地方支出占比（%）
1979	1281.79	655.08	626.71	51.1	48.9
1980	1228.83	666.81	562.02	54.3	45.7
1981	1138.41	625.65	512.76	55.0	45.0
1982	1229.98	651.81	578.17	53.0	47.0
1983	1409.52	759.60	649.92	53.9	46.1
1984	1701.02	893.33	807.69	52.5	47.5
1985	2004.25	795.25	1209.00	39.7	60.3
1986	2204.91	836.36	1368.55	37.9	62.1
1987	2262.18	845.63	1416.55	37.4	62.6
1988	2491.21	845.04	1646.17	33.9	66.1
1989	2823.78	888.77	1935.01	31.5	68.5
1990	3083.59	1004.47	2079.12	32.6	67.4
1991	3386.62	1090.81	2295.81	32.2	67.8
1992	3742.20	1170.44	2751.76	31.3	68.7
1993	4642.30	1312.06	3330.24	28.3	71.7

注：中央财政支出、地方财政支出均为本级支出；支出数据不包括国内外债务还本付息支出和利用国外借款收入安排的基本建设支出。

资料来源：《中国统计年鉴》（2015）。

回过头来反思 1980～1993 年的包干体制，值得借鉴的成功经验和值得吸取的教训同样深刻。

包干体制的成功经验体现在以下两点：

第一，明确划分政府间事权和支出责任，让各级政府在自己的事责范围内享有决策权，可以充分调动其积极性、主动性和创造性，提高决策和资源配置效率，推动经济增长。

第二，保持政府间事责财权划分的紧密对应关系，实现各级政府财政收支挂钩，可以充分调动各级政府发展经济、增加收入及当家理财的积极性。1980 年全国财政支出仅 1229.98 亿元，到 1993 年全国财政支出达到了 4642.30 亿元，14 年的时间财政支出规模扩张 3.77 倍。而传统集权体制下，1953 年全国财政支出 219.21 亿元，到 1977 年全国财政支出也仅有 843.53 亿元，25 年的时间财政支出规模扩张 3.84 倍。两个阶段财政支出规模扩张倍数差不多，但后者比前者多用了 11 年时间。通过对比不难看出，传统集权体制和分权包干体制下财政支出规模增速存在明显差别。

包干体制值得吸取的教训体现在以下几点。

第一，对地方政府经济人性质及信息不对称问题认识不到位会导致严重后果。如果地方政府是利他的政治人，那么其在掌握收入征管权的条件下也不会想方设法挖挤中央收入，包干体制应该能够取得理想效果。但包干体制下的财政实践证明，地方政府的确是利己的经济人。在其掌握收入征管权、中央政府收入获取要依靠地方政府上解的条件下，地方通过"藏富于企业、藏富于民"的办法挖挤中央收入[①]，由此导致预算外收入规模扩张（1980 年我国预算外收入 557.4 亿元，占预算内收入比重为 51.4%，到 1992 年预算外收入达到 3854.92 亿元，占预算内收入比重上升到 110.7%，就预算外收入的结构考察，大头一直控制在地方政府手中，地方政府安排的预算外支出占大部分，见表 3-4 和表 3-5）和"两个比重"严重下降（1980 年中央财政支出占财政总支

---

① "藏富于企业、藏富于民"多通过越权的减免税来实现，由于地方政府掌握收入征管权，相对中央政府具有信息优势，而企业与地方政府之间客观存在的行政隶属关系，也为地方政府这种机会主义行为的实现提供了有利条件。对于隐藏的收入，地方在和中央收入划分完毕后，会以集资、摊派、收费等形式再集中起来，由此又导致财政收入形式的扭曲，税收收入占比下降，非税收入占比上升，预算外收入规模扩张。

出比重为 54. 3%，到 1993 年这一数字下降到 28. 3%，14 年的时间下降了 26 个百分点，年均下降 1. 86 个百分点。1978 年全国财政支出 1122. 09 亿元，当年 GDP 为 3650. 2 亿元，财政支出占 GDP 比重为 30. 74%；1993 年全国财政支出 4642. 3 亿元，当年 GDP 为 35524. 3 亿元，财政支出占 GDP 比重为 13. 07%，下降 17. 67 个百分点，见表 3 - 6）。中央财政职能严重弱化，这是促使中央政府下决心推行分税制改革的根本原因。

表 3 - 4　　　　1978 ~ 1998 年我国预算外收入规模及占预算内收入比重

年份	预算外收入（亿元）	预算外收入占预算内收入比重	年份	预算外收入（亿元）	预算外收入占预算内收入比重
1978	347. 11	31. 0	1989	2658. 83	98. 8
1979	452. 85	41. 1	1990	2708. 64	92. 2
1980	557. 40	51. 4	1991	3243. 30	102. 9
1981	601. 07	51. 1	1992	3854. 92	110. 7
1982	802. 74	66. 2	1993	1432. 54	32. 9
1983	967. 68	70. 8	1994	1682. 53	35. 7
1984	1188. 48	72. 3	1995	2406. 50	32. 8
1985	1530. 03	76. 3	1996	3893. 34	52. 6
1986	1737. 31	81. 9	1997	2826. 00	32. 7
1987	2028. 80	92. 2	1998	3082. 29	26. 9
1988	2360. 77	100. 1			

注：预算内收入不含债务收入；1993 年、1996 年预算外收入统计口径有调整，与以前年份不可比；1997 年开始预算外收入不包括纳入预算管理的政府性基金（收费），指标与以前年度也不可比。

资料来源：《中国统计年鉴》（2000）。

表 3 - 5　　　　1999 ~ 2010 年预算外收支及中央与地方预算外收入规模比较

年份	全国预算外收入 (1)（亿元）	中央预算外收入 (2)（亿元）	地方预算外收入 (3)（亿元）	全国预算外支出 (4)（亿元）	中央预算外支出 (5)（亿元）	地方预算外支出 (6)（亿元）	(2)/(3)（%）	(5)/(6)（%）
1999	3385. 17	230. 45	3154. 72	3139. 14	164. 82	2974. 32	7. 30	5. 54
2000	3826. 43	247. 63	3578. 79	3529. 01	210. 74	3318. 28	6. 92	6. 35

续表

年份	全国预算外收入（1）（亿元）	中央预算外收入（2）（亿元）	地方预算外收入（3）（亿元）	全国预算外支出（4）（亿元）	中央预算外支出（5）（亿元）	地方预算外支出（6）（亿元）	(2)/(3)（%）	(5)/(6)（%）
2001	4300	347	3953	3850	258.13	3591.87	8.78	7.19
2002	4479	440	4039	3831	259	3572	10.89	7.25
2003	4566.8	379.37	4187.43	4156.36	329.32	3827.04	9.06	8.61
2004	4699.18	350.69	4348.49	4351.73	389.5	3962.23	8.06	9.83
2005	5544.16	402.58	5141.58	5242.48	458.34	4784.14	7.83	9.58
2006	6407.88	467.11	5940.77	5866.95	377.72	5489.23	7.86	6.88
2007	6820.32	530.37	6289.95	6112.42	453.34	5659.08	8.43	8.01
2008	6617.25	492.09	6125.16	6346.36	402.13	5944.23	8.03	6.77
2009	6414.65	352.01	6062.64	6228.29	459.2	5769.09	5.81	7.96
2010	5794.42	399.31	5395.11	5754.69	386.37	5368.32	7.40	7.20

资料来源：国家统计局网站年度数据。

表 3-6　　　1978～2014 年部分年份财政支出占 GDP 比重

年份	财政支出（亿元）	国内生产总值（亿元）	财政支出占 GDP 比重（%）
1978	1122.09	3650.2	30.74
1983	1409.52	5975.6	23.59
1988	2491.21	15101.1	16.50
1993	4642.30	35524.3	13.07
1994	5792.62	48459.6	11.95
1995	6823.72	61129.8	11.16
2000	15886.50	99776.3	15.92
2005	33930.28	185895.8	18.25
2007	49781.35	268019.4	18.57
2009	76299.93	345629.2	22.08

续表

年份	财政支出（亿元）	国内生产总值（亿元）	财政支出占 GDP 比重（%）
2010	89874.16	408903.0	21.98
2012	125952.97	534123.0	23.58
2014	151785.56	636138.7	23.86

资料来源：《中国统计年鉴》（2015）。

第二，体制设计不能做到同等情况同等对待和不同情况不同对待，违背公平原则。1988 年实行的财政大包干体制，全国设计了六种包干办法（见表 3 - 7），不同的包干办法在政府间收入分配上向地方政府倾斜程度不同，比如上海、山东和黑龙江三省市实行的定额上解是对地方最为有利的包干办法，收入的增量全部留给地方。天津、山西、安徽三省市实行的总额分成收入的增量就需要按照规定比例由中央与地方共享，显然该包干办法就不如定额上解对地方有利；也不如总额分成加增长分成，因为，按该包干办法，收入增长部分在分成比例确定上通常向地方倾斜，但该办法对地方来说优于上解额递增包干和收入递增包干，毕竟没有规定地方收入递增率，在一定程度上减轻了地方增收压力。虽然中央政府在体制设计上尽可能体现公平原则，但六种包干办法使中央政府在处理与省级政府利益分配关系时无论怎么权衡都难以做到横向公平和纵向公平，导致地方政府之间苦乐不均。

表 3 - 7　　　　　　　　　　**1988 年财政大包干办法**

序号	财政包干办法	实现的省区市、计划单列市	地区数量
1	收入递增包干	北京市、河北省、辽宁省、沈阳市、哈尔滨市、江苏省、浙江省、宁波市、河南省、重庆市	10
2	总额分成	天津市、山西省、安徽省	3
3	总额分成加增长分成	大连市、青岛市、武汉市	3
4	上解额递增包干	广东省、湖南省	2
5	定额上解	上海市、山东省、黑龙江省	3

续表

序号	财政包干办法	实现的省区市、计划单列市	地区数量
6	定额补助	吉林省、江西省、甘肃省、陕西省、福建省、内蒙古自治区、广西壮族自治区、西藏自治区、宁夏回族自治区、新疆维吾尔自治区、贵州省、云南省、青海省、海南省、湖北省、四川省	16

资料来源:《国务院关于地方实行财政包干办法的决定》(1988 年 7 月 28 日)。

第三,对体制赖以和谐运行的前提条件若没有充分认识最终难以取得理想结果。作为规范的划分政府间财政管理权限的制度安排,从逻辑上讲首先要清楚界定整体意义上的政府所应掌握的财政权限,这需要理顺政府与市场的关系,但当时我国改革还基本处于起步阶段,社会主义市场经济体制的基本框架尚未构建起来,政府与市场的关系远未理顺,政府"越位"和"缺位"问题较为严重,这为合理划分政府间财政管理权限设置了很大障碍①。另外,在市场经济条件下划分政府间财政管理权限,首先要求市场机制能够在资源配置中发挥基础性作用,但当时我国价格改革尚未到位,商品比价、差价不合理,由此导致地方政府行为扭曲,对于低价原材料,地方政府不愿输出到其他地区,对其他地区所生产的高价产品也不愿在本地销售,由此形成严重的地方保护主义和"诸侯经济";对于价高利大的产品,则不管当地是否具备资源禀赋和技术条件,都要上马开工生产,由此导致地方产业结构趋同。其次,政府间财政管理权限的划分一般以政府间事权和支出责任划分为前提,若政府间事权和支出责任划分不清楚,则政府间财权和收入划分以及政府间转移支付制度设计就缺少基础条件。我国包干体制下的财政管理权限划分主要是收入划分,对政府间事权和支出责任划分基本是按行政隶属关系,虽然这样做有助于明确各级政府财政的支出范围、方向和任务,

---

① 如何处理政府与市场的关系一直是棘手问题,直到党的十八届三中全会通过的《决定》仍然把协调、处理政府与市场的关系作为一项重要的改革任务。从理论上讲,协调、处理政府与市场的关系需要发挥二者的比较优势,政府主要解决公共产品的生产提供问题;市场主要解决私人产品的生产提供问题,但公共产品与私人产品之间并不能划出泾渭分明的界限,无论政府还是市场,严格意义上的"越位"和"缺位"解决起来相对容易,但在二者的交叉地带,理顺二者的关系就有一定难度。

但由于不同级次政府的同一职能部门要提供同种公共产品和服务，在事权和支出责任划分方面难免出现"剪不断、理还乱"的局面，这使包干体制根基不牢。另外，划分政府间财政管理权限需要明确基本的假定前提，对地方政府到底是不是利己的经济人、到底在多大程度上具有信息优势、到底会在多大程度上采取机会主义行为都搞不清楚，体制的设计、运行难以取得理想效果并不意外。

3.2　分税制改革后中央与地方政府事责财权关系

3.2.1　分税制改革作中央与地方事责财权关系的基本内容

3.2.1.1　分税制改革后我国中央与地方的事责划分

我国 1994 年的分税制改革是在条件并不成熟的条件下仓促进行的，对政府间事权和支出责任基本没有重新划分，而是沿袭传统包干体制下的做法，按照行政隶属关系来划分政府间的事权和支出责任[①]。《国务院关于实行分税制财政管理体制的决定》规定中央政府承担的事权和支出责任包括：国家安全、外交、中国国家机关运转所需经费，调整国民经济结构、协调地区发展、实施宏观调控所需支出以及由中央直接管理的事业发展支出，具体包括国防费、武装警察部队支出、外交支出和援外支出，中央级的行政管理费支出，由中央统管的基本建设投资支出，中央直属企业的技术改造和新产品试制费支出，地质勘探支出，由中央安排的支农支出，中央本级的公检法支出、中央级的文教科卫事业费支出，以及由中央负担的国内外债务的还本付息支出等。地方政府则负担本地区的政权

---

① 当时的改革从财权、事权划分两项重大改革中较易进行的财权即收入改革着手，将决定政府间财政关系的基础也是较难的一项改革——政府间事权划分改革留到日后以渐进方式逐步推进。进入 21 世纪后，我国政府间事权责任不清晰的状态一直没有得到妥善解决（杨雅琴：《我国政府间事权与支出责任划分再思考》，载《地方财政研究》2015 年第 5 期）。

机关运转所需支出以及本地区的经济及各项事业发展支出，具体包括：地方的行政管理费支出，地方的公检法支出，部分武装警察经费支出，民兵事业费支出，地方统筹的基本建设投资支出，地方企业的技术改造和新产品试制费支出，支农支出，城市维护和建设经费支出，地方文化、教育、卫生、体育、科学等各项事业费支出，价格补贴支出及其他各项支出。

3.2.1.2　分税制改革后我国中央与地方财权划分

分税制改革主要是对政府间的财权和收入进行了新的划分，放弃了过去收入包干做法。主要按税种划分政府间财权和收入，把税收按税种分为中央税、地方税和中央与地方共享税。划分的结果是税源比较集中、收入量比较大、征管难度比较小的税要么划为中央税，要么划为共享税。地方税虽然税种较多，但多是税源比较分散、征管难度比较大、收入量比较少的小税。根据改革方案，中央固定收入包括：关税、海关代征的增值税和消费税、消费税、中央企业所得税、地方银行和外资银行以及非银行金融企业所得税，铁路、各银行总行、各保险总公司集中交纳的收入（包括营业税、所得税、利润和城市维护建设税），中央企业上缴的利润、外贸企业出口退税等。地方固定收入包括：营业税（不含铁道部门、各银行总行、各保险总公司集中交纳的营业税）、地方企业所得税（不含地方银行和外资银行及非银行金融企业所得税）、地方企业上缴利润、个人所得税、城镇土地使用税、固定资产投资方向调节税、城市维护建设税（不含铁路部门、各银行总行、各保险总公司集中交纳的部分）、房产税、车船使用税、印花税、屠宰税、农牧业税、农林特产税、耕地占用税、契税、土地增值税、国有土地有偿使用收入等。中央与地方共享收入包括增值税、资源税、证券交易税。增值税中央分享75%、地方分享25%。资源税按不同资源品种划分，海洋上资源税归中央，陆地上资源税归地方；证券交易印花税中央与地方五五分成，以后逐步提高中央分享比例。同时，作为政府间财权划分的一项重要内容，分设了国家税务局和地方税务局两套税务征管系统。国家税务局负责征收中央税和共享税；地方税务局只负责征收地方税，从而从根本上杜绝了地方政府利用收入征管权挖挤中央收入的可能性。

3.2.1.3　分税制改革后我国中央与地方事责财权划分关系的协调

我国分税制改革是以包干体制推行带来严重弊端为背景的。改革的主要目的是要解决"两个比重"偏低问题。因此，改革方案设计在划分政府间事权和支出责任时把支出的大头放在了地方，在划分政府间财权和收入时把收入的大头放在了中央，由此在中央与地方之间形成收支结构性不对称的格局，中央掌握的收入远大于支出，地方掌握的收入远不能满足支出需要，这就需要通过政府间转移支付来协调中央与地方的事责财权关系。

由于 1994 年的分税制改革在存量财力分配上继续维持包干体制下的收入分配格局，所以与存量财力分配对应的包干体制下的体制补助、体制上解、专项补助、专项上解、结算补助及其他补助等转移支付体系得以保留。除此之外，1994 年实行的转移支付首先作为保护地方政府既得利益的手段加以运用，具体采用了税收返还的形式。这是因为：在包干体制下，收入的大头控制在地方政府手中。而按照 1994 年的分税办法，收入量大、税源集中、征管难度小的税种一般划为中央税或共享税，税种划分及共享税的收入分配办法使收入大头归中央。这就对包干体制下中央与地方之间的收入分配格局有了质的改变和调整，从而触及地方政府的既得利益。通常，为了保证改革能顺利进行，既得利益要予以承认和保护，否则既得利益受损者会联合起来抵制改革，从而加大改革难度。为了保证体制顺利推行，中央政府通过税收返还保护地方政府的既得利益，即从 1994 年开始，按照增值税的 75% 加消费税的全部减去中央下划收入作为税收返还基数，以后地方增值税和消费税每增长 1%，中央对地方的税收返还增长 0.3%。这意味着分税制改革并没有触及地方政府既得利益，只是对收入增量分配进行调整，中央在收入增量分配中占大头。实践证明，中央政府的这一做法是明智的。虽然短时间内中央与地方的收入分配格局并没有发生质的变化和调整，但随着时间的推移，增量收入占总收入的比重越来越高，而中央在增量收入分配中所处的有利地位最终会改变中央与地方政府间的收入分配格局[1]。这意味着 1994 年实施的税收返还作为转移支付具体实现形式是基于保护

117

---

[1]　一般认为，中央政府借助税收返还顺利推行分税制改革，是中央政府成功利用地方政府领导人的届别机会主义行为而顺利推进改革的高明之举。当时与中央政府谈判的作为地方利益代表的领导人，年龄已经不小，一般接近退休年龄，所以其较为关心自己任职期间可支配财力的多寡，对自己退休后继任政府领导的可支配财力并没有给予足够考虑。因此，在中央政府设计的方案能保证其任职期间可支配财力并不减少的条件下，其不会对方案提出强烈反对意见。

既得利益的思路设计的，难以体现公平原则。为完善转移支付体系，1995 年中央推出了过渡期转移支付办法，按照该办法中央每年从新增财力中拿出一部分按照因素计分法安排过渡期转移支付。2002 年开始，过渡期转移支付概念不再使用，代之以"一般性转移支付"，当然其只适用于转移支付的增量部分。同时，与各种改革措施配套以及服务于特定政策目标的专项转移支付制度也逐步发展完善起来。因此，1994 年实行的分税制改革，虽然对政府间事权和支出责任划分没有进行大的调整，基本沿袭传统包干体制下的做法，但对政府间财力分配格局进行了根本性调整，由此对政府间财政收支关系造成的影响，通过转移支付制度设计予以调整，基本实现了中央与地方事责财权划分关系的协调，做到各级财政收支平衡以保证各级政府职能顺利实现。

3.2.2 分税制改革后我国中央与地方事责财权划分仍然存在的问题

3.2.2.1 分税制改革后我国中央与地方事责划分仍然存在的问题

自 1994 年我国推行分税制财政体制以来，在长达二十多年的改革进程中，政府间事权和支出责任的划分只是把大的原则讲清楚了，但一具体就陷入"剪不断、理还乱"的境地[①]，一直没能做到清晰划分和界定。借鉴已有成果，我国政府间事权和支出责任划分存在的问题可概括为以下几方面。

一是从横向考察：政府作为整体所应承担的事权没有界定清楚，即市场与政府的关系还没有理顺，政府的越位和缺位并存。

越位体现为政府包揽过多，管了市场管得了和管得好的事，政企不分、政事不分、政社不分的问题一直没有彻底解决。

---

① 黄佩华（2000）指出中国对财政支出职责的划分，中华人民共和国成立后一直未做大的调整，计划经济条件下确定的支出职责划分一直延续到市场经济时期。我国历次财政体制改革，一直都以划分收入和财权为主，而对政府间的事权范围只做了粗线条、原则性规定，以致分税制财政体制几乎演变为一个政府间收入划分体制（崔运政，2012）。分税制改革以来，我国的财政体制一直没有对政府间的事权范围和财政支出职责做出清楚划分（王玮，2011）。迄今为止，我国基本上还沿袭 1994 年建立的政府间事权划分框架，但这个框架仅提供了对事权和支出责任划分的概括性指导，实际操作中具体如何细化缺乏一个完整的考虑（财政部干部教育中心，2017）。

按照公共经济学协调、处理市场与政府关系的基本理论，私人产品的生产提供是市场可以有效发挥作用的领域，政府没有必要投资建立或掌握国有企业来生产提供私人产品，满足私人需要、追求利润最大化。因为这一方面会使政府有既当裁判员又当运动员从而可能会给国有企业提供额外照顾的嫌疑；另一方面，国有企业相对私营企业所具有的比较劣势使之在竞争中并不处于有利地位，一般认为，如果允许私人资本或外资平等竞争，政府掌握国有企业不仅难以赚取利润，甚至可能会背上沉重的债务包袱。但我国体制转轨阶段的特定国情决定我国在市场可以有效发挥作用的产业、行业仍然掌控大量生产提供私人产品的国有企业，甚至有的地方政府仍然在这些领域投资建立新的国有企业，以致存量问题没解决，又产生新的增量问题。虽然经过多年国有企业改革的深化和"抓大放小"战略的实施，不少国有企业已经从市场有效作用领域退出，但是直到目前，仍然有相当数量的国有企业在市场有效作用领域生产提供私人产品，追求利润最大化，其中不少国有企业还依靠国家赋予的垄断地位赚取巨额利润，在这个过程中广大社会成员为此要遭受福利损失，此谓之"政企不分"。

119

国有事业单位不同于国有企业，整体上讲，其处于市场与政府作用的交叉地带，属于市场部分失效的领域，通常称之为规制部门。受传统体制影响，我国在教育、科学、体育、文化、卫生等领域形成了庞大的事业单位系统，各项事业费开支成为各级财政支出的重要内容和沉重负担。事实上，事业单位作为规模庞大的复杂系统，其不同构成部分的具体属性存在明显差异。就其提供的各项服务的具体性质看，有的具有比较明显的公共产品属性，比如教育事业单位提供的义务教育服务、科研事业单位提供的基础科研服务、医疗卫生部门提供的公共卫生防疫服务等，确实需要政府财政部门提供足够的资金支持，但是也有相当数量的事业单位提供的服务更多地具有私人产品属性，可以通过（事实上也已经通过）市场渠道获取足够的收入，而政府财政依然提供经费支持。虽然近年来政府积极推进"事转企"改革，但受既得利益分配格局和路径依赖的影响，改革难以真正落实到位，在一定程度上仍然存在政府"越位"，此谓之"政事不分"。

与事业单位系统不同，大量的行业组织和中介机构提供的服务更多地类似行政管理服务，但与一般行政管理服务有所不同的是，行业组织和中介机构提供的服务并不是面向全社会而是面向特定的行业和部门，因此从严格意义上讲，这属于行业和部门的内部事务，一般不需要纳入政府行政管理系统①。在发达市场经济国家，这些行业组织和中介机构并不纳入政府财政资金供给范围。但我国在传统体制下由于政府需要通过计划配置全部社会资源，既要生产提供公共产品满足公共需要，还要生产提供私人产品满足私人需要，这些行业组织和中介机构无论是名称还是实际运作都带有较为明显的行政管理机构色彩，其经费开支自然由政府财政负担。改革开放后随着政府机构改革工作的逐步深入，多数行业组织和中介机构失去了行政管理主体身份，但同样受制于既得利益分配格局和路径依赖，不少行业组织和中介机构仍然实行参公管理，从而存在事实上的政府"越位"，此谓之"政社不分"。

"缺位"则体现为一些市场管不了或管不好的事，如基础教育、基础科研、医疗卫生、社会保障以及环境保护、农业支持等，政府却没有管好，这是"内外不清"（马万里，2013）的一个重要表现。严格来说，"缺位"应该是指该管的事没有管。该管的事管了但是没有管好，只能称之为"不到位"而不是"缺位"。按照对"缺位"的这种理解，所谓的基础教育、基础科研、医疗卫生、社会保障、环境保护、农业支持等严格说并不存在真正意义上的政府"缺位"，因为这些公共产品和服务的供给，各级政府实际上相当重视，只是受种种因素的制约，还没有达到较为理想的状态。因此，严格来说，这属于政府作为整体所应承担的事权和支出责任的"不到位"而不是"缺位"。但是，如果把政府作为整体所应承担的这些事权和支出责任细化，若某项具体的事权和支出责任没有承担和履行，那么说存在政府的"缺位"也未尝不可。比如，政府需要维持正常的市场秩序，打击各种假冒伪劣、坑蒙拐骗。但现实中有的不法厂商在各类媒体做虚假广告，坑骗消费者，但市场监督管理部门并没有查处，听任虚假广告泛滥等。就这些事情本身而言，确实可称之为政府"缺位"，即该管的事没有管，但这仅仅是局部的、个别的情形，从整体上、面上考察，政府仍然在积极维护市场秩序。从这

---

① 《国务院关于第六批取消和调整行政审批项目的决定》明确指出："凡公民、法人或者其他组织能够自主决定，市场竞争机制能够有效调节，行业组织或者中介机构能够自律管理的事项，政府都要退出。凡可以采用事后监督和间接管理方式的事项，一律不设前置审批"。这被认为是对广义上政社分开的规范解释。

个意义上讲，需要把整体意义上、面上的政府"缺位"与局部的、点上的政府"缺位"区分开来。一方面，不能用局部的、点上的分析取代整体意义上的、面上的分析，另一方面，也不能用整体意义上、面上所取得的成绩遮掩局部的、点上的问题。

上述分析是从如何处理市场与政府关系角度，探讨了政府作为整体在所应承担的事权和支出责任方面存在的问题。若按照这种横向分析思路，一级政府内部各个部门之间的事权划分也应予以考虑，但严格来说，这不是政府间事权和支出责任划分、界定问题。不过需要指出，这种一级政府内部各个部门之间的事权划分毕竟是影响政府间事权和支出责任划分的重要因素。事实上，我国政府间事权和支出责任之所以长期界定不清，不能不说受到了一级政府内部不同部门之间职责界定不清的影响，纵向的问题与横向的问题相互交织，最终成为棘手难题。从横向看，本应归属一个部门的事权被肢解，一个部门的事权分散于多个部门的现象在一定程度上客观存在，诸如扶贫攻坚、新型城镇化、区域协调发展、主体功能区建设等所涉及的项目、资金、政策措施等事权多分散于各个部门，而原属城建、环保、食药等部门的执法权却被集中到城管执法部门，彼此之间交叉重叠，"九龙治水"现象屡见不鲜（刘承礼，2016）。

二是从纵向考察，不同级次政府间事权界定不够清晰，《中华人民共和国地方各级人民代表大会和地方各级人民政府组织法》对县级以上人民政府的职权规定相同，没有区分政府级次。对乡级人民政府职权的规定与县级以上人民政府职权规定相比，虽删减了若干职权，但差别不大，诸如文化、教育、卫生、社会保障等重要公共产品和服务事权划分在不同级次政府间没有明确界限（刘承礼，2016）。地方各级政府的主要经济社会管理职能与中央政府职能基本相同。这导致几乎所有的事权项目都体现为各级政府的共同事务，几乎所有的财政支出科目都为各级政府财政所共同使用（崔运政，2012），即除了国防、外交等少数由中央政府承担的事权和支出责任外，多数公共产品供给的事权和支出责任都由不同级次政府共同承担。地方政府拥有的事权几乎均为中央政府事权的延伸和细化，"上下一般粗"问题突出（吕凯波、邓淑莲，2016）。另外，中央及地方各级政府上下对口的部门即"条条"受多方面因素的影响也存在事实上的隶属关系，上级部门利用对下级部门的领导权通过专项转移支付的形式掌控事权，并让

121

下级部门承担支出或资金配套责任，但多数支出项目的受益范围并未超出下级政府辖区。各个部门"分割"掌控的事权实际上已经扰乱了中央与地方之间的事权和支出责任划分关系（李俊生，2015）。这被概括为"上下不明"①（马万里，2013）。具体体现在三个方面②：其一，应由中央承担的事权交给地方，这是中央政府的"缺位"、地方政府的"越位"。跨地区经济纠纷的司法管辖、海域和海洋的使用管理、跨地区的环境保护及污染治理、跨流域乃至跨国界的江河治理和保护等，受益范围远超单个省级政府辖区范围，事关国家整体利益，应由中央管理却交给地方；养老保险、医疗保险涉及劳动力资源的自由流动，应以中央管理为主，目前却主要由地方政府负责，管理制度碎片化特征明显；按照政府间的职能划分，经济总量平衡、经济结构的优化调整以及全国统一市场的形成和维护等宏观管理职责应由中央承担，但地方政府却承担了很多责任。其二，应由地方承担的事权交给中央，这是地方政府的"缺位"、中央政府的"越位"。目前中央安排的专项转移支付有相当部分实际是用于地方性公共产品和服务供给，受益范围并不超出地方政府辖区，从区域性重大基础设施投资到农村厕所改造，典型的地方项目却由中央各部门提供资金支持。其三，中央与地方共同管理的事项多，事权交叉重叠，社会保障、科学、教育、体育、文化、卫生等诸多事权由中央与地方共同承担，在事权界定不清的条件下，不少事项由中央对地方按一定比例进行补助，在事务管理及资金使用方面造成职责不清、互相挤占或者中央与地方都不管理、无从问责，由此导致事权划分出现利益冲突和真空地带。

三是由于事权划分不清晰导致支出责任划分也存在问题，主要表现为各级政府承担的支出责任界定不清。现行支出责任划分格局源自1994 年分税制改革方案，而该方案又是对 1985 年《国务院关于实行"划分税种、核定收支、分级包干"财政管理体制的规定》的承接（刘承礼，2016），主要是按部门、单位行政隶属关系界定不同级次政府财

---

① 马万里对政府间事权划分存在问题特征的概括，即所谓的"内外不清、上下不明"，以孙开（2004）对政府间事权划分所进行的应然分析，即政府间事权划分应"内外有别"和"上下分明"为理论参照。

② 楼继伟：《中国政府间财政关系再思考》，中国财政经济出版社 2013 年版，第 287 ~ 288 页。

政的支出责任，这种支出责任划分虽然明确了各级财政的支出方向：向本级政府所属部门、单位提供资金，但不同级次政府间的支出责任划分并没明确。由于不同级次政府及不同级次部门之间所客观存在的隶属关系使上级政府和部门习惯性地将事权下移①，出现政府层次越低事权越多的不合理现象（汤火箭，2012）。2013 年中央公共财政预算支出只占全国的 14.6%，事权履行过度下沉，中央事权明显不足（楼继伟，2013）。支出责任下移已成体制通病，越是到基层政府，越是经济欠发达的地区，地方财力与支出缺口越大，不少中西部地区的县级财政90% 以上的支出需要依靠上级政府的转移支付（刘承礼，2016）。

四是政府间事权和支出责任划分法律依据不充分，有明显的主观随意性。我国尚没有一部统一、完整的明晰划分政府间事权和支出责任的法律法规。现有的一些指导性原则多是以党和政府颁布的文件形式出现，还不是严格意义上由国家权力机关制定颁布的法律，立法层次低，法律的权威性和约束力还没有充分体现出来，这一方面使政府间事权和支出责任划分具有非正式性、偶然性和随意性，另一方面也增加了政府间博弈难度和谈判成本，制度稳定性差（郑培，2012）。考虑到我国特殊的政府间权力划分关系，这种缺少法律依据的政府间事权和支出责任划分所造成的负面影响显而易见：中央政府、高层政府可以依据自身偏好对政府间事权划分进行非正式调整，加大地方政府支出责任，"中央请客、地方埋单"是比较形象的说法。

3.2.2.2　分税制改革后政府间财权划分存在的问题

首先，财权的划分缺少统筹安排。在税收收入分配向中央政府倾斜的同时，非税收入的分配明显向地方倾斜。其中有的非税收入，比如规费、使用费等按照公共产品和服务提供主体划分收入归属，地方政府占据收入的大头带有必然性、合理性，但是非税收入中的土地出让金收入实质是国有土地使用权出租而得到的租金收入，相对地方政府，中央政府更适合代表国家掌管土地出让金收入，但在税收收入分配向中央过于倾斜的背景下，非税收入分配向地方倾斜就成为保持中

---

① 这种下移的事权一般并不体现为显性（法定）事权，而是以隐性（委托性）事权即上级政府部门委托下级政府部门办理的事务作为体现形式（何逢阳，2010）。

央与地方政府间财力平衡的权宜之计，以致本来并不适合由地方政府掌握的非税收入也就纳入地方政府的财权和收入范围。在土地出让金收入大部分留归地方而税收收入分配又向中央政府倾斜的制度安排下，地方政府想方设法去增加土地出让金收入就成为一种理性选择。近年来，房地产市场过热，房价连续多年大幅上涨，原因固然是多方面的，但地方政府对土地出让金的追逐应是成因之一，由此导致地方政府收入分配结构出现扭曲①。在 2015 年 1 月 1 日新预算法实施前，地方政府的举债权被严格限制。老的预算法要求地方政府财政收支必须保持平衡，不得发行公债，但是不准地方政府发行公债并不等于地方政府事实上没有债务。在不能通过公债形式公开举借债务的条件下，地方政府纷纷成立各种投融资平台以政府信誉为担保举借了大量债务，由此导致地方政府间接债务、或有债务负担沉重，这也在一定程度上导致地方政府收入分配结构扭曲，加大了地方财政运作风险②。地方政府财政收入结构中这种税收收入与非税收入关系的扭曲，与中央政府与地方政府之间的财权划分缺少统筹安排有直接关系。在税收收入分配向中央政府倾斜、非税收入分配向地方政府倾斜的条件下，作为理性的经济人，为了实现自身利益最大化，地方政府会通过各种方式寻求非税收入最大化（见表 3 - 8）③。

---

① 这种地方政府收入分配结构的扭曲不仅体现在收入形式的选择方面，还体现为在时间序列上存在的机会主义行为。这起因于地方政府领导人任职年限与土地出让年限的不对称，当然也与中央与地方间财力分配不合理有直接关系。地方政府领导一届任期一般五年，而土地出让年限一般长则七十年，短则五十年，那么从理论上讲，一届政府有权力、有资格出让的土地使用权，应是其辖区内理论上可以出让的土地使用权的七十分之五或者五十分之五。其不应把后几届政府所能出让的土地提前出让，使后几届政府处于无地可卖而难以获取土地出让收入的境地。但是，现实中现任的地方政府领导人在出让国有土地使用权时，并不会受到这一比例限制。不少地方政府大肆出让土地使用权，事实上已使后届政府处于无地出让的境地。

② 根据财政部官网（网址：http://yss.mof.gov.cn/zhuantilanmu/dfzgl/sjtj/201907/t20190718_3302838.html）公布数据，截至 2019 年 6 月末，全国地方政府债务余额 205477 亿元，控制在全国人大批准的限额之内。其中，一般债务 118397 亿元，专项债务 87080 亿元；政府债券 202326 亿元，非政府债券形式存量政府债券 3151 亿元。地方政府债券剩余平均年限 4.8 年，其中一般债券 4.8 年，专项债券 4.8 年；平均利率 3.52%，其中一般债券 3.52%，专项债券 3.53%。

③ 原财政部部长楼继伟也认为"非税收入的超常增长是我国在体制转轨时期的一种特殊现象"（楼继伟：《中国政府间财政关系再思考》，中国财政经济出版社 2013 年版，第 290 ~ 291 页），但其并没有进一步解释为什么会出现这种特殊现象。

表 3－8　2007～2017 年地方非税收入占地方一般预算收入及地方税收收入比重

年份	地方一般预算收入（1）（亿元）	地方税收收入（2）（亿元）	地方非税收入（3）（亿元）	（3）/（1）（％）	（3）/（2）（％）
2007	23572.62	19252.12	4320.5	18.33	22.44
2008	28649.79	23255.11	5394.68	18.83	23.20
2009	32602.59	26157.43	6445.15	19.77	24.64
2010	40613.04	32701.49	7911.56	19.48	24.19
2011	52547.11	41106.74	11440.37	21.77	27.83
2012	61078.29	47319.08	13759.21	22.53	29.08
2013	69011.16	53890.88	15120.28	21.91	28.06
2014	75876.58	59139.91	16736.67	22.06	28.30
2015	83002.04	62661.93	20340.11	24.51	32.46
2016	87239.35	64691.69	22547.66	25.85	34.85
2017	91469.41	68672.72	22796.69	24.92	33.20

资料来源：《中国统计年鉴》（2018）。

其次，财权的划分偏于集权。1994 年之前推行的包干体制使政府间财力分配向地方倾斜，由此导致中央财政收入占财政总收入的比重逐年下降，妨碍了中央政府财政职能的顺利实现。因此，分税制改革的一个重要目标就是要提高中央财政集中度。可能是由于矫枉通常都要过正，不过正不足以矫枉，分税制对政府间财权的划分偏于集权。财政收入的大头是税收，而税收收入的划分明显向中央倾斜。税源集中、征管难度小、收入多的税种一般划为中央税或共享税，共享税的分配比例则向中央倾斜。地方税一般是税源比较分散、征管难度比较大、收入量比较少的小税。"财产税是基层地方政府最主要的税种，但由于我国该税尚处于起步阶段，难以成为地方政府的主体税种。我国没有开征最终销售税，房产税还只在试点阶段，适合划归地方的税种比较缺乏，基层政府缺乏主体税种的矛盾日益显现"①。自 1994 年分税制改革后，关于地方税体系的建设和地方税主体税种的培植问题一直是理论界研究的重点，起初比较一致的观点认为营业税是地方税的主体税种。营业税主要对第三产业征收，随着产业的升级和第三产业的迅猛发展，发展前景广

①　楼继伟：《中国政府间财政关系再思考》，中国财政经济出版社 2013 年版，第 290 页。

阔，从收入筹集角度看担当地方税主体税种毋庸置疑，但随着 2012 年"营改增"政策的实施，营业税已被增值税取代，其地方税主体税种的地位也随之烟消云散。参照别国经验，用房产税取而代之作为地方税主体税种似乎是必然趋势，但房产税的全面开征难度很大。首先这在理论上难以解释得通：我国土地国有，房屋产权所有者实际只是掌握房屋本身的产权，至于土地其实际只是拥有 70 年的使用权，这是通过向政府缴纳土地出让金租来的，土地的产权仍然属于国家。因此，要征房产税从理论上讲只能对房屋本身征税，根据土建造价扣除折旧后的余额征收，显然由此所能取得的收入将甚是有限，无法实现地方政府主体税种的收入筹集功能。另外，房产税的开征将触犯拥有大量房产者的既得利益。这些人虽然人数不多但握有政治话语权，按照奥尔森（Olsen）利益集团力量大小与集团规模成反比的观点①，其对房产税开征的阻碍作用不可小觑。因此，房产税的开征虽然早已提上议事日程，但短期难以开征已是定局。因此，地方税体系薄弱、缺少主体税种问题短期难以解决。随着中央财政集中度的提高，地方财政对中央财政的依存度也相应提高。一个更值得引起注意的问题是，地方政府中的高层政府也模仿中央政府的做法，不断上收财权，由此影响到地方基层县乡政府的可支配财力，使之一度出现了严重的基层财政困难。近年来，为了缓解基层财政困难，从中央到地方高层政府都采取了一些措施②，但只是在一定程度上缓解了基层财政困难的程度而并没有从根本上解决问题。

---

① "小集团能够做到为自己提供集体物品可能仅仅是因为集体物品对个体成员产生了吸引。在这一点上，小集团和大集团是不同的。……简而言之，集团越大，就越不可能去增进它的共同利益"（奥尔森：《集体行动的逻辑》，三联书店 1995 年版，第 30 页）。

② 2005 年中央推行"三奖一补"政策，即对财政困难县乡增加县乡税收收入、省市政府增加对财政困难县财力转移支付给予奖励；对县乡政府精简机构和人员给予奖励；对产粮大县给予奖励；对以前缓解县乡财政困难工作做得好的地方给予补助。"三奖一补"是按照"以奖代补"原则建立的新型激励机制。2010 年财政部印发《财政部关于建立和完善县级基本财力保障机制的意见》，建立和完善县级基本财力保障机制，以"保工资、保运转、保民生"为目标保证基层政府基本财力需要。中央财政制定县级基本财力保障范围和保障标准，测算基本财力保障需要，确定财力缺口县和缺口额，对存在县级财力缺口的地区预拨消化缺口保障性奖励资金，第二年根据缺口消化情况进行清算，对在规定期限未实现保障目标的省级政府，中央扣减一般性转移支付和税收返还，直接用于补助财力缺口县。为解决基层财政困难，中央 2005 年还开始推行"省管县"和"乡财县管"改革。到 2011 年底，全国有 1080 个县实行了省管县改革。实行乡财县管改革的乡镇 29300 多个，占乡镇总数的 85%（楼继伟：《中国政府间财政关系再思考》，中国财政经济出版社 2013 年版，第 110～113 页）。

再次，政府间财权的划分缺少相对稳定性，自分税制改革以来，中央不断对政府间财权划分进行调整，由此导致财权划分难以保持相对稳定而影响到地方政府的预期。比如，按照 1994 年分税制改革的有关规定，地方企业所得税、个人所得税都是地方税，但 2002 年，中央将其改为共享税，中央和地方各分享 50%，自 2003 年起，中央集中收入增量为 60%。1994 年将证券交易印花税定为中央地方共享税，各分享 50%。1997 年中央的分享比例提高到 88%，地方分享比例降低到 12%，自 2000 年开始，分三年将中央分享比例提高到 91%、94% 和 97%，地方分享比例相应降低到 9%、6% 和 3%。1994 年分税制规定出口退税完全由中央财政负担，2004 年中央开始建立中央和地方共同负担出口退税的新机制。以 2003 年的出口退税为基数，基数内的出口退税中央负担，超过基数的部分由中央和地方共同负担，中央负担 75%，地方负担 25%，后来由于地方反映出口退税负担过重，自 2005 年开始，比例调整为 92.5 : 7.5。1997 年 1 月 1 日起，将金融保险业营业税税率由 5% 提高到 8%，营业税税率提高后，除各银行总行、保险总公司缴纳的营业税全部留归中央外，其余金融、保险企业缴纳的营业税，按 5% 征收的部分归地方，增加的 3% 的营业税收入归中央。2009 年 1 月 1 日起，国务院决定实施成品油价格和税费改革，取消公路养路费、航道养护费、公路运输管理费、公路客运货运附加费、水路运输管理费、水运客运货运附加费六项收费；逐步取消政府还贷二级公路收费；提高成品油消费税单位税额，汽油每升提高消费税 0.8 元，柴油每升提高消费税 0.7 元，虽然增加的收入通过规范的转移支付方式分配给地方，但毕竟体现为中央收入的增加。另外按照 1994 年分税制改革的规定，营业税除各银行总行、保险总公司、铁道部集中缴纳的部分，都属于地方收入。营业税一度是地方主体税种，但随着第三产业的发展，营业税增长势头迅猛，于是中央 2012 年开始推行"营改增"改革，逐步把营业税调整为共享税。虽然上述调整带有一定的必要性、合理性，但从结果考察毕竟表现为中央财权和收入的增加、地方财权和收入的减少。

最后，政府间财权划分的法制化、规范化程度不够。政府间财权的划分一般以通知、决定、规定等政府文件形式确定，而不是权力机关制定、颁布的法律，由此导致政府间财权划分具有很大程度的主观随意性。只要中央政府愿意，其可以随时对政府间财权和收入划分办法进行调整，这就不能形成稳定的、中央与地方都必须遵循的游戏规则。中央政府随时可以对游戏规则进行调整，而地方政府只能被动接受这种规则调整。在这样的制度约束下，若承认政府是利己的经济人，那么中央政府为了增进自身利益，难免会对体制朝对自身有利的方向调整。地方政府处于被动地位，只能接受中央政府设计的制度，那么其就难以形成稳定预期而产生短期行为。

3.2.2.3　分税制改革后中央与地方事责财权关系协调存在的问题

转移支付是协调中央与地方事责财权关系最为重要的手段。我国1994年分税制改革后，转移支付手段的运用在一定程度上存在扭曲。

1. 转移支付规模不合理

从理论上讲，在特定国家的特定发展阶段，客观上存在最佳的转移支付规模。转移支付规模过大或过小都不利于转移支付功能的实现。我国1994年实行的分税制把政府间事责划分与财权划分实际上割裂开来，并没有统筹考虑、同步推进。事权和支出责任的划分基本沿袭传统体制做法，没有真正做到把政府间事权和支出责任划分的结果作为政府间财权和收入划分的基础，最终出现财权上收而事责下划的结果，收入大头过于集中于中央而支出大头过于偏重于地方，由此导致政府间转移支付规模偏大。虽然财权上收、事权下划几乎成了财政理论界的共识，但不同的观点并非没有。有的同志认为："总体上看，无论是发展中国家还是成熟市场经济国家，中央财政收入（含社会保障基金）比重通常在60%以上。……我国中央政府承担的支出责任应当增加，受区域发展不平衡的影响，公共服务均衡化的任务十分艰巨，这些因素决定了我国中央财政收入比重不能继续降低"[1]。由此看来，单纯通过强调财权上收和事权下划来论证我国转移支付规模过大容易引起争议且不容易讲清楚。鉴于此，本书通过界定一种严格意义上的无效转移支付来论证我国转移支付规模偏大，并对无效转移支付系数和无效转移支付规模进行测算。

---

[1]　楼继伟：《中国政府间财政关系再思考》，中国财政经济出版社2013年版，第290页。

　　本书把我国省级政府大致分为两类：一类是欠发达地区的省份，需要中央政府的转移支付才能保证政府职能实现；另一类是经济发达省份，实际是需要向中央政府上缴收入，为中央政府做贡献①。但是，通过分析我国中央对地方政府的转移支付数据可知，这两类省份事实上都从中央政府得到转移支付。对于经济欠发达省份，一方面需要依靠中央的转移支付来保证政府职能实现，另一方面同时也通过在其辖区内征收的中央税和共享税中央分成部分向中央上缴收入。就这部分上缴中央的收入来说，实际是绕了一个圈又通过转移支付的形式回到经济欠发达省份手中，也就是说中央对经济欠发达省份安排的转移支付有一部分本身就来自经济欠发达省份的上缴收入。对中央政府来说，与其把这部分收入从经济欠发达省份收缴上来然后再以转移支付的形式下发该省份，不如通过调整中央与地方收入分配比例直接把这部分收入留归经济欠发达省份支配使用，这可以节约资金上缴下拨时间，提高资金使用效益。从这个意义上讲，对经济欠发达省份来说，从中央得到的转移支付扣掉其辖区内以中央税和共享税中央分成部分上缴中央的收入后剩余的部分才是有效的转移支付，换言之，中央对欠发达地区安排的转移支付中与欠发达地区上缴中央收入相对应的部分就是无效转移支付。由此可以计算出经济欠发达地区转移支付的有效系数 = ［中央对欠发达地区转移支付 – （欠发达地区征收的中央税 + 共享税中央分成部分）］÷ 中央对欠发达地区转移支付。该系数大于零小于 1。该系数越接近于 1，说明中央对欠发达地区的转移支付越是有效，越接近于 0 说明中央对欠发达地区的转移支付越依赖欠发达地区以中央税和共享税（中央分成部分）形式为中央上缴的收入，越是在做无用功。对经济发达地区来说，也从中央政府得到转移支付，但同时通过辖区内征收的中央税和共享税中央分成部分给中央上缴更多的收入。其上缴的收入通常大于从中央得到的转移支付。这意味着向中央上缴的收入中有一部分又以转移支付的形式返还其手中，或者说其实际上缴中央的收入比名义上缴中央的收入要少，中间的差额就是其得到的转移支付。这种转移支付实际是先以中央税和共享税中央分成部

129

----

　　① 当然不排除第三种类型的存在，既不依靠中央转移支付，也没有多余财力给中央做贡献，能自身保持收支平衡的省份。这样的省份可以归入两类中的任何一类，这并不影响分析结论。

分的形式上缴中央，转了一圈再以转移支付形式回到经济发达省份手中。对中央政府来说，与其把这部分收入从经济发达省份收缴上来然后再以转移支付的形式下发该省份，不如通过调整中央与地方收入分配比例直接冲抵与之对应的经济发达省份以中央税和共享税（中央分成部分）形式上缴中央的收入，这可以节约资金上缴下拨时间，提高资金使用效益。从理论上可以测算经济发达省份上缴中央收入的有效系数，该系数＝［经济发达省份征收的中央税＋共享税中央分成部分－中央对发达省份转移支付］÷［经济发达省份征收的中央税＋共享税中央分成部分］。但是如果专门研究中央对地方转移支付的有效系数，还是需要采用与测算经济欠发达省份转移支付有效系数一样的公式：经济发达地区转移支付有效系数＝［中央对发达地区转移支付－（发达地区征收的中央税＋共享税中央分成部分）］÷中央对发达地区转移支付。显然，由于中央对发达地区转移支付数要小于中央在经济发达地区征收的中央税和共享税（中央分成部分），所以该系数为负值，这说明中央对经济发达地区安排的转移支付全部为无效转移支付，把经济发达地区以中央税和共享税（中央分成部分）形式上缴中央的收入再以转移支付形式返还到经济发达省份手中，除通过资金上缴下拨浪费时间、降低效率外没有实际意义。从衡量中央对地方转移支付有效程度角度，本书把中央对经济发达地区安排的转移支付有效系数为负值的情形修正为0，表示这种转移支付完全无效。

测算出转移支付的有效系数后，用1减去转移支付有效系数就可得出转移支付无效系数。用每个省份得到的转移支付数额乘以转移支付无效系数，就可以得出每个省份无效转移支付规模，把每个省份的无效转移支付规模的数据相加，可以求出全国无效转移支付的总规模。用全国无效转移支付的总规模除以中央对地方转移支付的总规模就可以求出全国中央对地方转移支付的总的无效系数，用1减去该系数即为中央对地方转移支付的总的有效系数。

本书对转移有效系数、无效系数及有效和无效转移支付规模的测算数据来自历年的《中国财政年鉴》《中国统计年鉴》和国家统计局官网，样本期间设定在2001～2017年31个省区市的数据（2001年以前企业所得税只包括国有企业及集体企业所得税，与之后数据不可比，所以只选取了2001年至今的可获得数据）。其中转移支付及央地财政收支数据摘自《中国财政年鉴》，各省消费税、车辆购置税摘自《中国税务年鉴》，各省财政收支及共享税数据摘自国家统计局官网。本书并未直接摘录《中国税务年鉴》中央级收入相关数据，主要是因为《中国税务年鉴》数据为当年征收数，包含大量退税、抵扣等非实际入库收入，且分地区分税种中央级收入表的数据包含大量央企所得税、营业税等中央固定收入，如一概计入从地方（如北京）征缴，则地方上缴中央收入数将失真。各地税务局将税款直接上缴本地区人民银行国库，国库严格按照央地分成比例上缴中央税及共享税，因此以《中国财政年鉴》各省共享税收入倒推共享税上缴中央数更为真实可靠（以税务年鉴税款征收数计算的分成比例严重背离实际分成比例且异于财政年鉴及国家统计局数据）。

　　图 3 - 1 表明我国转移支付绝对规模迅速扩张，从 2001 年的 6002 亿元增长到 2017 年的 65052 亿元，17 年的时间，规模扩张了 10.84 倍。图 3 - 2 反映的是中央对地方转移支付的规模占中央一般公共预算支出比例，该比例从 2001 年的 43.56% 提高到 2017 年的 68.54%，但增长速度趋缓并于 2012 年之后略有下降。从图 3 - 3 中可以看出，转移支付占地方一般公共预算收入虽然略有下降但比例大致平稳，一般都在 40% 以上。因此，无论是从转移支付的绝对数还是相对数（占中央一般公共预算支出比重和占地方一般公共预算收入比重）衡量，我国的转移支付规模都相当可观，对中央财政和地方政府的影响都是举足轻重的。

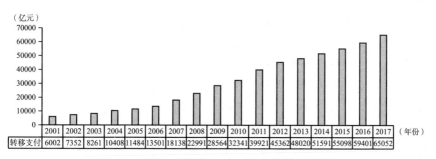

图 3 - 1　2001～2017 年中央对地方转移支付总数

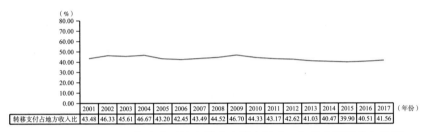

（%）	2001	2002	2003	2004	2005	2006	2007	2008	2009	2010	2011	2012	2013	2014	2015	2016	2017	（年份）
转移支付占中央支出比	43.56	44.01	44.33	47.35	56.68	57.47	61.32	63.27	65.18	66.92	70.74	70.74	70.11	69.57	68.33	68.43	68.54	

图3-2　2001~2017年中央对地方转移支付占中央一般公共预算支出比例

（%）	2001	2002	2003	2004	2005	2006	2007	2008	2009	2010	2011	2012	2013	2014	2015	2016	2017	（年份）
转移支付占地方收入比	43.48	46.33	45.61	46.67	43.20	42.45	43.49	44.52	46.70	44.33	43.17	42.62	41.03	40.47	39.90	40.51	41.56	

图3-3　2001~2017年中央对地方转移支付占地方一般公共预算收入比例

在图3-4中可以看出我国无效转移支付系数整体趋于下降，由2001年的0.83下降到2017年的0.592，反过来说有效系数在提高。这意味着虽然我国无效转移支付的绝对量在扩张，由2001年的5075.45亿元增长到2017年的39369.97亿元，但其占总的转移支付规模的比重趋于下降，从整体上看，我国转移支付的有效性在提高。这在理论上并不难以解释。1994年分税制改革以不侵犯地方政府既得利益为前提，所以当时大部分转移支付体现为税收返还，实际是把按照新的分税办法中央从地方拿走的收入再还给地方，这就把转移支付异化为保护地方既得利益的手段，显然是无效的。随着时间推移，中央在收入增量分配中居于有利地位，在此基础上逐渐加大一般性转移支付的规模，税收返还占比趋于下降，转移支付的有效程度提高。但是由于政府间事权和支出责任划分以及政府间财权收入和收入划分存在问题，即存在所谓的财权上收和事权下划，由此导致转移支付规模偏大，转移支付的无效系数仍然接近0.6，绝对数达到39369.97亿元（见图3-5、表3-9）。

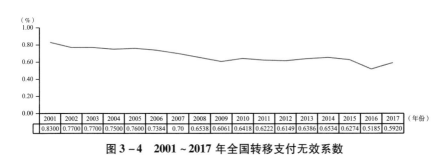

图 3 - 4　2001 ～ 2017 年全国转移支付无效系数

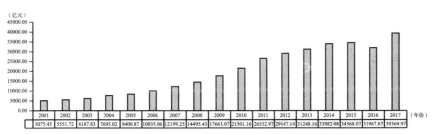

图 3 - 5　2001 ～ 2017 年全国转移支付无效总量

表 3 - 9　2001 ～ 2017 年中央对地方无效转移支付规模及无效系数　单位：亿元

133

年份	转移支付无效系数	全国转移支付	全国转移支付无效总量	全国增值税总量	无效占增值税占比
2001	0.8297	6117.16	5075.45	5357.13	0.9474
2002	0.7717	7194.49	5551.72	6178.39	0.8986
2003	0.7679	8058.18	6187.83	7236.54	0.8551
2004	0.7528	10222.20	7695.02	9017.94	0.8533
2005	0.7555	11120.07	8400.87	10792.11	0.7784
2006	0.7384	13589.39	10035.06	12784.81	0.7849
2007	0.7041	17325.12	12199.25	15470.23	0.7886
2008	0.6538	22170.50	14495.43	17996.94	0.8054
2009	0.6061	29143.07	17663.07	18481.22	0.9557
2010	0.6418	33500.35	21501.16	21093.48	1.0193

年份	转移支付 无效系数	全国转移 支付	全国转移支付 无效总量	全国增值税 总量	无效占增值 税占比
2011	0.6222	42641.98	26532.97	24266.63	1.0934
2012	0.6149	47403.97	29147.64	26415.51	1.1034
2013	0.6386	48933.10	31248.16	28810.13	1.0846
2014	0.6534	52009.53	33982.98	30855.36	1.1014
2015	0.6274	55097.52	34568.07	31109.47	1.1112
2016	0.5185	61658.94	31967.67	40712.08	0.7852
2017	0.5920	66500.05	39369.97	56378.18	0.6983

2. 转移支付结构扭曲

从理论上讲，转移支付中的一般性转移支付和专项转移支付应该在总量中占有合适比例。但我国分税制改革后，由于体制框架由中央政府设计，所以在利己动机趋势下，中央政府为了加大对地方政府的控制力，加大了专项转移支付所占比重，其中相当部分专项转移支付实际用于纯粹的地方性公共产品供给，由此诱使地方政府"跑部钱进"。

3. 转移支付种类繁多①

我国1994年的分税制改革建立在包干体制的基础上，只是对中央与地方政府间增量财力分配进行调整，存量财力分配仍然沿袭包干体制下的收入划分办法，因此在分税制下，存量财力部分对应的体制补助、体制上解、结算补助等仍然有效。按照分税制的收入划分办法，收入大头在中央，但在包干体制下，收入的大头在地方，由此会对地方政府的既得利益构成威胁。为了减轻改革阻力，中央不侵犯地方政府既得利益，从1994年开始中央对地方实行"税收返还"，即1994年中央从地方净上划收入，包括增值税的75%加上消费税的全部减去中央下划收入，以此作为中央对地方税收返还的基数，以后增值税和消费税每增长1%，中央对地方的税收返还增长0.3%，由此形成独具中国特色的保

---

① 楼继伟：《中国政府间财政关系再思考》，中国财政经济出版社2013年版，第100～108页。

护地方政府既得利益的转移支付形式——税收返还。1995 年中央推出过渡期转移支付，现称为均衡性转移支付，按照因素计分法测算地方政府标准收入和标准支出，对于标准支出大于标准收入的缺口，中央财政按一定比例给予补助。补助比例高低与地方财政困难程度成正比。财政越困难的地区，补助比例越高，反之越低。从 2000 年开始，中央实施民族地区转移支付，使用范围包括五个民族自治区和青海、云南、贵州三个视同民族地区的省份，另外还包括非民族省区的 8 个民族自治州。2006 年，又将黑龙江省杜尔伯特蒙古族自治县等 53 个非民族省区及非民族自治州管辖的民族自治县纳入转移支付范围。1999 年以后，中央先后五次出台政策，增加机关事业单位在职职工工资和离退休人员费用开支，由此增加的财政支出，沿海经济发达地区自行解决，对财政困难的老工业基地和中西部地区，中央根据相关人数并考虑当地财政困难程度，按照公式法安排转移支付。2001 年，中央统筹考虑地方取消乡镇统筹、降低农业特产税税率、调整农村提留办法等对地方造成的收入减少，通过转移支付予以补助。2005 年 12 月，全国人大正式废止《中华人民共和国农业税条例》，中央财政相应设立了转移支付。2006 年以来，中央将义务教育全面纳入公共财政保障体系，免除义务教育阶段的学杂费，对由此减少的教育收费，中央按照因素法安排转移支付。按照《国务院关于促进资源型城市可持续发展的若干意见》的文件精神，中央设立针对资源枯竭型城市的转移支付，为期四年，帮助这些城市化解在公共服务和社会管理方面的历史欠账。后经国务院批准，除基本步入可持续发展正轨的个别城市外，第一批资源枯竭型城市转移支付政策再延长五年。集贸市场管理费和个体工商户管理费是地方财政安排工商部门预算的重要资金来源。2008 年 9 月 1 日起"两费"停征。2010 年中央安排停征"两费"转移支付资金，采用"因素法"分配。根据《国务院关于实施成品油价格和税费改革的通知》的规定，公路养路费、公路客货运附加费、公路运输管理费、航道养护费、水运客货运附加费、水路运输管理费"六项收费"取消，自 2009 年 1 月 1 日起，中央对地方实施成品油价格和税费改革转移支付。2008 年中央对涉及国家重点生态功能区、三江源生态功能区等 466 个县（市）和国家森林公园、自然保护区等 1367 个禁止开发区设立国家重点生态功能区转移支付。总之，加上包干体制下遗留的转移支付，我国政府间转移支付形式多达十几种。

3.2.3 分税制改革后事责财权划分效应分析

3.2.3.1 数据选择与模型设定

1. 变量选取

对于财政分权度的测算，国内主要采用财政收入分权指标，通常用各级政府的财政收入占全国（中央）财政收入比重来衡量；财政支出分权指标，通常用各级政府的财政支出占全国（中央）财政支出比重来衡量。但是，考虑到单一指标并不能充分反映分权对经济增长的影响，所以本书主要从财政收入、支出和转移支付三个方面进行研究。参照王杰茹（2016）等的观点，选取支出分权、收入分权和纵向财政不平衡共同刻画财政分权程度，以期能充分揭示财政支出、收入、转移支付对地方经济增长的影响。其中由于纵向财政不平衡考虑了转移支付对经济增长的影响，因此在财政收入和支出指标中扣除转移支付。另外，为了排除各省人口数量和规模大小的影响，财政收入和支出均采用人均指标进行分析。

本书采用各省 GDP 作为被解释变量，为克服异方差的影响，减少原始数据波动性对模型估计精度的影响，在进行实证分析时对 GDP 进行对数化处理。

考虑到影响经济变量的因素较多，本书选取外商直接投资率、人口密度、固定资产投资率、对外开放程度和居民消费价格指数作为控制变量，以避免外部经济环境影响解释变量和被解释变量。

本书所选择的所有变量的统计性描述见表 3 - 10。

表 3 - 10　　　　　　　　　　　变量定义

变量	表示	统计性描述
经济增长	lnGDP	对各省 GDP 总额取对数
财政收入分权度	revdec	省级人均财政收入（除转移支付）/全国人均财政收入
财政支出分权度	expdec	省级人均财政支出（除转移支付）/全国人均财政支出

变量	表示	统计性描述
纵向财政不平衡度	grantshare	中央对省转移支付/省级财政收入
外商直接投资率	FDI	各省外商直接投资/各省 GDP 总额
人口密度	denti	各省人口数/各省面积
固定资产投资率	invest	各省固定资产投资率/各省 GDP 总额
开放程度	openness	各省贸易进出口总额/各省 GDP 总额
居民消费价格指数	CPI	居民消费价格指数

2. 数据来源

本书选取 1999~2017 年 30 个省级行政区（西藏除外）作为样本，相关数据取自各省的统计年鉴、《中国统计年鉴》及 CEIC 数据库。

3. 模型设定

面板数据具有空间和时间两个统计维度，相对于截面和时间序列数据有比较优势，所以，本书建立面板数据模型进行分析。模型如下：

$$\ln GDP_{it} = c + \beta X_{it} + \eta Z_{it} + u_i + w_t + \varepsilon_{it}$$

其中 $\ln GDP$ 表示省份 i 在 t 年份的经济增长，是被解释变量，u_i 表示个体效应，w_t 表示个体时间效应，ε_{it} 表示随机误差项。X_{it} 是财政分权，为解释变量，β 是系数，X 包括财政收入分权度（revdec）、财政支出分权度（expdec）和纵向财政不平衡度（grantshare）。Z_{it} 为控制变量，包括外商直接投资率（FDI）、人口密度（denti）、固定资产投资率（invest）、开放程度（openness）和居民消费价格指数（CPI）。

3.2.3.2　模型分析

1. 前期分析

为初步分析财政分权影响经济增长的效应，先假设控制变量不变，对 30 个省份 1999~2017 年的财政分权和经济增长做出散点图，图 3-6、图 3-7、图 3-8 直观显示两者之间的数量关系。

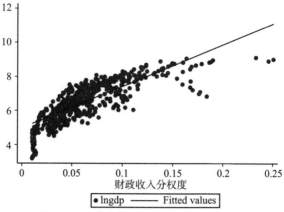

图 3 - 6　财政收入分权与经济增长关系

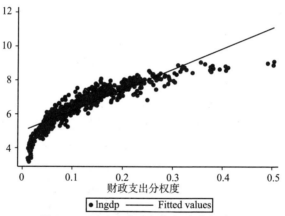

图 3 - 7　财政支出分权与经济增长关系

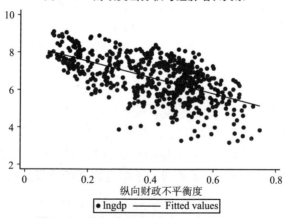

图 3 - 8　纵向财政不平衡与经济增长关系

通过上述散点图可以看出，财政支出分权、财政收入分权分别与经济增长呈正相关关系，而纵向财政不平衡则与其呈负相关关系。

2. 固定效应模型分析

将核心解释变量数据分别代入模型进行面板数据回归分析，根据 Hanusman 检验的结果本书选择固定效应分析，结果如表 3 - 11 所示。模型（1）不加入财政分权变量，模型（2）只加入财政收入分权变量，模型（3）只加入财政支出分权变量，模型（4）只加入纵向财政不平衡变量。

表 3 - 11　　　财政分权对经济增长影响的固定效应估计结果

变量	（1）	（2）	（3）	（4）
FDI	- 0. 00710 [0. 0013]	- 0. 00661 *** [0. 0012]	- 0. 00758 *** [0. 0012]	- 0. 00724 *** [0. 0012]
denti	2. 625 *** [0. 1485]	2. 978 *** [0. 1534]	2. 771 *** [0. 1468]	2. 216 *** [0. 1631]
invest	2. 913 *** [0. 0594]	2. 613 *** [0. 0740]	2. 689 *** [0. 0705]	2. 767 *** [0. 0638]
openness	- 0. 0385 [0. 1049]	0. 117 [0. 1040]	- 0. 0660 [0. 1022]	- 0. 0549 [0. 1022]
CPI	0. 0691 *** [0. 0061]	0. 0771 *** [0. 0060]	0. 0704 *** [0. 0059]	0. 0810 *** [0. 0063]
revdec		0. 589 *** [0. 0920]		
expdec			0. 712 *** [0. 1281]	
grantshare				- 1. 478 *** [0. 2718]
_cons	- 3. 056 *** [0. 6101]	- 4. 350 *** [0. 6223]	- 3. 461 *** [0. 5982]	- 3. 397 *** [0. 5978]
N	570	570	570	570
adj. R - sq	0. 8536	0. 8638	0. 8613	0. 8610
AIC	199. 8	159. 7	169. 8	171. 1
BIC	225. 9	190. 1	200. 2	201. 5

注：括号内为标准误。* 代表 $p < 0.05$，** 代表 $p < 0.01$，*** 代表 $p < 0.001$。

139

　　由表 3 – 11 可知收入分权指标在模型（2）中的系数为正，且显著性高，说明收入分权对经济的发展具有促进作用，收入分权度上升 1 个百分点，经济增长提高 0.589 个百分点。这是因为财政分权程度越大，地方政府自身筹集财政收入的自主权越大，其主动获取财政收入的动机越强烈，地方政府越会加大对本地经济增长的重视程度，越能有效提高其促进经济增长的积极性。

　　在模型（3）中，支出分权度系数为正，显著性高，说明财政支出分权与经济增长也呈正相关关系，支出分权度上升 1 个百分点，经济增长提高 0.712 个百分点。这主要因为地方政府被赋予更大支出自主权时，地方政府能根据本地的需求偏好对公共资源进行合理配置，由此有助于提高公共部门资源配置效率，进而有利于促进地区经济增长。

　　但是在模型（4）纵向财政不平衡对经济增长的系数相比于前两个指标绝对值小，显著性也较低，且系数为负。这说明转移支付占省财政收入的比重越大，中央政府对地方政府干预越大，即财政分权程度越小，对经济增长的负面影响越大。这是因为当地方政府过于依赖上级政府的财政拨款时，转移支付一方面可能降低地方财政努力程度；另一方面也加大制度运作成本，此时上级政府转移支付的初衷会被扭曲，效果也将大打折扣。同时，地方政府官员在追求自身利益最大化动机的驱动下，为了获得更多的转移支付，会花费大量资源向上级政府寻租，造成资源浪费，这显然不利于促进经济增长。

　　再来看控制变量，除对外开放程度外，其他的控制变量都十分显著。人口密度在 10% 显著性水平下为正，说明人口越聚集，规模经济越明显，城市化水平越高，越能促进地区经济增长。固定资产投资率对经济增长的影响也很显著，这是因为：一方面，固定资产投资可以弥补因折旧和技术落后而淘汰的生产能力，即维持简单再生产；另一方面，可以增加未来时期社会财富的创造能力，实现扩大再生产。外商直接投资对经济增长的影响系数在 10% 的显著水平下虽然显著，但影响系数很小且为负，说明外商直接投资会阻碍经济的增长。这估计与外商直接投资大多是以市场换取技术，但是中国出让了大量的市场份额，并没有获得所希望得到的核心技术和关键技术有关，即存在"成本大于收益"的现象；居民消费价格指数影响虽然也很显著，但是系数较小，不足 0.1。这是因为居民消费价格指数的提高表明消费需求有一定拉动作用，从而推动经济增长。

3.2.3.3　财政分权影响经济增长区域差异分析

上述利用省级面板数据分析了不同财政分权指标对经济增长的影响，由于我国幅员辽阔，各地区差异明显且发展不均衡，故将全国 30 个省份（除西藏外）划分为东部（北京、天津、上海、浙江、江苏、福建、广东、辽宁、山东和河北）、中部（山西、吉林、黑龙江、安徽、江西、河南、湖北和湖南）和西部（内蒙古、广西、贵州、云南、陕西、甘肃、青海、宁夏、新疆、四川和重庆）三大地区，将三大地区的财政分权与经济增长关系进行对比研究，以揭示二者关系的地区差异性。

1. 财政收入分权视角的分析

由表 3-12 的分析结果可知，财政收入分权度对中、西部地区的经济增长都有显著性的影响，且呈正相关关系。通过系数比较，发现中部地区的经济增长受收入分权的影响大于西部地区，但财政收入分权对东部经济增长影响并不显著。

表 3-12　　　　　财政收入分权对经济增长影响的地区差异分析

变量	(1) 东部	(2) 中部	(3) 西部
revdec	0.245 [0.1303]	1.196 *** [0.2659]	0.887 *** [0.1511]
FDI	-0.0116 *** [0.0015]	-0.00333 [0.0037]	0.0101 *** [0.0029]
denti	2.781 *** [0.1712]	2.109 [3.7510]	6.476 [3.8636]
invest	2.784 *** [0.1599]	2.375 *** [0.1663]	2.275 *** [0.1115]
openness	-0.0484 [0.1180]	1.332 [0.8432]	1.072 * [0.4235]
CPI	0.0641 *** [0.0118]	0.0696 *** [0.0114]	0.0814 *** [0.0083]

续表

变量	（1） 东部	（2） 中部	（3） 西部
_cons	－ 2. 680 * ［1. 2195］	－ 3. 041 ［1. 5893］	－ 5. 445 *** ［1. 0022］
N	209	152	209
R^2	0. 8349	0. 9001	0. 9030

注：括号内为标准误。* 代表 $p < 0.05$，** 代表 $p < 0.01$，*** 代表 $p < 0.001$。

　　财政收入分权度的提高有助于地方政府掌握更多的收入自主权，地方政府想获得更多的财政收入就会加大对本地经济的扶持力度，对于东部地区来说，经济发展起步早，发展水平高，政府扶持促进经济发展的余地已经不大，这或许是财政收入分权与东部地区经济增长影响不显著的原因。中部地区经济发展水平居于东部和西部之间，已经具备了经济发展的基础条件，拥有较大增长空间，财政收入分权对中部地区经济增长推动作用能较为明显地体现出来，而西部地区经济发展起步最晚，经济发展的基础条件尚不完全完备，财政分权对其经济增长的推动作用就不如中部地区明显。

2. 财政支出分权视角的分析

　　由表 3 - 13 可知，支出分权度同样对各地区产生了显著的正相关影响。其中受影响最大的是中部地区，其系数为 1.961；西部地区略低于中部地区；东部地区最小。

表 3 - 13　　　　　财政支出分权对经济增长影响的地区差异分析

变量	（3） 东部	（1） 中部	（2） 西部
expdec	0. 384 * ［0. 1674］	1. 961 *** ［0. 4566］	1. 504 *** ［0. 2360］
FDI	－ 0. 0124 *** ［0. 0015］	－ 0. 00203 ［0. 0038］	0. 0109 *** ［0. 0028］

变量	(3) 东部	(1) 中部	(2) 西部
denti	2.715 *** [0.1554]	3.970 [3.6911]	2.672 [3.9123]
invest	2.760 *** [0.1567]	2.334 *** [0.1743]	2.277 *** [0.1061]
openness	−0.124 [0.1120]	0.559 [0.8306]	0.856 * [0.4165]
CPI	0.0606 *** [0.0116]	0.0606 *** [0.0110]	0.0725 *** [0.0080]
_cons	−2.210 [1.1561]	−2.590 [1.5911]	−4.039 *** [0.9780]
N	152	209	209
R^2	0.8364	0.8989	0.9055

注：括号内为标准误。* 代表 $p < 0.05$，** 代表 $p < 0.01$，*** 代表 $p < 0.001$。

从实证结果可以看出，财政支出分权对东部的促进作用最小，这意味着提高东部地区人均财政支出占全国人均财政支出的比重，对推动东部地区经济增长意义并不明显，这与分税制改革后东部与中西部地区财力差距拉大、东部地区掌握相对雄厚财力，公共产品供给已相对充裕，改进余地不大有一定关系；中西部地区财力较弱，人口密度小，公共产品供给难以实现规模收益，平均成本加大，提高财政收入分权度，即适当提高中西部人均财政支出占全国人均财政支出比重，对于改善公共产品供给状况，推动中西部地区经济增长相对而言具有更为重要的意义。

3. 纵向财政不平衡视角的分析

由表 3 − 14 可知，纵向财政不平衡度对三个地区都产生了负向影响，但是只有东部地区结果显著，对于西部和中部来说结果不显著，且东部地区负相关影响系数的绝对值大于中西两地区。

143

表 3 - 14　　　　　　　　纵向财政不平衡对经济增长的地区差异

变量	（1）东部	（3）中部	（2）西部
grantshare	- 2. 606 *** [0. 5348]	- 0. 976 [0. 5198]	- 0. 741 [0. 4064]
FDI	- 0. 0122 *** [0. 0015]	- 0. 00367 [0. 0040]	0. 0110 *** [0. 0032]
denti	1. 956 *** [0. 2005]	4. 024 [4. 0454]	6. 977 [4. 2593]
invest	2. 644 *** [0. 1426]	2. 680 *** [0. 1567]	2. 670 *** [0. 0933]
openness	- 0. 126 [0. 1070]	0. 946 [0. 8965]	0. 954 * [0. 4564]
CPI	0. 0691 *** [0. 0113]	0. 0625 *** [0. 0123]	0. 0768 *** [0. 0094]
_cons	- 1. 471 [1. 1043]	- 1. 990 [1. 6787]	- 4. 429 *** [1. 0650]
N	209	152	209
R^2	0. 8504	0. 8883	0. 8875

注：括号内为标准误。* 代表 $p < 0.05$，** 代表 $p < 0.01$，*** 代表 $p < 0.001$。

　　转移支付是协调政府间财政关系不可或缺的重要手段，但转移支付规模并不是越大越好，特定国家在特定时期存在最佳的转移支付规模。转移支付规模过大，会使地方政府过多依赖中央政府转移支付，产生"粘蝇纸效应"。这是纵向不平衡度对三个地区经济的发展都产生一定阻碍作用的重要原因。之所以东部地区受到的负面影响最为显著，是因为东部地区得到的转移支付基本都来自东部地区上缴中央的收入，这种"缴上去、拨下来"的转移支付会加大制度运作成本。而中西部地区虽然也存在这样的问题，但不如东部地区这么严重，其得到的转移支付从收入来源的角度看大部分来自东部地区的上缴。这是纵向不平衡对中西部地区经济增长负面影响不显著的重要原因。对比图 3 - 9、图 3 - 10 和图 3 - 11 可以看出，1999 年以后东部地区除少数省份外，各省转移支付占省财政收入的比重呈下降趋势且小于中西部地区，中西部地区转移

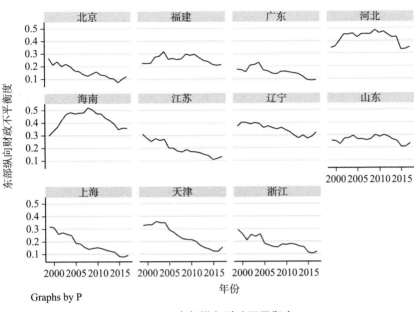

图 3 - 9　东部纵向财政不平衡度

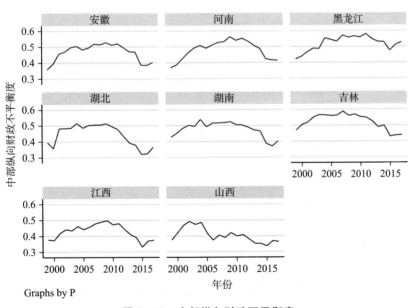

图 3 - 10　中部纵向财政不平衡度

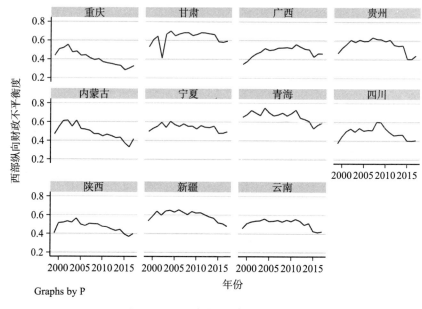

图 3 - 11　西部纵向财政不平衡度

支付占省财政总收入的比重大部分省份达到 50% 以上。另外，1999 年以后，中央政府实行"西部大开发战略"，加大西部基础设施建设投资力度，大型项目向西部倾斜。2003 ~ 2004 年推行"振兴东北老工业基地"和"中部崛起"等战略，将更多的财力转移给这些地区，以实现区域经济的均衡发展。这对中西部地区的发展起到了至关重要的作用，从而抵消了纵向财政不平衡所产生的负面影响。这也是纵向财政不平衡对经济增长的负面影响东部比中西部明显的重要原因。

3. 2. 3. 4　结论与政策建议

1. 结论

通过利用财政收入分权、财政支出分权和纵向不平衡三个指标，分析我国财政分权对经济增长的影响，并对比东中西三个地区财政分权经济增长效应的差异性，本书得出以下结论（见表 3 - 15）：第一，财政分权从不同角度影响经济增长，其结果既有促进作用，也有抑制作用。第二，收入分权和支出分权对经济增长具有正相关关系，纵向财政不平衡对经济增长具有负相关关系。第三，东部、中部、西部三个地区受财政分权各指标的影响与全国有相同的趋势：收入分权对中部影响最大，西部次之，东部最小；支出分权对中部的影响最大，西部次之，东部最小；纵向财政不平衡对东部影响最大，中部次之，西部最小。

表 3 - 15　　　　　　　东部、中部、西部实证结果对比

项目	全国	东部	中部	西部
收入分权	0. 589 ***	0. 245	1. 196 ***	0. 887 ***
支出分权	0. 712 ***	0. 384 *	1. 961 ***	1. 504 ***
纵向财政不平衡	- 1. 478 ***	- 2. 606 ***	- 0. 976	- 0. 741

2. 建议

第一，深化财政收入分权改革、完善地方税体系。财政收入分权能够增强地方政府财政收入与地方经济发展的对应关系，从而有利于提高地方政府为增加收入，继而促进经济发展的积极性。地方税是地方政府收入的重要来源，但就目前来看，我国地方税体系建设还不规范，分税制改革以来，税源集中、收入量大、征管难度小的税种一般划分中央税或共享税，大部分地方税种收入规模小、税源分散、征收难度大。因此，完善地方税体系最重要的是要实现地方税税种优化，一方面要优化地方税主体税种，借鉴美国、加拿大、英国等国家地方税体系建设经验，地方政府体系建设可以财产税为主体税种，其次为所得税，再辅之以其他地方税种；另一方面，可适当开征新税种，如遗产税、赠与税等，使地方政府有稳定、可持续的收入来源，以进一步提高地方政府发展经济的积极性。

第二，深化财政支出分权改革、提高公共品供给效率。在公共产品总量中，大部分公共产品是地方性公共产品。地方政府相对中央政府更有利于提高地方性公共产品供给效率。近年来，针对地方政府财权财力与事权支出责任不对等问题，不少从事财政实际工作的同志及部分学者主张由中央政府上收部分事权和支出责任作为解决问题的手段。本书实证结论表明，财政支出分权对推动经济增长可发挥积极作用。地方政府在提高地方性公共产品供给效率方面有比较优势。如果地方政府承担的事权和支出责任超出了地方性公共产品的范围，比如地方政府"越位"

去提供全国性公共产品，那么这种事权和支出责任上收是理所当然的，但如果地方政府并没有"越位"，其承担的事权和支出责任本来就服务于地方性公共产品的提供，则盲目上收事权和支出责任就没有任何合理性、必要性可言。

第三，完善转移支付制度、保持合理的转移支付规模。转移支付是调节政府间财力分配格局的重要手段，实行分税制的国家都需要构建、完善与本国国情相适应的转移支付制度。转移支付对实现地区经济协调发展、强化中央政府宏观能力的作用不可低估，但是转移支付的规模并非越大越好，在特定国家的特定发展阶段，客观上存在最佳的转移支付规模。本书的实证分析表明，我国财政纵向不平衡所对应的转移支付规模与经济增长呈负相关关系，这意味着我国的转移支付规模偏大。地方政府特别是经济发达地区的地方政府财政支出对转移支付的依存度可适当降低，这可以通过调整中央与地方共享收入分配比例来实现。这样的调整之所以有必要，是因为目前中央对地方安排的转移支付中，确实有相当大的比例对地方政府来说是"缴上去、拨下来"，除了加大制度运作成本，对横向与纵向财力分配格局并没有实质性调整，事实上也没有增强中央政府的宏观调控能力，而适当缩小转移支付规模、降低纵向财政不平衡程度则有助于降低制度运作成本推动经济增长。

第四，重视财政分权影响经济增长的地区差异，实现地区经济均衡发展。总体来说财政分权对东部经济增长的促进作用较小、显著性较弱，对中西部促进作用较大。因此应在保证制度统一的前提下，适当加大中西部地区财政收入和财政支出分权力度，给予中西部地区地方政府更多的自主权，以提高其发展辖区经济的积极性，这有助于充分发挥财政分权对经济增长的推动作用，实现地区经济协调发展。

3.2.4 近年来中央对政府间事权和支出责任划分所进行的改革调整

3.2.4.1 《国务院关于推进中央与地方财政事权和支出责任划分改革的指导意见》文件精神

该文件明确了我国政府间事权和支出责任划分存在的问题：一是作

为政府间事权和支出责任划分基础的市场与政府的关系没有理顺，表现为政府作为整体所应承担的事权和支出责任没有界定清楚。文件明确指出："政府职能定位不清，一些本可由市场调节或社会提供的事务，财政包揽过多"，这实际是强调了政府"越位"问题客观存在；文件同时指出："一些本应由政府承担的基本公共服务，财政承担不够"，这实际是强调同时还存在政府"缺位"问题。在此基础上，对政府间事权和支出责任划分存在的问题，文件强调了三个方面：一是"一些本应由中央直接负责的事务交给地方承担"，这强调的是中央政府的"缺位"和地方政府的"越位"；二是"一些宜由地方负责的事务，中央承担过多，地方没有担负起相应的支出责任"，这强调的是中央政府的"越位"和地方政府的"缺位"；三是"不少中央和地方提供基本公共服务的职责交叉重叠，共同承担的事项较多"，这强调的是中央与地方事权和支出责任划分不清、交叉重叠。除此之外，文件还指出我国政府间事权和支出责任划分还存在省以下财政事权和支出责任划分不尽规范；有的财政事权和支出责任划分缺乏法律依据，法治化、规范化程度不高等问题。

149

　　文件明确了政府间事权和支出责任划分改革的五项总体要求，即坚持中国特色社会主义道路和党的领导；坚持财政事权由中央决定；坚持有利于健全社会主义市场经济体制；坚持法治化规范化道路；坚持积极稳妥统筹推进。

　　文件强调了划分政府间事权和支出责任应遵循的原则：一是体现基本公共服务受益范围。这是五大原则的第一条，由此可见文件对该原则的重视程度。按照公共经济学基本原理，政府间事权和支出责任划分的理想境界是每级政府负责提供公共产品的受益范围与政府辖区范围完全重合，这既符合公平原则又符合效率原则。文件要求"体现国家主权、维护统一市场以及受益范围覆盖全国的基本公共服务由中央负责，地区性基本公共服务由地方负责，跨省（区、市）的基本公共服务由中央与地方共同负责"，指出了政府间事权和支出责任划分按照受益原则所应达到的基本要求。二是兼顾政府职能和行政效率。该原则强调的是发挥不同级次政府的比较优势，体现了政府间事权和支出责任划分主体方面影响因素的内在要求，与公共产品的受益范围即客体方面的影响因素相对应。不同级次政府由于所处地位性质不同，天然具有不同的比较优势，政府间事权和支出责任划分必须要发挥不同级次政府的比较优势，取长补短，使之相互协调、相互配合、合理分工，共同完成政府所担负的资源配置任务。文件强调应"更多、更好发挥地方政府尤其是县级政府组织能力强、贴近基层、获取信息便利的优势，将所需信息量大、信息复杂且获取困难的基本公共服务优先作为地方的财政事权"，"信息比较容易获取和甄别的全国性基本公共服务宜作为中央的财政事权"。三是实现权、责、利相统一原则，该原则和第五条原则要求支出责任与财政事权相适应，紧密联系、相辅相成。文件指出，"适宜由中央承担的财政事权执行权要上划，加强中央的财政事权执行能力"，实际是要避免出现事权由中央掌握，支出责任却由地方承担的情况，作为事权和支出责任不匹配的一种表现，此时需要上收支出责任。文件在论证地方事权支出责任时，思路发生了转换，如与上面论证中央应承担的事权和支出责任思路保持一致，应这样表述：适宜由地方承担的财政事权执行权要下划，加强地方的财政事权执行能力。这样就可理解为要避免出现事权由地方掌握，但支出责任却由中央承担的情况。文件的实际表述是："适宜由地方承担的财政事权决策权要下放，减少中央部门代地方决策事项，保证地方有效管理区域内事务"，这就成了单纯的事权决策权划分问题，而没有涉及事权的执行权。文件还指出，要明确共同财政事权中央与地方各自承担的职责，将财政事权履行涉及的战略规划、政策决定、执行实施、监督评价等各环节在中央与地方间做出合理安排，做到财政事权履行权责明确和全过程覆盖。第五条原则强调支出责任与事权相适应，要求按照"谁的财政事权谁承担支出责任"来明确各级政府支出责任。"对属于中央并由中央组织实施的财政事权，原则上由中央承担支出责任；对属于地方并由地方组织实施的财政事权，原则上由地方承担支出责任；对属于中央与地方共同财政事权，根据基本公共服务的受益范围、影响程度，区分情况确定中央和地方的支出责任以及承担方式"。在讲中央事权由中央承担支出责任、地方事权由地方承担支出责任时，都用了"原则上"三个字，本书的理解是政府间事权划分与支出责任划分虽然紧密联系而且从整体看大致对等，但若从结构上细分，事权与支出责任有的时候并不完全对等。事权更多地强调公共产品和服务供给的决策权，即"钱谁来花"；支出责任更多地强调公共产品和服务供给的筹资责任，即"钱谁来出"。有的时候会出现事权由某级政府掌握，但筹资责任却应由其他级次政府承担的情况。第四条原则是激励地方政府主动作为。强调了地方政府在政府间事权和支出责任划分中的基础性地位，若公共产品受益范围在其辖区范围内，相对高层次政府，其比较优势就能体现出来，文件要求"通过有效授权，合理确定地方财政事权，使基本公共服务受益范围与政府管辖区域保持一致，激励地方各级政府尽力做好辖区范围内的基本公共服务提供和保障，避免出现地方政府不作为或因追求局部利益而损害其他地区利益或整体利益的行为"。

　　文件指出要适度加强中央的财政事权，逐步将国防、外交、国家安全、出入境管理、国防公路、国界河湖治理、全国性重大传染病防治、全国性大通道、全国性战略性自然资源使用和保护等基本公共服务确定或上划为中央的财政事权；保障地方履行财政事权，要逐步将社会治安、市政交通、农村公路、城乡社区事务等受益范围地域性强、信息较为复杂且主要与当地居民密切相关的基本公共服务确定为地方的财政事权；减少并规范中央与地方共同财政事权，要逐步将义务教育、高等教育、科技研发、公共文化、基本养老保险、基本医疗和公共卫生、城乡居民基本医疗保险、就业、粮食安全、跨省（区、市）重大基础设施项目建设和环境保护与治理等体现中央战略意图、跨省（区、市）且具有地域管理信息优势的基本公共服务确定为中央与地方共同财政事权，并明确各承担主体的职责；建立财政事权划分动态调整机制，财政事权划分要根据客观条件变化进行动态调整。

　　文件强调要完善中央与地方支出责任划分。中央的财政事权由中央承担支出责任，中央的财政事权如委托地方行使，要通过中央专项转移支付安排相应经费；地方的财政事权由地方承担支出责任，地方的财政事权如委托中央机构行使，地方政府应负担相应经费；中央与地方共同财政事权区分情况划分支出责任。根据基本公共服务的属性，体现国民待遇和公民权利、涉及全国统一市场和要素自由流动的财政事权，如基本养老保险、基本公共卫生服务、义务教育等，可以研究制定全国统一标准，并由中央与地方按比例或以中央为主承担支出责任；对受益范围较广、信息相对复杂的财政事权，如跨省（区、市）重大基础设施项目建设、环境保护与治理、公共文化等，根据财政事权外溢程度，由中央和地方按比例或中央给予适当补助方式承担支出责任；对中央和地方有各自机构承担相应职责的财政事权，如科技研发、高等教育等，中央和地方各自承担相应的支出责任；对中央承担监督管理、出台规划、制

151

定标准等职责，地方承担具体执行等职责的财政事权，中央与地方各自承担相应的支出责任。文件强调要加快省以下财政事权和支出责任划分。明确省级政府在保持区域内经济社会稳定、促进经济协调发展、推进区域内基本公共服务均等化等方面的职责。将有关居民生活、社会治安、城乡建设、公共设施管理等适宜由基层政府发挥信息、管理优势的基本公共服务职能下移，强化基层政府贯彻执行国家政策和上级政府政策的责任。省级政府要根据省以下财政事权划分、财政体制及基层政府财力状况，合理确定省以下各级政府的支出责任，避免将过多支出责任交给基层政府承担。

在保障和配套措施方面，文件突出强调要完善中央与地方收入划分和对地方转移支付制度。加快研究制定中央与地方收入划分总体方案，推动进一步理顺中央与地方的财政分配关系，形成财力与事权相匹配的财政体制。进一步完善中央对地方转移支付制度，清理整合与财政事权划分不相匹配的中央对地方转移支付，增强财力薄弱地区尤其是老少边穷地区的财力。严格控制引导类、救济类、应急类专项转移支付，对保留的专项转移支付进行甄别，属于地方财政事权的划入一般性转移支付。

文件制定了推进政府间事权和支出责任划分的改革时间表：2016年选取国防、国家安全、外交、公共安全等基本公共服务领域率先启动财政事权和支出责任划分改革。2017～2018年总结相关领域中央与地方财政事权和支出责任划分改革经验，结合实际、循序渐进，争取在教育、医疗卫生、环境保护、交通运输等基本公共服务领域取得突破性进展。2019～2020年，基本完成主要领域改革，形成中央与地方财政事权和支出责任划分的清晰框架。

3.2.4.2 《基本公共服务领域中央与地方共同财政事权和支出责任划分改革方案》文件精神

该文件以《国务院关于推进中央与地方财政事权和支出责任划分改革的指导意见》为基础，对基本公共服务领域中央与地方共同财政事权和支出责任划分制订了具体改革方案。文件明确了改革的主要目标：通过基本公共服务领域中央与地方共同财政事权和支出责任划分改革，力争到2020年，逐步建立起权责清晰、财力协调、标准合理、保障有力的基本公共服务制度体系和保障机制。

文件根据《国务院关于推进中央与地方财政事权和支出责任划分改革的指导意见》，结合《国务院关于印发"十三五"推进基本公共服务均等化规划的通知》，将涉及人民群众基本生活和发展需要、现有管理体制和政策比较清晰、由中央与地方共同承担支出责任、以人员或家庭为补助对象或分配依据、需要优先和重点保障的主要基本公共服务事项，首先纳入中央与地方共同财政事权范围，暂定为八大类18项（见表3-16）。

表 3-16　　　　中央与地方共同承担的 8 大类 18 项事权

类别序号	类别名称	具体项目序号	项目名称
第一类	义务教育	第一项	公用经费保障
		第二项	免费提供教科书
		第三项	家庭经济困难学生生活补助
		第四项	贫困地区学生营养膳食补助
第二类	学生资助	第五项	中等职业教育国家助学金
		第六项	中等职业教育免学费补助
		第七项	普通高中教育国家助学金
		第八项	普通高中教育免学杂费补助
第三类	基本就业服务	第九项	基本公共就业服务
第四类	基本养老保险	第十项	城乡居民基本养老保险补助
第五类	基本医疗保障	第十一项	城乡居民基本医疗保险补助
		第十二项	医疗救助
第六类	基本卫生计生服务	第十三项	基本公共卫生服务
		第十四项	计划生育扶助保障
第七类	基本生活救助	第十五项	困难群众救助
		第十六项	受灾人员救助
		第十七项	残疾人服务
第八类	基本住房保障	第十八项	城乡保障性安居工程

资料来源：《国务院关于推进中央与地方财政事权和支出责任划分改革的指导意见》。

文件要求制定基本公共服务保障国家基础标准。强调国家基础标准由中央制定和调整，要保障人民群众基本生活和发展需要，兼顾财力可能，并根据经济社会发展逐步提高，所需资金按中央确定的支出责任分担方式负担。参照现行财政保障或中央补助标准，制定义务教育公用经费保障、免费提供教科书、家庭经济困难学生生活补助、贫困地区学生营养膳食补助、中等职业教育国家助学金、城乡居民基本养老保险补助、城乡居民基本医疗保险补助、基本公共卫生服务、计划生育扶助保障9项基本公共服务保障的国家基础标准。地方在确保国家基础标准落实到位的前提下，因地制宜制定高于国家基础标准的地区标准，应事先按程序报上级备案后执行，高出部分所需资金自行负担。对困难群众救助等其余9项不宜或暂不具备条件制定国家基础标准的事项，地方可结合实际制定地区标准，待具备条件后，由中央制定国家基础标准。法律法规或党中央、国务院另有规定的，从其规定。文件根据地区经济社会发展总体格局、各项基本公共服务的不同属性以及财力实际状况，要求基本公共服务领域中央与地方共同财政事权的支出责任主要实行中央与地方按比例分担，并保持基本稳定。具体划分标准如表3-17所示。

表3-17 　　　中央与地方共同承担的8大类18项事权的支出分担比例

项目	第一档	第二档	第三档	第四档	第五档
	内蒙古、广西、重庆、四川、贵州、云南、西藏、陕西、甘肃、青海、宁夏、新疆12个省（区、市）	河北、山西、吉林、黑龙江、安徽、江西、河南、湖北、湖南、海南10个省	辽宁、福建、山东3个省	天津、江苏、浙江、广东4个省（市）和大连、宁波、厦门、青岛、深圳5个计划单列市	北京、上海2个直辖市
中等职业教育国家助学金、中等职业教育免学费补助、普通高中教育国家助学金、普通高中教育免学杂费补助、城乡居民基本医疗保险补助、基本公共卫生服务、计划生育扶助保障	中央分担80%	中央分担60%	中央分担50%	中央分担30%	中央分担10%

续表

项目	第一档	第二档	第三档	第四档	第五档
	内蒙古、广西、重庆、四川、贵州、云南、西藏、陕西、甘肃、青海、宁夏、新疆 12 个省（区、市）	河北、山西、吉林、黑龙江、安徽、江西、河南、湖北、湖南、海南 10 个省	辽宁、福建、山东 3 个省	天津、江苏、浙江、广东 4 个省（市）和大连、宁波、厦门、青岛、深圳 5 个计划单列市	北京、上海 2 个直辖市
义务教育公用经费保障	中央分担 80%	中央分担 80%	中央分担 50%	中央分担 50%	中央分担 50%
家庭经济困难学生生活补助	中央分担 50%	中央分担 50%	中央分担 50%	中央分担 50%	中央分担 50%
对人口较少民族寄宿生增加安排生活补助所需经费	中央分担 100%	中央分担 100%	中央分担 100%	中央分担 100%	中央分担 100%
城乡居民基本养老保险补助（中央确定的基础养老金标准部分）	中央分担 100%	中央分担 100%	中央分担 50%	中央分担 50%	中央分担 50%
免费提供教科书，免费提供国家规定课程教科书和免费为小学一年级新生提供正版学生字典所需经费	中央分担 100%	中央分担 100%	中央分担 100%	中央分担 100%	中央分担 100%
免费提供地方课程教科书所需经费	中央分担 0	中央分担 0	中央分担 0	中央分担 0	中央分担 0
贫困地区学生营养膳食补助，国家试点所需经费	中央分担 100%	中央分担 100%	中央分担 100%	中央分担 100%	中央分担 100%
贫困地区学生营养膳食补助，地方试点所需经费	中央分担 0	中央分担 0	中央分担 0	中央分担 0	中央分担 0

项目	第一档	第二档	第三档	第四档	第五档
	内蒙古、广西、重庆、四川、贵州、云南、西藏、陕西、甘肃、青海、宁夏、新疆12个省（区、市）	河北、山西、吉林、黑龙江、安徽、江西、河南、湖北、湖南、海南10个省	辽宁、福建、山东3个省	天津、江苏、浙江、广东4个省（市）和大连、宁波、厦门、青岛、深圳5个计划单列市	北京、上海2个直辖市
受灾人员救助，对遭受重特大自然灾害的省份	中央财政按规定的补助标准给予适当补助，灾害救助所需其余资金由地方财政承担				
基本公共就业服务、医疗救助、困难群众救助、残疾人服务、城乡保障性安居工程	中央分担比例主要依据地方财力状况、保障对象数量等因素确定				

资料来源：《基本公共服务领域中央与地方共同财政事权和支出责任划分改革方案》。

对上述共同财政事权支出责任地方承担部分，由地方通过自有财力和中央转移支付统筹安排。中央加大均衡性转移支付力度，促进地区间财力均衡。在一般性转移支付下设立共同财政事权分类分档转移支付，原则上将改革前一般性转移支付和专项转移支付安排的基本公共服务领域共同财政事权事项，统一纳入共同财政事权分类分档转移支付，完整反映和切实履行中央承担的基本公共服务领域共同财政事权的支出责任。

中央财政要加强对省以下共同财政事权和支出责任划分改革的指导。对地方承担的基本公共服务领域共同财政事权的支出责任，省级政府要考虑本地区实际，根据各项基本公共服务事项的重要性、受益范围和均等化程度等因素，结合省以下财政体制，合理划分省以下各级政府的支出责任，加强省级统筹，适当增加和上移省级支出责任。县级政府要将自有财力和上级转移支付优先用于基本公共服务，承担提供基本公共服务的组织落实责任；上级政府要通过调整收入划分、加大转移支付力度，增强县级政府基本公共服务保障能力。

3.2.4.3　对2016年以来我国政府间事权和支出责任划分改革的评价

首先，应充分肯定我国2016年以来政府间事权和支出责任划分改革所取得的显著成就，这集中体现为四个方面：

一是改革以来第一次把政府间事权和支出责任划分作为完善财政体制、协调不同级次政府间财政关系的重点。政府间财政管理权限划分包括政府间事权和支出责任划分、政府间财权和收入划分以及政府间转移支付制度设计三项内容，其中政府间事权和支出责任划分一般认为是划分政府间财政管理权限的基础。但是，长期以来，我国划分政府间财政管理权限、设计财政体制一般都侧重后两项内容，对政府间事权与支出责任划分没有给予足够重视。我国1980~1993年推行的包干体制，基本沿袭了传统计划体制下按照行政隶属关系安排支出的做法，1994年推行的分税制又继承了包干体制下划分政府间事权和支出责任的做法，即改革开放40余年，我国政府间事权和支出责任基本是按照行政隶属关系进行划分，这与传统体制下的做法没有本质区别。如果说改革以来我国财政体制已发生了深刻的变革，那么应该承认这种变革主要发生在政府间财权和收入划分领域及转移支付制度设计方面，至于政府间事权和支出责任划分则长期处于停滞不前状态。2016年以来的改革则打破了按照行政隶属关系划分政府间事权和支出责任的思路，强调按照公共产品和服务的种类及具体性质（受益范围），结合不同级次政府的性质及其比较优势划分政府间事权和支出责任，这在较高层次上体现了改革的科学性、规范性。

二是改革以来第一次摆脱了对政府间事权和支出责任划分只是进行原则性界定的窠臼。在2018年《基本公共服务领域中央与地方共同财政事权和支出责任划分改革方案》出台之前，包括2016年国务院颁布的《国务院关于推进中央与地方财政事权和支出责任划分改革的指导意见》在内，我国对政府间事权和支出责任的划分一直停留在原则性划分阶段，往往是大的原则能讲清楚，但是一具体就陷入"剪不断、理还乱"的境地，不同级次政府的事权和支出责任划分"你中有我、我中有你"，一直难以划分清楚，彼此之间相互越位、缺位、交叉重叠，使优化财政体制、协调不同级次财政关系缺少基础条件。而2018年的改革方案对八大类 18 项基本公共服务明确界定了中央与省级政府所应承担的支出比例，这是具体的、定量的、可操作的，较之以前的原则性划分是一次质的飞跃。

三是改革以来第一次汲取、借鉴公共部门经济学和财政联邦主义理论精华来划分政府间的事权和支出责任。2016 年的指导意见和 2018 年的改革方案都强调了公共产品受益范围对政府间事权和支出责任划分的基本制约作用，对不同级次政府所具有的比较优势给予充分肯定，确定了公共产品受益范围在哪级政府辖区，就由该级政府承担该公共产品事权，并明确谁的事权谁承担支出责任，实际上既强调要按照公共产品受益范围来划分政府间事权，也强调要按照公共产品受益范围来解决成本分担问题，从而既能体现效率原则，也能体现公平原则。

四是改革以来第一次对明晰划分政府间事权和支出责任给出了时间表，有效避免因政府间事权和支出责任划分影响因素多、涉及面广、改革难度大而出现长期停滞、举步维艰局面，便于在短时间内取得突破。

其次，也应该认识到我国 2016 年以来所进行的政府间事权和支出责任划分改革还存在很大局限和不足，本书认为这主要体现在以下六点：

第一，目前的做法主要是根据政府财力状况划分支出责任。这样做肯定有其必要性、合理性，有助于解决当前财政运作的实际问题，缓解有些地方政府所面临的财政困难，从而具有较强的实践意义，但是这种做法却颠倒了政府间财政管理权限划分所涉及的各个环节的先后顺序。从应然的意义上讲，应是先划分政府间事权和支出责任，再结合财权和收入划分设计转移支付制度，以此来协调不同级次政府间财政关系。但目前的做法是反其道而行之。同样一种公共产品，由于在不同地方政府辖区的受益情况存在差异，因此事权和支出责任划分不能一刀切，从而事实上存在地区差异，但这种差异并不是由于地区间收入差异所致，地区间的收入差异应导致转移支付的地区差异，而不应是事权和支出责任划分的地区差异。政府间财政管理权限划分所涉及的各个环节应由前到后、依次展开，非常明确，不能本末倒置。另外，之所以这么做除了处于解决财政运作的实际问题、缓解地方政府财政困难的考虑外，根据公共产品受益范围划分事权和支出责任难度太大也是一个重要原因。因为准确界定某类公共产品的受益范围并不容易，这可能需要一个长期的渐进的过程，费时费力，而按照 2016 年中央给出的指导意见，必须在规定时间即 2020 年完成改革任务，因此不可能在这么短的时间内对政府间财政分权来一个全方位、系统化的变革，一种简便可行的办法就是根据既定的政府间财力划分格局和转移支付情况来划分政府间事权和支出责任。

第二，目前的做法可能会使本来应属于地方政府的事权，却要由中央政府来承担支出责任。在政府间财力分配格局相对集中的条件下，地方政府支出压力加大，有些支出责任难以落实。在这样的条件下，合适的做法是对政府间财权划分和转移支付制度设计进行调整，而不是根据政府间财力状况来界定支出责任。因为问题既然出在政府间财权和收入划分方面，那么改革理应从调整政府间的财权和收入划分入手，而不能通过调整政府间事权和支出责任划分去适应存在问题的政府间财权和收入划分。虽然这样做的确可以从形式上实现政府间事责财权关系协调，但付出的代价是本来政府间财权管理权限的划分只是表现为政府间财权和收入划分有问题，现在则可能导致更加严重的后果：财权和收入划分的老问题没有解决，还增加了政府间事权和支出责任划分的新问题。如果公共产品的受益范围与地方政府辖区范围吻合，那么理应由该地方政府承担相应的事权和支出责任。这符合效率和公平原则。如果仅是因为地方财力所限而把支出责任改由中央政府承担，这种事权与支出责任的不匹配乃至脱节既不能体现效率原则，也会导致公共产品利益获取与成本分担不对称，从而不能体现公平原则。如果支出责任改由中央承担只是意味着"钱由中央财政出"，资金使用权仍然由地方政府掌握，即"钱还是由地方政府来花"，地方政府在提供公共产品方面的信息优势还是能够得到充分体现，但由此对效率原则所造成的负面影响还是不应忽视，理由简单说来就是"负责花钱的并不负责筹钱；负责筹钱的却不负责花钱"，那么花钱者大手大脚、不精打细算的概率会大大提高，这不利于提高资金使用效益。如果支出责任改由中央承担不仅意味着"钱由中央财政出"，而且"钱也由中央政府来花"，即资金使用权也由中央政府掌握，则由此带来的效率损失会更大。

第三，目前的做法可能遮掩政府间财政管理权限划分所存在的问题。通过政府间财权财力划分来界定事权和支出责任，相当于肯定目前

159

的财权财力分配格局是合理的。但实际情况却可能是财权财力划分并不合理，并由此导致有的政府级次事权和支出责任不匹配，政府职能实现遇到困难。在这样的条件下，政府间事权和支出责任界定并无不妥，问题出在财权和收入划分方面。因此，解决问题的出路显然应是对政府间财权和收入划分进行调整，以实现事权和支出责任匹配。若对存在问题的财权和收入划分不调整，调整并无不妥之处的事权和支出责任划分，这就成了典型的"头痛医脚""脚痛医头"，不仅单纯的"头痛"或"脚痛"问题没解决，而且通过"头痛医脚""脚痛医头"让脚或头也疼痛起来，虽然由此可以实现所谓的协调，但明显不是解决问题的正确思路和办法。实现政府间事权支出责任划分与财权收入划分相协调是合理划分政府间财政管理权限的基本目标，该目标的实现需要建立在能充分体现效率和公平原则的基础之上。置效率和公平原则于不顾，根据目前的财权和收入划分格局甚至根据目前的政府间转移支付状况来调整政府间的事权和支出责任划分，虽然从形式上可以实现事责与财权财力的协调，但却与优化财政体制、理顺政府间财政关系的初衷背道而驰。

第四，目前的做法会导致中央与地方共同承担的事权太多。《基本公共服务领域中央与地方共同财政事权和支出责任划分改革方案》列出了八大类18项共同事权，主要的公共服务基本都列为共同事权。这和《国务院关于推进中央与地方财政事权和支出责任划分改革的指导意见》中提出的尽可能减少共同事权的精神相违背。为什么共同事权这么多？这值得反思。本书认为，这与财权和收入划分偏于集权，财力分配格局高度集中且短时间难以调整纠正有关。从道理上讲，如果政府间财权和收入划分偏于集权，那么合适的做法是适当降低财权和收入集中程度，理顺政府间财权和收入划分关系，但在实践中操作起来有一定难度。因为作为利己的经济人，每一级政府都希望把更多的财权和收入掌握在自己手中，而希望其他级次的政府承担更多的事权和支出责任，这样一来自己安排支出的回旋余地和自由度就比较大。从这个意义上讲，每级政府都会把特定体制下自己所掌握的财权和收入视作既得利益，从而尽可能反对触及自己既得利益的各项改革。因此，基于这种认识，在财权和收入划分偏于集权的约束条件下，协调政府间事责财权关系就只能通过加大政府间转移支付规模来实现。但是，政府间转移支付规模并不能无限制加大。政府间转移支付规模过大，占中央支出和地方收入的比重过高，会降低财政运作效率①，而且也极易导致要求压缩转移支付规模的呼声加大。如果不加大转移支付规模，通过加大共同事权和中央支出责任，也能实现政府间事责财权关系协调，虽然由此也会在一定程度上使中央政府利益遭受损失，但仍然不失为其相对可以接受的改革措施。因为如果直接调整政府间财权和收入划分，对中央政府来说就意味着本来归自己支配的一部分钱要变为地方政府的钱；如果加大转移支付的规模，对中央政府来说就意味着本来自己的一部分钱，自己不能花，改由地方政府花；而加大共同事权和中央政府的支出责任，对中央政府来说就意味着本来是自己的钱还是自己的钱，只不过以前"想怎么花就怎么花"，现在则明确了支出责任，资金使用的自由度和随意性会受到限制，这当然不是理想选择，但权衡利弊得失，这种办法对中央政府无疑是相对最能接受的。当然，除此之外，中央与地方共同承担的事权之所以偏多，也受客观因素的制约。因为确实有一部分公共产品，从受益范围考察，不适合由中央政府或地方政府单独承担全部的事权和支出责任。毕竟，受益范围超出地方政府辖区但又不覆盖全国的公共产品是客观存在的，对这样的公共产品，事权和支出责任客观上、理论上由中央政府和地方政府来共同承担是讲得通的，但在实践中是不是这样的公共产品都需要纳入中央政府和地方政府共同承担事权和支出责任的范围应仔细斟酌。因为对那些受益范围虽然超出地方政府辖区，但超出范围非常有限，或者受益范围虽然并不能覆盖全国，但是已经远远超出地方政府辖区的公共产品，与其由中央政府和地方政府共同承担事权和支出责任，进而陷入烦琐的事权和支出责任划分的技术性细节问题不能自拔，还不如由中央政府或地方政府单独承担事权和支出责任更能提高效率。从这个意义上讲，目前中央与地方共同事权太多，与没能克服这一因素的困扰也有一定关系。

　　第五，目前的做法仅仅对支出责任界定相对明确的基本公共服务进行了事权和支出责任划分。正如 2018 年中央发布的改革方案所指出的：根据《国务院关于推进中央与地方财政事权和支出责任划分改革的指导意见》，结合《国务院关于印发"十三五"推进基本公共服务均等化规划的通知》，将涉及人民群众基本生活和发展需要、现有管理体制和政

---

　　①　从理论上分析，这会使体制"收支两条线"的色彩日益浓厚，与建立分级财政的改革目标相去甚远。

策比较清晰、由中央与地方共同承担支出责任、以人员或家庭为补助对象或分配依据、需要优先和重点保障的主要基本公共服务事项，首先纳入中央与地方共同财政事权范围，目前暂定为八大类18项。之所以这样做，是因为这些基本公共服务"现有管理体制和政策比较清晰，以人员或家庭为补助对象或分配依据"，换言之，这些基本公共服务事权和支出责任划分本来就相对明确，现在则以数字分担比例的形式体现出来，这固然可以使事权和支出责任划分进一步明晰化，但是还有大量的现有管理体制和政策不太清楚，补助对象、分配依据不明确的事权和支出责任需要划分，之所以这个工作还没做，很明显是因为做起来难度太大。从这个意义上讲，目前对八大类18项公共服务所进行的支出责任划分只是做了相对容易做的、难度不大的工作，还有很多棘手问题需要解决，未来依然任重而道远。

第六，目前的做法把转移支付以支出责任界定的形式体现出来，从而把支出责任划分与转移支付设计糅合在一起。政府间事权和支出责任划分与政府间转移支付制度设计是有联系的，但二者之间的联系还涉及一个中间环节，那就是政府间财权和收入的划分。严格说是政府间事权和支出责任划分与政府间财权和收入的划分共同决定了政府间转移支付设计。因此，政府间事权和支出责任划分与转移支付设计还是相对独立的。但是2018年的改革方案却将二者糅合一起，本质是把目前中央对地方在基本公共服务领域安排的一般性转移支付和专项转移支付合并计算，结合基本公共服务支出情况来测算中央应分担的支出责任。这样的支出责任界定实际只是对目前的支出分担比例的反应和体现，改变的只是表现形式，实质内容并没有多大变化、调整。正如改革方案所指出："在一般性转移支付下设立共同财政事权分类分档转移支付，原则上将改革前一般性转移支付和专项转移支付安排的基本公共服务领域共同财政事权事项，统一纳入共同财政事权分类分档转移支付，完整反映和切实履行中央承担的基本公共服务领域共同财政事权的支出责任"，"对上述共同财政事权支出责任地方承担部分，由地方通过自有财力和中央转移支付统筹安排"。显然，我国中央政府与地方政府间支出责任划分的实质性问题并没有解决，只是在形式上通过明确划分中央与地方的支出分担比例清晰界定了二者的支出责任，或者说实际上只是把目前中央与地方在8大类18项基本公共服务的实际支出分担比例以支出责任界

定的形式体现出来，把部分一般性和专项转移支付调整为共同财政事权
分类分档转移支付。

3.3　我国中央与地方事责财权
关系问题的症结分析

3.3.1　我国中央与地方事责财权关系划分思路不合理

3.3.1.1　"自上而下"分权的思路难以取得理想效果

我国自 1949 年以来，在财政体制的设计构建方面，一直采取的是
"自上而下"分权思路。该思路的假设前提是财政权力首先属于中央，
中央政府认为有必要，才把各项财政权力以各种方式下放各级地方政
府。中央政府是财政体制设计、构建的主体，地方各级政府只能被动接
受中央政府设计、构建的体制。这种"自上而下"分权的思路基于所
有的财政资源配置权都属于中央政府的假设前提，只是在资源配置权的
某些方面或环节中央政府掌握、运用并不能取得理想效果时，中央政
府才把这些资源配置权分给省级政府。省级政府掌握、运用这些资源配
置权若能取得理想效果，权力就不再下分。若其中的某些方面或环节效
果不理想，则省级政府再将其分给市级政府，以此类推。显然，这一过
程要能顺利实现，首先得要求中央政府必须有"自知之明"，其对自身
履行财政资源配置职能的效果要有清楚的了解，对哪些方面效率较高，
哪些方面效率较低要能掌握充分信息；其次还得要求中央必须有"他知
之明"，需了解下级政府特别是省级政府履行资源配置职能的效率状况，
对在自己履行特定资源配置职能效率较低的情况下改由省级政府履行是
否可以取得相对高的效率水平，能掌握充分信息。当然，在上述两个条
件都具备时，"自上而下"分权的顺利实施还要求中央政府必须是利他
的。如果中央政府利己，其会倾向于把更多的权力掌握在自己手中，从
而使体制偏于集权，这明显违背体制设计、构建需要在集权与分权之间
实现恰当均衡的客观要求。这种违背规律的做法会降低政府公共经济部

门的资源配置效率，进而对私人经济部门的资源配置效率也会产生负面影响，同时也不利于体现公平原则，最终导致社会福利损失。在问题没有严重到一定程度的时候，这种集权做法可以维持，中央政府虽然可能需要为之承受一定压力，但这种压力只要不超过一定限度，中央政府并不会选择改变集权的做法，而会在其他方面解释问题的成因，但在问题严重到一定程度，承受的压力超过其承受能力时，过于集权的做法会得到纠正和调整，从而使体制由集权走向分权。也就是说在政府自利假设下，"自上而下"分权往往是既不及时也不到位，通常要通过倒逼机制来改变过于集权的状态。

如果中央政府是利他的，追求公共利益最大化，那么这种"自上而下"分权的做法有助于做到财政权力在不同级次政府间合理配置，有助于发挥各级政府财政的比较优势，实现它们彼此之间的合理分工。但是，政府利他假设往往和现实有出入，公共选择理论的发展逐步加深了人们对政府性质的理解，政府利他假设日益受到质疑。在公共选择理论发展起来之前，人们对于政府的从业人员都采取政治人假设，认为他们都追求公共利益而并不追求个人私利，这实际就混淆了应然和实然的区别。从应然的意义上讲，政府的从业人员的确应追求公共利益最大化，但这并不等于他们在实然层面就一定追求公共利益最大化。通过长期的观察、分析、总结，政府部门的从业人员是利己的经济人已成为公共经济学和政治学分析政府部门从业人员行为的基本假设。采用这一基本假设可使以前采取政治人假设不好解释或解释不通的问题迎刃而解。但是，在把政府部门的从业人员看作利己的经济人时，人们自觉或不自觉地把政府特别是中央政府看作利他的政治人，由此又会遇到难以解释的现象。比如在政府利他假设下，就不好解释为何我国的体制要在集权与分权之间震荡而难以实现稳定均衡。如果把中央政府看作是利己的，这样的问题就比较好解释。本书采取政府利己假设，认为各级政府包括中央政府都存在相对独立的利益，其会在特定约束条件下追求自身利益最大化。就政府间财政管理权限划分问题而言，中央政府更倾向于自己掌握财政决策权，把更多的财权和收入掌握在自己手中，而把更多的事权、支出责任让地方政府承担，也就是采取所谓"财权上收、事权下划"的做法，由此导致中央与地方政府事责财权划分关系脱节。

我国 1949 年以来长达 70 年的财政体制变迁，基本上可以证明和解释中央政府的经济人属性及其基本的行为方式。通常，在体制设计的初始环节，中央政府出于自利，会倾向于选择集权体制，这体现为我国 1949～1952 年所选择的高度集权的统收统支体制和 1953～1979 年的相对集权体制。这种集权的做法使得地方政府只是承担了支出责任，掌握了支出执行权，而财权和事权的决策权都掌握在中央手中。地方支出需要中央核定，地方收入中归自己支配使用的比例取决于中央核定的支出指标，因此地方收支本质上并不挂钩。作为理性的经济人，地方政府就没有积极性发展经济、广开财源、增加收入，由此导致经济绩效和财政绩效都处于很低的水平。迫于经济和财政双重压力，中央被迫进行分权改革，通过推行包干体制，让地方政府掌握相对独立的事权和财权。但是，在包干体制下，虽然地方由于收支挂钩而发展经济的积极性被充分调动，经济增长率得以提高，中央政府承受的经济压力得以减轻，但是地方政府利用征管的信息优势采取挖挤中央收入的机会主义行为，让中央政府承受了巨大财政压力，所以中央从 1994 年开始推行分税制，从而促使体制重新走上集权轨道。

通过回顾我国财政体制发展变迁的历史，可以发现政府经济人假设可以经得起实践检验。采取"自上而下"分权的思路会导致体制在集权与分权之间震荡而难以形成稳定的均衡。我国在长达近 70 年的时间跨度中，解决不好中央与地方事责财权划分问题，在很大程度上并不是因为没有掌握政府间实现合理财政分权的技术方法，而是因为选择了并不合适的政府间财政分权思路。

3.3.1.2 "自下而上"授权也受政府自利制约

"自下而上"授权首先假定财政权力掌握在地方基层政府手中，当基层政府履行财政资源配置职能在某些方面或某些环节效率比较低时，就需把这些资源配置职能授予高层政府。显然，"自下而上"授权思路的实施，要求地方政府首先也得有"自知之明"，知道自身在财政资源配置的某些方面或某些环节存在局限，有改进余地；其次也得有"他知之明"，知道高层政府在履行这些资源配置职能时可以取得相对高的效率。同样，地方政府也必须得是利他的，追求公共利益最大化，否则，"自下而上"授权也得通过"倒逼机制"才能实现。因为地方政府若是利己的，其会倾向于把更多的权力掌握在自己手中，进而也就难以保证财政管理权限在不同级次政府间得以合理划分并在集权与分权之间实现稳定均衡。与假定中央政府利他不具有现实性一样，地方政府的利他假设同样也不具有现实性。比较典型的例子是在我国传统包干体制下，除定额上解确实把收入增量全部留给地方，从而彻底包死中央收入外，其他包干办法基本是可以做到中央与地方利益兼顾、互利共赢的。地方政府发展经济、增加收入，中央政府也会水涨船高，可支配收入增加。但体制运作的实际情况是，地方政府利用自己的收入征管权，通过"藏富于企业、藏富于民"挖挤中央收入，导致预算外收入规模扩张，财政收入占 GDP 比重和中央财政收入占财政总收入比重大幅下降。总之，没有理由认为地方政府的利他假设比中央政府的利他假设更具有现实性。实践证明：无论中央政府还是地方政府都是利己的经济人，都会在特定约束条件下追求自身利益最大化。对财政体制的选择和构建而言，中央政府掌握体制制定权，会使体制趋向集权；地方政府掌握体制制定权，会使体制趋向分权，至少在体制选择的初始环节是如此。

3.3.1.3 "自下而上"授权相对"自上而下"分权可以取得相对理想的效果

通常，"自上而下"分权会使政府间财政管理权限的划分偏于集权；而"自下而上"授权会使政府间财政管理权限的划分偏于分权。如果二者偏离最佳均衡点的距离一样，那么带来的效率损失就没有什么差别，这就意味着两种思路从效率上讲就无所谓孰优孰劣。但如果二者偏离最佳均衡点的距离不一样，那么哪种思路在结果上更接近最佳均衡点，显然就应该选择哪种思路。

虽然从政府自利的角度分析，中央政府和地方政府在自利动机方面并没有什么差别，都起因于政府部门从业人员的利己动机，但二者在并无差别的自利动机驱使下所产生的客观后果却存在明显差别。因为二者在两种财政事责财权划分思路下受到的监督力度不同会导致不同的监督效果。众所周知，政府只是民众的代理人，其权力来自民众的授予，因此需要接受民众的监督。由于基层政府更接近民众，因此民众监督基层政府链条短、环节少、信息不对称的程度低；而民众要监督中央政府则受链条长、环节多、信息不对称程度高的制约。因此，基层政府虽然自利，希望把更多的财政权力掌握在自己手中，但因为其能受到来自民众的相对强有力的监督，所以必须相对更多地兼顾公共利益，把本应授予高层政府的权力授予高层政府。而中央政府因为受到来自民众的监督力度相对较弱，因此，其有机会更多地考虑自身的利益，把本应分给下级政府的权力相对更多地掌握在自己手中。因此，虽然"自上而下"分权和"自下而上"授权都会使体制偏离集权和分权的最佳均衡点，但是"自下而上"授权思路偏离最佳均衡点的距离相对较近，即其导致的效率损失相对较小，因此也就成为相对更为理想的一种划分政府间事责财权关系的思路。

借助上述分析，反思我国 70 余年的财政体制改革历程，不难发现我国一直采取自上而下分权的思路。中央政府一直掌握体制的制定权，地方政府并没有多少讨价还价的余地，而通常是被动接受中央选择、构建的体制。但是地方政府并非单纯的工具、手段，其具有主观能动性，会充分利用自己所面临的约束条件，发挥自身的比较优势来寻求自身利益最大化，从而最终使我国的财政体制在实际运作过程中表现为在集权与分权之间震荡而难以实现稳定均衡。在体制初始环节，中央会倾向于选择集权体制，上收财权、下划事权，但由此导致严重弊端后中央政府会承受经济和政治压力，在压力严重到一定程度，体制会超分权方向调整。而分权化的改革使中央承受的压力减轻后，其会利用体制制定权使体制重新走向集权轨道，并最终使体制运作表现为在集权与分权之间震荡。显然，要摆脱这样一种局面，需要对我国体制设计、构建思路进行调整，不能再单纯选择"自上而下"分权的体制构建思路。

3.3.2　我国划分中央政府与地方政府事责财权关系的实现路径存在局限

3.3.2.1　划分中央政府与地方政府事责财权关系的两种实现路径

政府间事责财权关系划分的本质是对作为供给主体的政府和作为供给客体的公共产品和服务进行分类，从而使二者保持结构性对应关系，让特定的公共产品和服务都能有特定的供给主体，反过来说，特定的供给主体也都承担特定公共产品和服务供给的事权和支出责任并掌握相应

167

财力。由此可理出划分政府间事责财权关系的两个基本思路：一是给定公共产品和服务供给主体，对客体即公共产品和服务进行划分，让特定的供给主体去对应合适的公共产品和服务；二是给定公共产品和服务，来设计、选择合适的供给主体，让特定的供给客体去对应合适的供给主体。长期以来，我国财政学界划分政府间事责财权关系一直采取第一种思路即传统思路，其实质就是在给定公共产品和服务供给主体即在政府级次设置给定的条件下，对客体进行分类以使主体与客体保持结构性对应关系，事责财权可能由某一级次政府独立掌握，也可能由两级以上的政府共同掌握，以便做到不同级次的政府能各司其职、各负其责。

3.3.2.2　我国中央与地方事责财权划分单纯采用传统实现路径的长处及存在的局限

传统思路以既定层级制政府的存在为前提划分政府间事责财权，其长处体现在以下几点：

第一，相对更容易实现规模收益。在传统思路下，政府级次和辖区范围确定，能做到受益范围相同但种类不同的公共产品和服务都由特定政府提供，一级政府可成立多个职能部门，由其分门别类提供不同种类的公共产品和服务，这类似企业在从事"大而全"的生产，有助于实现公共产品生产提供的规模收益。在这种制度安排下，一级政府只需成立一个税务机关，由其负责为该级政府提供的所有公共产品和服务筹资，这显然有助于降低筹资成本。

第二，有助于统筹使用财力和配置资源。在传统思路下，一级政府可以在收入预算内，根据辖区内社会成员对公共产品的需求结构，统筹兼顾、合理安排、按比例分配资金，既保证重点，又兼顾一般，形成合理的公共产品供给结构；还可以成立统一的组织部门和人力资源管理机构，在各个职能部门之间统筹调配人力资源。

第三，有助于降低公共产品生产提供的决策成本。一级政府通过编制政府预算来确定公共产品供给规模、供给结构，虽然要经过权力机关审查，但即便不是一揽子表决，而是采取分次分类投票表决，也至少可以保证在时间上较为集中，预算经权力机关审查通过，政府即负责执行，这可以有效降低决策成本。

第四，在传统层级制政府制度下，可以通过宪法、政府组织法等法律直接规定政府级次设置，然后再选举产生政府领导，由此可降低制度创设成本。

传统思路借助层级制政府制度安排划分政府间事权和支出责任的短处体现在以下几点：

第一，受信息因素制约，容易导致公共产品供求脱节。层级制政府架构下，一级政府负责提供种类繁多的公共产品和服务，面临沉重的信息搜集整理压力，加之公共产品本身没有价格信号，所以一级政府很难充分掌握辖区民众对公共产品的需求信息，何况辖区民众对种类繁多的公共产品的需求信息本身还处于动态变化调整中。一级政府在不能掌握充分公共产品需求信息的条件下进行决策，极易导致公共产品供求脱节。

第二，易导致公共产品利益获取与成本分担脱节，从而不能充分体现公平原则。在层级制政府架构下，一级政府需成立各个职能部门，分门别类提供各种公共产品和服务，每个部门只负责提供特定公共产品和服务，所需资金由财政部门拨付，并不需要面向公共产品和服务的受益者筹集收入，收入筹集由税务部门负责。税务部门筹集收入主要依据支付能力原则而不是受益原则①。对社会成员来说，其消费公共产品和服务利益获取和成本分担是脱节的。这极易产生财政幻觉（布坎南，1993），似乎公共产品和服务由政府免费提供，由此会加大对公共产品和服务的需求，易导致公共产品和服务供给规模扩张，影响资源宏观配置效率，同时也不利于对政府绩效进行评价。近年来，政府预算绩效评价得到足够重视，成为改革热点，特别是 2018 年 9 月 1 日中共中央、国务院联合下发《关于全面实施预算绩效管理的意见》后，各级政府部门都把构建全方位、全过程、全覆盖的预算绩效评价管理体系作为重点工作任务，但公共产品利益获取与成本分担的分离就成为开展政府绩效评价工作面临的重要制约因素。

第三，导致政府系统内部管理成本加大。层级制政府体系在降低公共产品和服务供给过程中的决策成本的同时，增加了政府系统内部的管理成本。在多级政府体系下，上下级政府之间关系的处理、协调难度加

169

---

① 若把税收视作私人为消费公共产品和服务而向政府支付的特殊价格，则政府按照受益原则，根据社会成员消费公共产品和服务得到的效用和满足来分配税收负担符合"同等情况同等对待，不同情况不同对待"的公平标准，但准确判定受益状况较为困难，所以一般根据收入、消费和财产三大标准来衡量支付能力并根据支付能力大小分配税收负担。

大，如何调动、发挥不同级次政府的积极性、主动性，在集权与分权之间实现稳定的均衡成为较为棘手的事情。这类似企业与市场的关系。虽然企业内部由等级制管理替代外部市场的横向交易可以节约交易成本，但是企业并不能无限制替代市场。随着企业规模扩张，其内部管理成本提高，当企业内部管理成本等于市场外部交易成本时，企业的规模就达到均衡。从事私人产品生产的企业受市场机制自发调节，其规模通常不会盲目扩张，但担负公共产品和服务供给职责的政府并不处于市场有效作用领域，政府系统规模的扩张（包括政府层次的增加和一级政府内部机构和人员数量增加）带来的内部管理成本的提高不会受到来自市场的自发调节。

第四，导致政府间事权支出责任划分难度加大。在实行等级制管理的制度安排下，上级政府对下级政府的制约作用是客观存在的，特别是权力比较集中的单一制国家，上级政府易利用相对下级政府所处的优势地位，在财政管理权限划分方面让自己处于有利地位[①]，通常的做法是在财权收入划分方面向自身倾斜，而在事权和支出责任划分方面向下级政府倾斜，从而容易导致下级政府、基层政府财权、财力与事权、支出责任不对等，加大下级政府、基层政府平衡收支的压力[②]。另外，在等级制政府体系下，不同级次政府辖区范围的变化不是连续的，呈现阶梯式、跳跃性变化特征（中央政府的辖区范围覆盖全国，是省级政府辖区范围的总和，每个省级政府的辖区范围都是中央政府辖区范围的一个小的组成部分，以此类推），这与公共产品受益范围的多样性、变化的连续性无法协调，很多公共产品的受益范围超出下级政府辖区，但又不足以涵盖上级政府辖区，通过政府间事权和支出责任划分做到政府辖区范围与公共产品受益范围保持完美对应事实上不可能。

---

① 通过查阅各类文件可以发现，无论政府机关还是企事业单位，其相关职责文件或职责清单的最后一条一般都是"完成上级政府（或上级部门）交办的其他任务"（邱实，2019）。

② "中国政府的支出安排呈现公共支出地方化的特征，地方政府是政府支出的主要承担者和政府职能的实际主要履行者"（马万里，2018）。

3.3.3　我国划分中央政府与地方政府事责财权关系方法不合理

3.3.3.1　我国划分中央政府与地方政府事责关系的方法不合理

1. 忽视按受益原则划分中央政府与地方政府的事责财权关系

对多数公共产品，其受益范围的层次性决定了每一种公共产品仅对有限的一组人口来说是"公共性"的，这组人口的范围大小决定了应该履行职责的政府单位的"规模"经济（布坎南，1991），所以划分政府间事权和支出责任客观上需要考虑公共产品的受益范围[①]。通常认为，若某种公共产品的受益范围和某一政府的辖区范围完全吻合，那么该公共产品由该政府负责提供符合效率和公平原则[②]。

首先，从效率角度讲，假定某公共产品与 B 级政府辖区范围吻合，那么对 B 级政府的上级政府 A 而言，该公共产品的受益范围仅仅是其辖区范围的一个组成部分。由于 B 级各政府情况存在差异，所以上级政府 A 在了解这种小受益范围的公共产品的需求信息方面就不如受益范

171

[①] 按受益原则实现财政分权包括划分政府间的事权和支出责任历来被财政学家重视。英国财政学家巴斯特布尔（Bastable）提出的划分政府间财政支出责任的三原则，第一条即为受益原则。美国学者艾克斯坦（Echesten）也提出要按照公共产品的受益范围来对各级政府的职能进行划分。美国财政学家费雪（Fisher）所主张的地方性较强、外溢不明显的公共产品应由地方政府提供的观点实际也是强调受益原则。近年来，越来越多的国内学者也开始强调受益原则的重要性，比如闫坤和于树一（2013）、卢洪友和张楠（2015）等就提出按公共产品的受益范围划分各级政府应该承担的支出责任是我国建设现代财政体制的改革方向。吕凯波、邓淑莲（2016）认为公共品的受益范围理论是地方政府间支出责任划分的基本原则。王浦劬（2016）认为，中央与地方承担的公共事务的不同属性，在公共事务基本属性意义上决定了公共事务的政府层次归属，构成了划分中央与地方事权的根本依据和标准，实际也包含了根据公共产品受益范围来划分政府间事权和支出责任的含义。

[②] 对此，财政学家奥茨的观点是，在这一理想模型中，政府对民众偏好完全了解，可以提高帕累托有效的公共产品供给水平并按照合适的方法筹措资金，他称之为"公共产品供给的完美对应"。阿尔波特·布雷顿将这种政府辖区与消费公共产品群体的对称称为"完美映射"。曼库尔·奥尔森则称之为"财政对等原则"（奥茨：《财政联邦主义》（中文版），译林出版社 2012 年 3 月版，第 38 页）。

围与其辖区范围完全一致的 B 级政府有信息优势①。换言之，B 级政府更清楚民众对该公共产品需要消费多少，需要以什么方式提供。在图3–12中，两个 B 级政府 B_1 和 B_2 对某种公共产品的需求曲线并不重合，其形状及距离反映了两个地方政府辖区民众对该种公共产品的偏好差异程度。假定该公共产品供给边际成本不变，那么 Q_{B_1} 和 Q_{B_2} 就是具有信息优势的两个 B 级地方政府所提供的能满足辖区民众偏好的最佳供给量。若由并不具有信息优势的上级政府 A 提供，其确定的供给量 Q_A 就不能满足 B_1 和 B_2 两个下级政府辖区民众的偏好。对 B_1 辖区的民众来说，供给量偏多，资源配置的边际成本大于边际收益，效率损失为三角形 S_1 的面积；对于 B_2 来说，供给量偏少，资源配置的边际收益大于边际成本，效率损失为三角形 S_2 的面积。这样的效率损失还是建立在 A 政府确定了相对有效的供给量（居于 B_1 和 B_2 辖区民众偏好数量之间）的基础上，若 A 政府确定的供给量相对 B_1 和 B_2 辖区民众的需求都偏大或偏小，导致的效率损失会更大。若该公共产品由 B 级政府的下级政府 C 提供，受益范围就会超出其辖区范围而存在效益外溢。如果不考虑解决效益外溢问题，那么 C 级政府为实现自身利益最大化，提供该公共产品的数量就会不足，导致资源配置的边际收益大于边际成本而存在效率损失（图3–13中最佳的供给量为 Q，实际供给量为 Q_0，E_0F 为单位产量外溢的效益额，效率损失为三角形 EFE_0 的面积）。如果考虑解决效益外溢问题，那么就有两种实现方式：一是由上级政府给予补助，这就涉及补助数额的确定，补助数额取决于效益外溢的程度，但对外溢的效益准确量化较为困难。量化不准确，若补助数额偏少，会导致该公共产品的供给仍然不足。从资源配置的角度讲，边际收益仍会大于边际成本而导致效率损失，只不过效率损失程度有所减轻而已（图3–13中三角形 E_1GE_0 的面积小于三角形 EFE_0 的面积）；若补助数额偏多，且补助资金必须专款专用，会导致该公共产品供给偏多，这从资源配置的角度讲边际成本又大于边际收益，同样导致效率损失（图3–13中三角形 E_2EH 的面积），这较之由其上级政府直接提供，就加大了制度运作成

① 美国学者斯蒂格勒（Stigler，1957）基于地方政府天然拥有的信息优势提出了地方政府存在必要性的公理性解释；特里西（Tresch，1972）则根据萨缪尔森（Samuelson）提出的公共产品的一般均衡条件，说明中央政府对地方政府辖区居民消费的边际替代率存在"偏好误识"而论证了通过地方政府分权提供公共产品的必要性、合理性。

本。二是由该政府根据外溢效益的具体受益情况与自己的同级政府进行谈判，要求对方根据受益程度分担该公共产品的供给成本，但由于该政府对其同级政府并没有行政约束力，加之公共产品外溢的效益事实上难以排他，所以这种横向的谈判受交易成本的制约而通常难以取得理想效果。科斯定理表明：只有在产权界定清楚且交易成本为零的条件下，外部效应才可以通过市场交易内部化。对该公共产品的提供而言，由于效益外溢，产权事实上界定不清楚，而且公共产品受益上的非竞争、非排他性使交易成本变得高昂。因此，对于提供的公共产品受益范围超出自身辖区范围的地方政府来说，通过横向交易获取利益补偿难度很大。

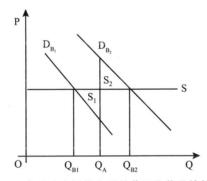

图 3 – 12　高层政府提供小受益范围公共品的效率损失

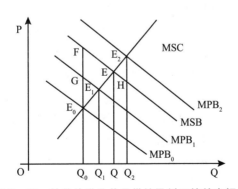

图 3 – 13　效益外溢公共品供给及纠正的效率损失

其次，从公平的角度讲，该公共产品的受益范围与 B 级政府辖区范围完全吻合，对于其在辖区内分担成本是有利的，如果由 B 级政府的上级政府 A 提供并由其辖区内的民众平均分担成本，就不符合利益获取与成本分担对称的公平原则。如果 A 政府严格根据该公共产品的受益范围分担成本，由于该公共产品的受益范围仅占其辖区的一部分，所以其在受益信息获取上就没有比较优势而难以做到利益获取与成本分担对称。如果由 B 级政府的下级政府 C 提供，由于效益外溢，所以 C 政府辖区民众负担全部成本显然是吃亏的，他们并没有获取该公共产品的全部利益。若通过上级补助或横向交易来解决效益外溢问题又会因交易成本而影响效率，所以无论从效率角度还是从公平角度考量，政府间划分事权和支出责任都需要强调公共产品受益范围和政府辖区范围对等的重要性。

按照公共产品受益范围与政府辖区范围相统一的办法来划分政府间的事权和支出责任可以体现效率和公平原则，但我国并没有重视和运用这种方法。这有深刻的背景和原因。

如果公共产品按照受益范围只分为全国性公共产品和地方性公共产品两个层次，而政府级次又恰好分为中央政府和地方政府两级，那么政府间事权和支出责任的划分就非常简单，由中央政府负责提供全国性公共产品，地方政府负责提供地方性公共产品即可，但现实情况是，公共产品的受益范围从小到大具有丰富的多样性，而政府级次虽然通常超过两级但也非常有限。一般三级政府架构较为常见，我国设置五级政府在世界范围内考察都是多的。于是在现实中，该方法的实施不能不受公共产品受益范围多样性与政府级次有限性矛盾的制约。解决这一矛盾，从理论上讲，可以通过增加政府级次设置来实现公共产品受益范围与政府辖区范围吻合，但受政府运作管理成本的约束这是不可能的。因为政府本质上是降低公共产品供给过程中交易成本的一种手段和方式。其所以要级次化，是因为在供给公共产品的过程中，通过不同级次政府的纵向交易替代同一级次不同政府间的横向交易可以节约交易成本，但随着政府级次的增多，边际纵向交易成本递增，而边际横向交易成本递减。当二者相等时，政府的级次会达到均衡（李森，2009）[①]，即现实中，政

---

① 杨之刚等（2006）指出了研究地方财政级次结构的两个思路：一是基于行政管理理论的自上而下的管理成本分析思路；二是以地方自治为前提，最基本的供应单位通过怎样的方式更好地提供跨区域公共产品的分析思路。本书认为两种思路都需要在横向交易成本与纵向交易成本之间权衡抉择，并在边际横向交易成本等于边际纵向交易成本时实现政府级次设置的均衡，即政府级次设置无论是"自上而下"还是"自下而上"都不可能无限制增加。

府级次不可能无限制增加，其受制于横向交易成本与纵向交易成本的边际比较，现实中政府级次总是有限的。但是，公共产品的受益范围却具有多样性甚至无限性特征。从理论上讲，最小受益范围的公共产品可以仅涉及两个社会成员，而在一个国家范围内，最大受益范围的公共产品却可以涵盖全体社会成员（不考虑国际公共产品）。从最小受益范围的公共产品到最大受益范围的公共产品，二者之间存在巨大的公共产品受益范围变化空间，而现实中政府级次设置的有限性决定了通过增加政府级次设置来实现公共产品受益范围与政府辖区范围吻合并不可能。

根据公共产品受益范围划分政府间事权和支出责任除受公共产品受益范围的多样性与政府级次有限性之间矛盾的制约外，公共产品受益范围难以准确界定也是一重要影响因素。虽然特定公共产品在特定时期客观上存在特定的受益范围，但要准确界定受益范围及受益人群存在技术难度，这也为按受益范围划分政府间事权和支出责任造成障碍。

2. 按行政隶属关系和公共产品种类划分中央与地方事责关系存在很大局限

中华人民共和国成立以来，按行政隶属关系划分政府间事权和支出责任的方法一直被采用，直到目前，仍然是最为基本的方法。按照黑格尔存在即合理的观点，这种方法之所以能被长期采用，说明这种方法本身具有存在的必要性、合理性。本书认为，这主要体现在：第一，其反映和体现了现实中行政隶属关系对财政支出安排的制约。虽然财政归根结底要向社会提供公共产品、满足公共需要，但是在现实中财政运作过程具体体现为向政府所属的部门以及部门所属的单位提供资金，然后由它们按照职能分工，分门别类地提供不同种类、不同性质的公共产品和服务。即便是政府财政安排的面向特定社会成员和特定企业的转移支付，事实上也是通过政府部门及所属单位来具体发放的。因此，在划分政府间的事权和支出责任时，按照部门、单位的行政隶属关系来确定由哪级政府财政承担资金供给责任几乎是天经地义的。第二，按照行政隶属关系划分政府间事权和支出责任简单明了、易于操作。在政府公共经济部门，单位都从属于一定的部门，而部门都从属于特定级次的政府，这种客观存在的行政隶属关系非常清楚明了，根据行政隶属关系划分政府间事权和支出责任，便于明确各级政府财政的支出方向和支出责任。每级政府财政只需要面向本级政府所属的部门和单位拨付财政资金即可，即如果某一部门或某一单位从属于某级政府，那么就需要由该级政府财政承担支出责任，反之，就不将其纳入本级财政的资金供给范围。这对于保证现实中财政支出过程的顺利进行具有重要意义。大概也就是在这个意义上，很多财政实际工作部门的同志认为，目前政府间事权和支出责任划分并非模糊不清而是清楚明了，理论界提出的要清晰划分政府间事权和支出责任的问题在财政实际工作中并不存在。到底是实际工作部门的同志对现实中的政府间事权和支出责任划分的认识出现了偏差，还是理论研究者无中生有通过主观臆想创造出了一个政府间事权和支出责任划分问题？这看似可笑的疑问事实上是存在的。

本书认为，出现这种情况是因为财政实际工作部门的同志和财政理论研究者在分析问题时所选择的角度不同。如果仅从财政支出安排的方向和范围来说，各级政府财政的事权和支出责任划分是非常明确的。各级政府财政都在按照本级预算有条不紊地向本级政府所属部门和单位分配资金。从这个角度讲，进一步明确财政支出的方向和范围确实没有多大余地。但从公共产品供给的角度分析，各级政府财政之间的事权支出责任划分却是模糊不清的。由于部门设置在不同级次政府之间大致相同，即所谓"职责同构"客观存在，不同级次政府的同一部门事实上面向社会提供同种公共产品。因此，在财政部门按照行政隶属关系非常清楚明了地把资金分配给各个部门和单位后，不同级次政府的部门和单位在具体使用财政资金提供公共产品和服务的时候，就面临支出责任、支出方向、支出金额不好确定的问题，这涉及不同级次政府的同一职能部门、单位之间关系的处理协调，如何做到合理分工、各司其职、各负其责仍然需要深入思考。比如，从中央到地方，各级教育部门都提供教育公共产品，各级教育部门也都从本级政府得到了教育支出，但在具体花钱提供教育公共产品的时候，不同级次的教育部门、教育事业单位如何明确支出责任、分担同种公共产品的供给成本，借助行政隶属关系划分已无法解决。因此，财政实际工作部门的人员认为政府间事责划分清晰仅仅是从财政资金分配的角度、从政府财政安排支出的范围和方向角度而言；理论研究者认为政府间事责划分不清，是从公共产品供给责任划分、从不同级次政府的同一部门和单位如何分工负责供给同种公共产品和服务的角度而言。从这个角度讲，我国政府间事责划分仍然任重道远，简单采取按行政隶属关系划分的办法已无助于问题的解决。

除此之外，按公共产品的类别划分政府间事权和支出责任也被采用，但运用范围很小。比如，国防、外交等公共产品事权和支出责任由中央政府承担，其他的公共产品一般都没采用这种划分方法。因为，如果把某种公共产品供给的事权和支出责任界定给某级政府，通常会导致公共产品供给的受益范围和政府辖区范围完全脱节（国防、外交公共产品除外），进而难以体现效率和公平原则。

3.3.3.2　划分中央政府与地方政府财权的方法不合理

第一，中央政府与地方政府财权划分不以事权和支出责任划分为基础。不可否认，设计、构建财政管理体制，划分政府间财政管理权限、协调政府间财政分配关系，政府间财权和收入划分是个相对独立的问题。囿于研究的时间和篇幅，假定其他条件不变，对政府间财权和收入划分进行专门研究是必要的，但从整体意义上分析，政府间事权和支出责任划分与政府间财权和收入划分有内在的紧密联系，并不可截然分开。这类似财政收支关系的处理。在财政实践中，财政收入的筹集和财政支出的安排在时间上、空间上都是分离的，但财政收入的筹集通常要和财政支出的安排结合起来考虑，遵循"量出为入"的基本理财原则。因为若不遵循该原则，把财政收支割裂开来，筹集收入时不考虑财政支出需要，那么收入的筹集必然带有很大的盲目性，即收入筹集机构并不能清楚知道筹集多少收入是合理的，按照通常的理解和做法，收入筹集多多益善，那么在财政收入规模偏大进而导致财政支出规模也偏大的情况下，整个社会资源宏观配置的结果就必然是公共产品过多而私人产品过少，根据边际效用递减规律，就会导致社会福利损失。而根据"量出为入"原则处理财政收支关系则有助于避免这种情况出现。同样的道理，政府间财政管理权限的划分，也需要把政府间事权支出责任划分与政府间财权和收入划分结合起来。这实际是"量出为入"原则在处理政府间财政分配关系时的具体要求和体现。政府间财权和收入的划分要以政府间事权和支出责任的划分为基础，前者要服务于后者，以最终保证各级政府财政职能顺利实现。如果政府间财权和收入划分不考虑政府间事权和支出责任划分的结果，那么二者脱节的可能性就会加大，虽然这种脱节可以通过政府间转移支付予以调节和纠正，但无疑要加大政府间转移支付的规模，进而加大制度运作成本。我国 1994 年实行分税制改革，从道理上讲，应首先对政府间事权和支出责任划分做出明确界定，进而根据由此所决定的财政支出的政府级次结构来合理划分政府间的财权和收入，但是 1994 年的分税制对政府间事权和支出责任划分基本没有做出新的规定，而是基本沿袭包干体制的做法，导致本来是全面划分政府间财政管理权限的分税制异化为主要是对政府间财权和收入划分进行调整的体制变革，这与当时亟待纠正包干体制下"两个比重"偏低的问题有直接关系，由此导致在财权收入划分上就没有充分重视政府间事权和支出责任划分以及与之对应的财政支出的政府级次结构所应发挥的基础性作用，从而把大部分收入集中到中央手中，由此导致转移支付规模过大和地方财政支出对政府间转移支付依赖程度过高，加大了制度运作成本、降低了制度运作效率。

第二，划分政府间财权缺少统筹考虑，导致政府行为扭曲。尽管税权是政府财权的主要组成部分，但毕竟税权不等于财权，因此划分政府间的财权和收入不能等同于划分政府间的税权和税收收入。从这个意义上讲，即便能合理划分政府间的税权和税收收入，但如果非税收入权及非税收入没有做到合理划分，则政府间财权和收入划分仍然不能说是合理的。我国 1994 年实行的分税制改革，把主要的精力都用于划分政府间的税权和税收收入，从抓主要矛盾的思路看，这样做当然有其合理性、必要性，但是重点必须是两点中的重点，从方法论的角度讲，我们既要反对"均衡论"坚持"重点论"，但也必须坚持"两点论"反对"一点论"。我国 1994 年实行分税制改革以来，政府间税权、税收收入划分与政府间非税收入权、非税收入划分未能做到统筹设计、合理安排，在税权、税收收入划分上过于向中央倾斜的同时，对非税收入权和非税收入的划分过于向地方倾斜，由此导致地方政府筹资行为严重扭曲。近年来，地方政府对土地出让金的追逐就是鲜明的例子。土地出让金收入已成地方财政运作的重要财力支柱，地方财政甚至被称为"土地财政"。这不是说地方政府不能获取土地出让金收入，而是说地方财政对土地出让金依赖程度过高会蕴藏严重的财政风险。因为土地出让金和税收收入不同，税收凭借政治权力获取，实际是政府不付代价从私人部门征集收入，具有强制性、无偿性和固定性的特征。政府通常可以连续稳定地获取税收收入。而土地出让金则是凭借出让国有土地使用权获取的租金收入，政府能不能获取该收入以及获取多少，取决于政府有没有以及有多少可以出让的土地。只要政府手中有足够数量可用于出让的土地，则连续稳定获取土地出让收入是可以预期的，但这样的条件在现实中难以具备。因为我国政府间特殊权力划分关系决定地方政府在分税制框架下出让土地的行为严重失范。这与地方政府的行为难以受到有效监督而产生届别机会主义行为有直接关系。从实践角度考察，地方政府都有任期限制，比如说任期五年，但其出让土地使用权通常超过五年，比如住宅土地使用权的出让年限通常为 70 年，工业用地使用权出让年限为 50 年，短的也有 30 年。因此，一届政府有权、有资格出让的土地应是其政府辖区内理论上可以出让的土地资源的七十分之五或五十分之五，如果土地出让年限是 70 年或 50 年的话。其不应在自己一届政府任期内就把后届或后几届政府可以出让的土地提前出让。如果其没有受到限制而这样做，就会出现政府任期与其出让土地使用权的年限严重不匹配。后届政府必然要面临无地出让的局面，这意味着土地出让金收入是不可持续的。由于后届政府还没上台，所以现任地方政府出让土地使用权事实上不会受到限制，于是在实践中大肆出让土地使用权的现象屡见不鲜，有些地方政府现在已面临无地可卖的局面。这表明我国地方财政运作长期来看非常不稳定，存在严重风险。每年 2 万亿 ~ 3 万亿元的土地出让金收入做大了地方财政支出的基数，将来一旦不能稳定获取土地出让金，必然会出现严重的地方财政困难乃至困境。可以说，我国目前的地方财政特别是基层财政困难，虽然形势比较严峻，但仍然没严峻到最大程度。毕竟，目前的基层财政困难是建立在地方政府每年获取巨额土地出让金收入基础之上的，一旦土地出让金收入大幅下降，地方财政的苦日子才会真正到来。导致这种现象的原因与政府间财权和收入划分没有统筹考虑税权与非税收入权、税收收入与非税收入有直接关系。在税权和税收收入划分过于向中央倾斜的条件下，地方政府只能被迫去追逐非税收入[①]，土地出让金收入仅是其追逐获取的非税收入的一部分。除此之外，地方政府还在追逐有偿的债务收入。虽然 2015 年之前不让

---

　　①　随着财力不断向上集中，不少地方政府特别是基层政府，经常面临财力不足的问题。这也是为何一段时期以来土地财政成为地方"第二财政"，地方融资平台不断涌现且规模越来越大的主要原因（张德勇：《政府间事权和支出责任划分的难点和对策》，载《中国国情国力》2015 年第 9 期）。周天勇、谷成（2007）指出：当地方财政收入难以满足支出需要，地方财政又无法通过征税提供必要的公共产品和服务时，只能采用非正式机制解决自身的预算问题（《中央与地方事务划分中的四大问题》，载《中国党政干部论坛》2007 年第 11 期）。

地方政府发行公债，即便是 2015 年 1 月 1 日开始实行的新预算法，对地方政府举债权仍然进行了严格限制。只有省级政府经过国务院批准才能发行建设性债券，省级以下地方政府必须由省级政府代发。但是，地方政府通过成立各种投融资平台绕过了法律约束，事实上举借了大量债务。关于地方政府债务规模目前仍然缺少权威全面的统计数据，但据公布的并不全面的统计资料，地方政府的债务已达到相当庞大的规模，防范和化解地方财政风险的压力加大。这与政府间划分财权和收入时没有做到统筹考虑有直接关系。在正常的分配给地方政府的税收收入远不能满足其支出需要的情况下，通过各种或明或暗的渠道举借债务就成为不得已而为之的权宜之计。而地方政府领导人的届别机会主义动机又必然强化其过度举债的行为。在地方政府领导人的行为特别是举债行为难以受到有效监督：可以负责举债，可以负责使用债务收入，但唯独不负责清偿债务，清偿债务的责任可以甩给下届或下几届政府。这种严重的机会主义行为极易导致地方政府债务规模失控和债务风险累积。

第三，划分政府间财权违背收入划分的基本原则。尽管不同国家、同一国家不同历史发展阶段，分税的方式、方法不尽相同，但毕竟共性寓于个性之中，从这些不同的分税方式、方法中仍然可以概括出一般意义上的分税原则，这些原则体现了政府间分税所应遵循的基本规律，不可违背。我国 1994 年实行分税制，旨在通过分税提高中央财政收入占总收入的比重，这是实行分税制改革的一个重要目的，所以在税收收入划分上，侧重把税源集中、征管难度小、收入量大的税划为中央税或共享税，划给地方的都是些税源分散、征管难度大、收入量少的小税，这种分税办法除了能在一定程度上体现便利原则外，税收的受益原则、协调原则、功能原则都未能充分体现出来。

3.3.3.3 协调中央政府与地方政府事责财权关系的转移支付制度扭曲

1. 政府间事责财权划分及协调所涉及的三个方面被割裂开来

在政府财政级次已经确定的条件下，不同级次政府间划分财政管理权限一般包括三项内容：一是政府间事权和支出责任划分；二是政府间财权和收入划分；三是政府间转移支付制度设计。无论是构建、完善财政体制的具体实践，还是进行财政体制的理论研究，这三个方面一般都被视作相对独立的。从已有的理论研究成果看，不少成果是专门研究三个方面中的一个方面（甚至是一个方面的某一环节、某一侧面），比如专门研究政府间的事权和支出责任的划分，或专门研究政府间财权和收入的划分，或专门研究政府间的转移支付制度设计，即便三个方面同时都能涉及的文献，通常也是对三个方面存在的问题分别阐述，然后针对问题分别提出解决对策。应该说这种把财政体制构建、完善所涉及的三个方面的问题分别进行相对独立的研究，有其存在的必然性、合理性，本书将其归结为以下两点：

第一，客观因素。首先，这与现实的财政分配过程相吻合。财政分配包括收入筹集和支出安排两方面。在现实中，收入筹集主要由税务部门负责，支出安排则由财政部门负责。收入筹集过程结束，收入进入国库由财政部门统筹安排，收支之间基本不存在结构性对应关系。这种现实的财政分配过程对政府间财政管理权限划分所产生的影响是，很容易使理论研究和实际的财政分权活动把事权、支出责任划分与财权、收入划分截然分开，使二者相对独立、并驾齐驱。在这两方面的工作分别完成后，再考虑如何实现各级财政收支平衡的问题。即便同时涉及政府间事权支出责任划分与政府间财权收入划分的研究，往往也是使二者保持相对独立，即研究政府间事权支出责任划分时并不考虑政府间财权和收入划分，反之亦然，由此产生的问题通过政府间转移支付来协调。这就在事实上夸大了政府间转移支付在协调政府间事权支出责任划分与财权收入划分之间矛盾的作用。似乎只要有了政府间转移支付，政府间事权支出责任划分与财权收入划分脱节再严重也不成其为问题，最多也就是加大转移支付制度设计的复杂程度、扩张转移支付规模而已。其次，这与公共产品利益获取与成本分担的分离相适应。现实中政府提供的相当部分的公共产品，其给社会成员带来的效用分配格局与税收负担的分配格局是脱节的，这是由财政支出与财政收入总体上不存在结构性对应关系决定的。由此对政府间财政管理权限划分所产生的影响是，事权与支出责任的划分与公共产品的生产、提供相联系；而财权和收入的划分则主要与税收负担的分配相对应，既然公共产品生产提供过程中的利益获取与税收负担的分配是相互独立的，那么研究政府间财政管理权限划分，事权、支出责任的划分与财权和收入的划分保持相互独立似乎也就自然而然。

第二，主观因素。首先，从研究者角度考察，由于财政管理权限划分问题千头万绪、很是复杂，就其所包括的三个方面的内容看，不管是政府间事权和支出责任划分，还是政府间财权收入划分及政府间转移支付制度设计，都包括繁杂具体的内容。作为一个研究者，时间精力有限，若对三个方面的问题都进行研究，可能会因为研究范围相对宽泛、力量分散而影响研究深度①，何况研究成果的发表还有篇幅限制，所以在确定课题或论文题目时，往往要选择小一点的题目。财政体制问题虽然只是对政府间财政管理权限划分问题进行研究，但毕竟涉及财政工作方方面面，因此若进行面面俱到的研究，难以保证研究有足够的深度，这是近年来对财政体制进行整体性研究以及探讨财政体制涉及三个方面关系的文献相对较少的重要原因。其次，从政府角度考察，我国推行分税制改革是以包干体制下"两个比重"大幅下降为背景的，因此分税制改革的一个重要目的就是要提高中央财政的集中度。如果对财政体制问题进行整体性研究，把政府间事权和支出责任的划分与政府间财权和收入的划分结合起来，在界定不同级次政府的事权和支出责任后，政府间财权和收入的划分显然要受"量出为入"理财思路的影响，需要考虑各级政府承担的事权和支出责任所对应的财政支出的政府级次结构来划分政府间的财权和收入，以实现各级财政收支平衡，这显然不利于提高中央财政集中度目标的实现。因此，把政府间事权、支出责任划分与政府间财权、收入划分区分开，作为财政体制改革两个相对独立的环节，便于摆脱政府间事权和支出责任划分对政府间财权和收入划分的制约，便于在实践中尽可能提高中央财政集中度。

2. 划分政府间事责财权关系涉及的三个方面被割裂开来的后果

第一，不利于根据"量出为入"原则来协调政府间财政关系。在市场经济条件下，如何处理市场和政府的关系是个基本经济问题。通常的思路是先发挥市场在资源配置中的基础性作用，然后分析哪些问题市场解决不了或解决不好需要由政府来解决，进而明确政府解决这

---

① 近年来经济学论文特别是博士生论文的选题有越来越小的趋势。鼓励"小题大做"，反对"大题小做"成为研究生论文开题导师们常说的一句话，这固然很有道理，可有效避免因力量分散而影响研究深度。但是对一个各个组成部分联系紧密的研究对象，若只对各个组成部分进行专门研究，而忽视组成部分相互关系的研究，会具有一定的片面性，毕竟对研究对象各个组成部分相互关系进行研究也是研究的一项重要内容，具有相对独立的意义。

些问题需要耗费多少财政资金、安排多少财政支出，然后根据财政支出规模来确定财政收入规模，此谓之"量出为入"。如果不坚持"量出为入"，那么财政收入筹集就带有盲目性，即政府不知道筹集多少财政收入才是合理的，由此很容易导致资源在两大部门之间得不到合理配置，最终的资源配置结果往往是公共产品多、私人产品少，或者是私人产品多、公共产品少，由于边际效用递减，这会导致社会福利损失。[①] 因此，"量出为入"是市场经济条件下的基本理财原则。依据这一原则来划分政府间财政管理权限，具体表现就是，要划分政府间的财权和收入范围，首先得明晰划分政府间的事权和支出责任，这是处理、协调政府间财政关系的重要内容和逻辑前提（于长革，2010）。然后再根据政府所承担的事权和支出责任所对应的政府支出级次结构来划分政府间的财权和收入，以做到财权与事权相一致，体现"以支定收"原则（朱红琼，2008）。但是，无论是体制理论研究还是分税制改革实践，政府间事权支出责任划分和政府间财权收入划分在很大程度上被视作财政体制设计的两个相对独立的环节和步骤。二者之间本来所具有的紧密联系没有得到足够重视，相互脱节。具体表现为：划分政府间事权和支出责任时并不考虑政府间财权和收入划分；划分政府间财权和收入范围时，也不考虑政府间事权和支出责任划分，对由此导致的冲突和矛盾完全依赖政府间转移支付制度解决。这又在很大程度上导致了我国转移支付制度扭曲[②]。

第二，不利于受益原则在划分政府间财政管理权限方面的运用。从理论上讲，受益原则的合理性不言而喻。税收本质上就是私人部门为了消费公共产品而向政府支付的特殊价格，其体现政府公共经济部门与私人部门之间的交换关系。因此，从规范意义上讲，税收收入的筹集和税收负担的分配需要和公共产品的供给以及公共产品在社会成员之间的利益分配格局保持对应关系。但是，由于准确判定微观主体从政府提供的

---

① 　由于政府掌握政治权力，在确定宏观税负水平时处于优势地位，而且政府部门的从业人员上到政治家，下到一般公务人员，通常都有追求政府收入规模最大化的倾向，因此资源在两大部门之间的配置比例通常会表现为政府部门配置了太多的资源，导致公共产品供给量偏多。

② 　中央本级支出占比较低，仅占全部支出的 15% 左右，这意味着大量的支出需要中央通过转移支付的形式给地方，地方财力才能得到保证。转移支付规模过大，容易带来效率损失（杨志勇：《中央和地方事权划分思路的转变：历史和比较的视角》，载《财政研究》2016 年第 9 期）。

公共产品和服务中获取利益的大小非常困难，所以现实中税收收入的筹集一般采用支付能力原则，受益原则基本不大采用，由此导致公共产品利益获取与成本分担的分离。但是，在划分政府间财政管理权限时，受益原则的运用并不像分配微观税收负担时那么悲观。因为判定公共产品利益分配的地区结构比判定公共产品在社会成员之间的效用分配结构要容易得多。虽然对多数公共产品来说，事实上都难以准确判定每个社会成员的受益程度，但要判定其受益的地区范围以及受益程度还是比较容易的。这意味着，在财政分配活动中并不被重视的受益原则，在处理政府间财政分配关系时应得到足够的重视和运用。但是，按照传统的思路，先划分政府间的事权和支出责任，然后在此基础上划分政府间的财权和收入范围，这就如同在具体的财政分配过程中把收入筹集和支出安排分割开来，保持相对独立。这不利于运用受益原则来协调政府间财政分配关系。

第三，不利于解决财政分权的实际问题。一是不利于清晰界定不同级次政府的事权和支出责任。虽然在实践中，政府间事权和支出责任划分强调受益原则，但是在运用受益原则时，并不考虑财权和收入划分，并不针对特定的公共产品进行具体分析，所以受益原则只能是笼统地在整体上加以运用，在现实中基本是按照行政隶属关系来划分政府间的事权和支出责任，由此导致我国政府间"职责同构"问题突出，《中华人民共和国地方各级人民代表大会和地方各级人民政府组织法》规定的地方各级政府的主要经济社会管理职能与中央政府职责基本相同，这导致几乎所有的事权项目都是各级政府共同事务，几乎所有的财政支出科目都为各级政府共同使用。我国历次财政体制改革，一直都以划分收入和财权为主，而对政府间的事权范围只作了粗线条、原则性规定，以致分税制财政体制几乎演变为一个政府间收入划分的体制（崔运政，2012）。出现这种情况，与忽视受益原则、强调按照行政隶属关系和公共产品种类划分政府间事权和支出责任有直接关系。因为，按照这种方法划分政府间事权和支出责任，所面临的局面是本来应由高层或上级政府财政提供的大受益范围的公共产品，按照行政隶属关系也会要求由基层或下级政府财政承担相应的事权和支出责任。越是到基层政府，事权与支出责任的划分与高层或上级政府财政重合度越高。地方政府财政中的省级，其事权与支出责任与中央政府重合；到了市级则不仅与中央政府重合，还与省级政府重合；到了县级，则与中央、省、市级政府重合，于是按照行政隶属关系对政府间事权和支出责任的划分难以做到清晰、准确，"剪不断、理还乱"确实成为对政府间事权和支出责任划分的恰当描述，到底各级政府财政所承担的事权和支出责任应在总量中占多大比例，缺少量化规定。二是不利于合理划分政府间的财权和收入范围。量出为入是市场经济条件下基本的理财原则。该原则在政府间财政管理权限划分方面的运用，体现为财权和收入的划分应服务于事权和支出责任的划分。脱离政府间事权和支出责任划分，政府间财权和收入划分难免带有盲目性，从而产生三个方面的负面影响：一是易导致财权和收入在不同级次政府间划分比例不合适，承担较重事权和支出责任的政府可能掌握较少的财权和收入，承担较轻事权和支出责任的政府却可能掌握较多的财权和收入，导致不同级次政府间苦乐不均；二是有些税源形成与某级政府提供的公共产品和服务有直接对应关系的税种得不到合理划分，本应是中央税的被划为地方税，或者本应是地方税的被划为中央税。三是不利于转移支付手段的运用。转移支付功能被异化为弥补政府间事权支出责任与财权和收入范围划分存在局限的一种手段。如果地方事权和支出责任界定大了，财权和收入界定小了，就加大转移支付规模；反之就缩小转移支付规模。专项转移支付功能也会被异化，专项转移支付本质是解决公共产品效益外溢问题的一种手段，当受益原则没有得到充分运用，财权与收入划分脱离政府间事权和支出责任划分时，专项转移支付一般化的趋势将不可避免。

第4章　西方国家协调中央与地方事责财权关系的经验借鉴

4.1　理论方面的经验借鉴：西方财政联邦制理论发展的启示

4.1.1　西方财政联邦制理论发展的两个阶段

如何协调和处理不同级次政府间财政关系的理论在西方被称为财政联邦制理论。无论在我国还是在西方，政府一般都实行级次化管理，因此关于如何处理、协调不同级次政府间财政关系的理论在西方也经历了漫长的历史发展过程，但早期的理论并没有公共产品这一个核心基础概念，因而难以按照严格的经济学分析范式来研究政府间的财政关系。19世纪70年代边际革命以后，奥意学者以效用价值论为基础，运用边际分析方法创立了早期的公共产品理论，从而使长期以来作为政治经济学分支的财政学具有日益明显的经济学色彩而转为经济学分支，作为经济学分支的财政学随着生产社会化程度提高、公共产品供给范围的拓宽、供给规模的扩张以及供给结构和供给方式的复杂化而逐渐转向公共部门经济学。奥意学者为公共产品理论的创立做出了历史性贡献，开创了财政理论研究的斯堪的纳维亚传统[①]，由于语言阻隔，奥意学者在财

[①]　笔者认为，作为与盎格鲁萨克森传统所对应的斯堪的纳维亚传统称为欧洲大陆传统更合适一些。因为对早期公共产品理论做出贡献的主要是奥地利和意大利学者，这与处于北欧的斯堪的纳维亚半岛并无多大关系。斯堪的纳维亚传统代指维克赛尔和林达尔对公共决策过程所做出的开创性贡献比较合适。奥意学者对早期公共产品理论的研究可称为奥意传统，其应与狭义的斯堪的纳维亚传统共同构成财政理论研究的欧洲大陆传统。

政学领域的贡献长期并没有在英美学术界及时产生影响和共鸣，英美学界仍然遵循着盎格鲁－萨克逊传统。1936 年马尔科（Marco）的《财政学基本原理》（*First Principles of Public Finance*）一书在美国翻译出版，由此斯堪的纳维亚传统影响到美国，但真正发挥影响是到 20 世纪 50 年代以后[①]。受多种因素制约，奥意学者主要是运用公共产品理论去分析一般意义上的税收、支出及预算安排，对围绕公共产品的生产提供来处理协调政府间财政关系的研究并没有给予足够重视，对此做出贡献的首推美国学者。以美国财政学家蒂博特、奥茨和马斯格雷夫（Tiebout, Oates and Musgrave）三人为代表，自 20 世纪 50 年代起，形成了第一代财政联邦制理论。该理论依据公共产品性质、类型划分及不同级次政府自身性质的差别，基于效率和公平两大原则，对政府间如何划分财政管理权限得出了一系列规范性的分析结论。由于蒂博特、奥茨、马斯格雷夫做出的贡献最为突出，所以第一代财政联邦制理论也被称为"TOM"模型。

第一代财政联邦制理论所提供的规范性的分析框架对于研究现实中不同级次的财政关系提供了理论参照，但是其对现实中的政府间财政关系为何会与理想的分析框架出现偏差、原因何在难以做出透彻解释，对如何实现由现实状态向理想状态的转变也难以提出合适的对策建议。政府间财政关系的实践要求财政联邦制理论应有新的发展。20 世纪 80 年代以后，钱颖一、温格斯特（Weingast）等运用信息经济学、委托—代理理论和机制设计理论来对政府间财政管理权限的划分进行了分析，使财政联邦制理论对现实的解释力增强，这被称为第二代财政联邦制理论或"市场维护型财政联邦制理论"。与第一代财政联邦制理论侧重规范分析不同，第二代财政联邦制理论更侧重对现实的政府间财政分配关系做出解释，实证研究的色彩浓厚。把两代财政联邦制理论加以比较，可发现二者在以下几个方面存在明显差别。

4.1.1.1　是否认识到政府的经济人性质

经济人假设自亚当·斯密 1776 年撰写《国富论》起就一直被强调，是进行理论推导、构建经济学理论体系所必须坚持的基本假设。

[①]　杨志勇：《财政理论发展纲要：比较视角研究》，中国财经出版社 2005 年版，第 37 页。

但长期以来，经济人假设一般被经济学家用于研究私人经济部门有关经济主体的行为，比如企业、家庭及社会成员会被视作经济人，强调其会在特定约束条件下追求自身利益最大化。至于研究政府公共经济部门的活动，一般采用政治人假设，认为政府公共经济部门的从业人员，上到政治家，下到一般公务人员，都在追求公共利益最大化。后来，经过长时间的实践和观察，人们逐渐发现如果强调政治人假设，那么许多财政问题、财政现象是解释不了或解释不好的，而采用经济人则可以得到合理解释。于是，在20世纪50年代，随着公共选择学派的兴起，经济人假设开始在政府公共经济部门研究中得以运用。不过经济人假设在政府公共经济部门研究的早期运用有一特点，即在把政府部门的从业人员视作经济人的同时，政府作为整体以及不同级次的政府还是被视作政治人[①]，认为政府部门的从业人员虽然是利己的经济人，但政府并不能等同于政府部门的从业人员，由从业人员的经济人行为并不能推出政府作为整体在追求自身利益。这对财政联邦制理论所产生的影响是，第一代财政联邦制理论暗含一潜在假设，认为政府是公共利益的守护者，会尽可能通过各种政策手段来纠正由于各种原因所导致的市场失灵以实现社会福利最大化。在第一代财政联邦制理论看来，政府是非人格化的，它没有自己独立的经济利益，追求的是公共利益。政府被视作社会公众解决公共产品提供和公共需要满足问题的一种手段和方式，从理论上假定了一个仁慈而高效的专制政府的存在。给定辖区内特定公共产品或服务的最优提供量，仁慈的专制者就能够自动实现供给[②]。因此，所谓的财政分权无非是要在中央与地方之间根据公共产品和各级政府的不同性质和特点进行权力划分，以使公共产品的供给能更好地满足社会成员的公共需要，实现公共福利水平最大化。也就是说，一旦权力划分格局确定，只要公众偏好、公共产品供给种类没有变化，制度就会保持稳定，不同级次的政府就如同一架设计精巧的机器的各个零部件，通过协调配合，按照预先设定的程序，

---

① 直到目前，我国财政体制问题研究的不少文献仍然自觉或不自觉地在坚持政治人假设，把不同级次的政府，特别是中央政府视作追求公共利益最大化的政治人。这对财政体制问题研究带来的负面影响是研究的重点自然会侧重于政府间财政管理权限划分的方式、方法。而对通过制度构建约束不同级次政府行为的问题难以给予足够重视。

② 马珺：《财政分权：分析框架与文献评述》，载《财政分权理论与基层公共财政改革》，经济科学出版社2006年版。

把公共产品生产、提供出来。因此，第一代财政联邦制理论家更侧重研究和提出政府间分权的方式、方法。在他们看来，只要这些方式、方法能体现效率和公平原则，追求公共利益最大化的政府自然就会采用并付诸实施。如果说传统的企业理论把企业看作生产函数，认为只要投入相应的生产要素，它自然就会生产出各种各样的私人产品，那么第一代财政联邦制理论事实上把政府也看成了生产函数，只不过其不是私人产品生产函数，而是公共产品生产函数。其不仅能把公共产品生产提供出来，而且地方政府和中央政府还能根据各自的比较优势合理分工，通过相互协调、相互配合，依据广大民众对公共产品的需求信息来配置公共部门资源，实现公共产品供求均衡①。在第一代财政联邦制理论家看来，他们所提出的政府间分权的方式、方法充分考虑了公共产品的具体性质以及不同级次政府所具有的比较优势，因而体现了效率和公平原则的要求②。作为追求公共利益最大化的政府，其理所当然应该加以采纳、运用，政府间财政管理权限划分在应然与实然之间不应该存在什么矛盾和冲突。这显然以政府政治人假设为前提，忽视了不同级次政府事实上存在相对独立的政治经济利益，没有看到政府自身利益与社会公共利益之间存在的矛盾和冲突，从而导致理论和实践不能完全吻合，对实践的解释力下降。在实践中，不同级次政府间以及同一级次不同地方政府之间存在矛盾和冲突，公共产品和服务不能有效提供、公共需要难以有效满足的现象并不鲜见。

自 20 世纪 80 年代发展起来的第二代联邦制理论一个最大的变化就是把公共选择学派的观点用于分析政府间的财政关系，把政府看作利己的"经济人"，认为其有独立的经济利益，要追求预算规模最大化③，

---

① 传统的财政联邦主义理论和传统的企业理论有一个相似的地方，它们分别将政府过程和企业过程视作一个"黑箱"，好像只要投入所需的资源，仁慈的专制者就会如公众所愿地、有效率地提供所需的公共产品和公共服务（马珺：《财政分权：分析框架与文献评述》，载《财政分权理论与基层公共财政改革》，经济科学出版社 2006 年版）。

② 公共产品的受益范围有大有小，而政府的辖区范围也有大有小。管辖范围比较小的政府提供小受益范围的公共产品；管辖范围比较大的政府提供大受益范围的公共产品，这既符合效率原则，也符合公平原则。

③ 尼斯坎南的官僚模型表明，各部门政府官员所追求的薪金、晋升、名声、权力等利益目标都是部门财政支出规模的函数，因此为了实现自身利益最大化，其会尽可能扩张部门支出规模。而部门政府官员相对政府领导人所具有的信息优势，往往使之扩张部门支出规模的动机转化为现实的行为。

而不是单纯追求社会福利最大化①。政府不再是一种非人格化的解决公共产品提供和公共需要满足的一种手段和方式，而是有着很强的能动性，如果没有适当的措施来对政府行为予以规范和制约，它会不断榨取社会资源、扩张自己的规模并最终损害社会福利②。虽然从应然的意义上讲政府是民众为了解决自己解决不了或解决不好问题而创设的手段和制度安排，民众是委托人、政府是代理人，政府应该按照民众的意愿和要求，按照实现民众公共利益最大化原则行事，但是政府一旦产生，相对民众就处于一种有利地位且具有相对独立的利益，由此导致的利益目标不兼容必须通过加强对政府的监督制约来保护民众作为委托人的利益。多层次的政府体系，从基层政府到中央政府也不再是利益一致的整体，在实行级次化管理的政府制度下，高层政府特别是中央政府对地方政府特别是基层政府会有较强的制约作用，即所谓上级政府领导下级政府。在政府是利己经济人的假设前提下，不同级次政府间博弈所呈现的局面是：高层政府利用自己的领导权可能会在某种程度上、在一定范围内侵犯基层政府的利益；而基层政府则会利用自己的信息优势采取各种行为来实现自身利益最大化，甚至可能威胁、否定中央的集中统一领导。由民众、民选的议会代表、政府从业人员（公务员、官僚、政治家）以及不同级次政府所构成的委托代理关系客观上需要通过制度构建和机制设计来协调彼此之间的利益关系，使不同行为主体的利益目标具有兼容性。因此，第二代联邦制理论越来越多地运用信息经济学理论、

① 这并不是说政府不追求社会福利最大化，事实上政府所具有的社会性表明，追求社会福利最大化一般会成为政府的行为目标，但不会是其唯一的行为目标。政府在追求社会福利最大化过程中会夹杂其自身的利益目标。至于其自身的利益目标在利益目标体系中所占的比重，取决于政府所受到的监督制约程度。

② 部门扩张支出规模有利于增加公共产品供给规模、提高公共产品供给质量、改进公共产品供给方式，从这个意义上讲，其有利于更好地满足公共需要、实现公共利益。如果就财政论财政、就公共产品供给论公共产品供给，那么部门支出规模扩张产生的当然是有利影响。但是在民众所要满足的生活需要中，除公共需要外，还有私人需要；要实现的利益除公共利益外还有私人利益。我们不能只满足一种生活需要而置另一种生活需要的满足于不顾，不能只关注实现公共利益而置私人利益实现于不顾。合理的选择是通过资源配置来兼顾两种不同性质的需要和不同性质的利益。最佳选择是做到用于生产提供公共产品的资源与用于生产提供私人产品的资源能取得相同的边际收益。而对资源的这一宏观配置比例有决定性影响的是财政支出的规模，其与公共产品的供给总量相对应。从这个意义上讲，部门扩张支出规模导致财政支出规模过度扩张会导致公共产品过多、私人产品过少的资源配置结果，从而降低社会福利水平。

委托—代理理论来研究政府间财政关系，强调激励机制的建立对协调政府间财政关系和实现社会利益最大化的作用。

4.1.1.2　是否认识到信息问题对政府行为的影响

第一代财政联邦制理论也很早就认识到信息问题对财政分权的影响，斯蒂格勒（Stigler）早在 20 世纪 50 年代就提出中央政府不如地方政府更了解辖区居民的偏好，所以地方政府供给公共产品更有优势的观点。特里西、奥茨等也从地方政府作为公共产品供给者具有信息优势的角度说明了地方政府的比较优势，进而说明了分权的必要性，但在第一代财政联邦制理论看来，信息只是影响了公共产品供给主体的选择，各级政府作为利益一致的整体，彼此之间只是根据所具有的信息优势进行分工。具体说就是地方政府或基层政府在提供地方性公共产品或是小受益范围的公共产品方面具有信息优势，相对中央政府或高层政府，其更清楚辖区民众的偏好，了解辖区民众到底需要消费什么种类的公共产品、需要消费多少、希望政府以什么样的方式来提供等。因此，这样的公共产品由地方政府或基层政府提供，相对更能提高公共产品供给效率。而中央政府或高层政府在提供全国性公共产品或大受益范围的公共产品方面具有信息优势，这样的公共产品由中央政府或高层政府负责提供，相对更能提高公共产品供给效率并体现公平原则要求。在第一代财政联邦制理论看来，既然中央政府、高层政府与地方政府、基层政府在信息方面比较优势不同，那么二者为了提高公共产品供给效率、增进社会福利水平，就应该合理分工，各司其职、各负其责，共同完成公共部门的资源配置任务。但是其对不同级次政府之间存在的信息不对称以及由此所导致的机会主义行为则没有给予足够重视。因为在坚持政府利他假设条件下，即便存在政府间的信息不对称，也不会产生机会主义行为。

第二代财政联邦主义则分析了信息不对称所导致的机会主义行为。政府接受民众的委托提供公共产品和服务，其作为代理人具有信息优势，如果民众对政府的行为不能进行有效监督，那么民众作为委托人的利益将难以得到有效保证。而要对政府行为进行有效监督，则需具有相对充分的信息。一般来说，基层政府辖区民众监督基层政府的行为相对有效，因为基层政府辖区民众直接消费基层政府提供的公共产品和服务。基层政府提供的公共产品的规模、结构是否合适，供给方式是否能满足辖区民众的偏好，辖区民众最有发言权。这正如在私人经济部门，最有资格对企业的产品、服务的质量性能做出评价的应该是消费者。这是第二代财政联邦制理论强调分权的重要理由。就不同级次政府间的财政关系看，高层政府与基层政府之间信息是不对称的，无论是高层政府监督基层政府，还是基层政府监督高层政府，都受信息不充分的制约，这是第二代财政联邦制理论强调实行财政分权，强化横向委托代理链条的重要理由。实行集权体制，比如中央负责决策、地方负责执行的体制模式之所以难以取得理想效果，根本原因在于中央政府要监督地方政府的行为事实上难以掌握充分的信息。而实行水平分权之所以效果相对较好，根本的原因在于水平分权通过实化横向委托代理链条可充分发挥具有信息优势的民众及其选出的代表所组成的权力机关对政府的监督制约作用。因此，第二代财政联邦制理论依据信息经济学和委托代理理论阐明了通过构造合适的政府治理模式以建立有效的激励机制，使中央和地方能够各司其职、各负其责，相互拥有权利和义务的必要性及实现方式。显然，第二代财政联邦主义的分析具有更强的实用性、针对性，不满足于从理论上说明政府间分权的必要性及应该如何分权，而重在说明现实中应如何通过机制设计去实现合理分权。

4.1.1.3　是否认识到政府间分权不仅是技术性问题

第一代财政联邦主义侧重研究政府间分权的方式、方法等技术性问题。这固然是财政分权理论研究的基本内容。政府间事权和支出责任划分、财权和收入划分以及转移支付制度设计都有很强的技术性要求，可以说直到目前，关于政府间财政分权的方式、方法这些技术性问题也没有完全解决。分权的方式、方法这些技术性手段尽管非常重要，但要发挥作用必须依赖一定的制度基础。如果财政分权仅仅涉及方式、方法等技术手段运用问题，那么解决财政分权问题就变得相对简单容易，只需要把发达国家行之有效的方式、方法移植过来即可，但实际情况是很多发展中国家即便移植了发达国家分权的方式、方法，也难以在实践中取得理想效果。这是因为任何财政分权方式、方法的运用都离不开特定的制度基础和制度背景，方式、方法只有内嵌于特定的制度才能发挥作用，而第一代财政联邦制理论恰恰忽视了这些技术手段得以正确运用所需具备的制度条件，或者说其是在假定政府间实现合理分权的制度基础已经完全具备的条件下，对政府间如何分权提出了具体的对策建议，但没考虑到在现实中，很多国家特别是经济落后的发展中国家恰恰不具备实现政府间合理分权的起码制度条件。比如，第一代财政联邦制理论基于效率和公平两大原则、公共产品的具体性质以及中央政府和地方政府各自所具有的比较优势，主张公平收入分配职能、稳定经济增长职能主要应由中央政府履行，而优化资源配置职能则主要由地方政府履行。政府间事权和支出责任的划分应以此为基本依据，但在中央政府相对地方政府处于优势地位、地方政府在很大程度上由中央政府所派生的前提下，中央政府会利用自己的优势地位，在事权和支出责任划分方面向地方政府倾斜，让地方政府承受更大的支出责任，而在财权和收入划分时则会朝对自身有利方向倾斜，在安排转移支付时会想方设法加大专项转移支付所占比重，以便强化对地方政府的控制力，由此导致无论是政府间事权支出责任划分，还是政府间财权收入划分以及转移支付制度设计都存在应然与实然的对立和冲突，并最终导致政府间事责财权关系脱节。这是体制过于集权时出现的情况，若体制过于分权，则情况相反，地方政府会掌控大部分财力而使中央政府处于收支紧张状态，由此导致公共产品供给的政府层级结构失衡，全国性公共产品供不应求，地方性公共产品供过于求。出现这种局面，从形式上看似乎是政府间财政分权没有采取合适的方式、方法所致，而实际上则是因为没有合适的制度来规范、约束政府行为的结果。政府掌握政治权力，其可以按照自己的意图来选择分权方式、方法。如果承认政府是利己的经济人，那么其在选择分权的方式、方法时，可能会更多地考虑如何去增进自身利益而不是社会利益。因此如何通过制度设计来约束政府行为使之避免出现机会主义行为应是财政联邦制理论研究的重要内容，但这明显是第一代财政联邦制理论的薄弱环节。

　　第二代财政联邦制主义更多地侧重制度研究，分析既定制度所导致的后果以及如何通过制度的改进来增进效率，明确提出了联邦制所需要解决的难题：一是什么可以阻止中央政府忽略较低级政府而破坏联邦制？二是什么可阻止组成单位通过搭便车和其他不合作行为而破坏联邦制？前者实际是要解决如何避免体制设计过于集权的问题，后者则是要解决如何避免体制设计过于分权的问题。其从两个方面思考了财政分权制度的设计问题：一方面要通过制度设计来约束中央政府行为，中央政府的行为得不到有效约束容易使体制偏于集权；另一方面，要通过制度设计来约束地方政府行为，地方政府的行为得不到有效约束容易使体制偏于分权。如何使体制设计既不偏于集权，也不偏于分权，而是在集权与分权之间实现恰当均衡是处理政府间财政关系难以回避的难题。他们认为此难题导致联邦制不稳定，这意味着需要权衡抉择，因为制度设计往往在减轻第一个问题时加重第二个问题[①]。现实中集权与分权关系的处理与协调是通过中央政府与地方政府复杂的博弈过程来实现的，作为中央政府，一般倾向于集权；作为地方政府，一般倾向于分权。如果没有合适的制度安排来协调不同级次政府间的财政关系，那么体制很容易在集权与分权之间震荡而难以实现稳定的均衡，而集权与分权之间的每次震荡都会使社会福利遭受损失。因此，第二代财政联邦制理论强调联邦制作为一种制度必须能够自我实施，官员必须有激励遵守联邦制的既定规则。因此，财政分权不再仅仅是技术性问题，作为一个持续不断的利益再分配过程，需要通过合适的制度来约束、规范有关主体的行为才能实现协调运作。

4.1.1.4 是否认识到经验实证分析对处理政府间财政关系的重要性

第一代财政联邦制理论依据公共产品受益范围的层次性及不同级次政府所固有的属性设计出了政府间合理分权的目标模式及方式方法。蒂博特（Tiebout，1956）提出了著名的"用脚投票原理"，指出地方政府提供地方性公共产品会由于社会成员在不同辖区之间的自由迁移而使不同的地方政府处于竞争状态从而有助于提高效率，事实上阐明了地方性公共产品由地方政府分权提供的必要性，这有助于在公共产品的提供方面构建起类似私人产品生产领域所存在的竞争机制；奥茨（Oates，1972）提出了著名的"财政分权定理"，指出由地方财政分散提供公共产品较之由中央政府集中提供，更能提高资源配置效率；马斯格雷夫（Musgrave，1959）依据新古典经济学的方法说明配置职能主要应由中央政府承担，而分配和稳定职能主要应由地方政府承担，并结合职能分

---

① 参见钱颖一、温格斯特：《中国特色的维护市场的经济联邦制》，载《现代经济学与中国经济改革》，中国人民大学出版社 2003 年版，第 197~220 页。

配对政府间财权及收入主要是税收收入的划分提出了建议①。他们的分析带有明显的理论实证色彩，基于假设前提，依据效率和公平原则，通过逻辑推导得出实证结论，进而以此为基础对政府间处理财政分配关系应该采用什么样的模式及方法提出规范性的主张和建议，但对现实中如何实现这样的理想模式及方法并没有进行深入研究。虽然理想的模式及方法植根于理论实证的结论，从应然意义上分析的确应该如此，但从实然角度考察，其在具体运用过程中会受到诸多因素的制约，如何克服这些制约因素，使理想的模式及方法不仅停留在理论分析层面而是能够取得具体的现实表现形式，第一代财政联邦制理论并没有给予足够的重视。

第二代财政联邦制理论着重研究现实中的政府间财政关系，以实证分析为主，针对理想模式实现过程中遇到的障碍，指出了维护市场的联邦主义所应具备的条件：①存在政府内的层级体系。②在中央政府与地方政府之间存在一种权力划分，任何一级政府都不拥有绝对的制定政策法规的垄断权，同时又在自己的权力范围内享有充分的自主权。③制度化的地方自主权对中央政府的任意权力造成强有力的制约，使中央与地方的权力分配具有可信的持久性。④地方政府在其地域范围内对地方经济负有主要责任，同时一个统一的国内市场使得商品和要素可以跨地区自由流动。⑤各级政府都面对硬预算约束②。在这五个条件中，除第一个条件是前提条件外，其余四个条件都有实质性内容：第二条和第三条强调的是中央政府与地方政府地位的对等性，这种地位的对等与政府间的上下级关系并不矛盾。不管在联邦制国家还是单一制国家，政府实行级次化管理就必然会存在政府间的上下级关系，但这种上下级关系并不能等同于中央政府拥有绝对的制定政策法规的垄断权。一旦中央政府拥有这种权力，那么要实现政府间财政管理权限的合理划分是相当困难的，通常的结果必然是过度集权，只有在过度集权带来的严重后果超出中央政府承受能力的时候，体制才会走向分权，而分权使问题严重程度得以缓解后，体制会重新走向集权。因此，第二代财政联邦制理论通过

195

---

① 由于他们三人在财政分权理论上的先驱性贡献，第一代财政联邦制理论也被称为"TOM"模型。

② 钱颖一、温格斯特：《中国特色的维护市场的经济联邦制》，载《现代经济学与中国经济改革》，中国人民大学出版社 2003 年版，第 197~220 页。

第三个条件对第二个条件做了补充，要求制度化的地方自主权要能够对中央政府的任意权力形成强有力的制约。因此这两个条件实际是一个条件，即强调不同级次政府的平等地位，虽然行政上政府级次有高低之分，但在经济地位上彼此是平等的，大家都是规则的遵守者而不可以随意调整规则。第四个条件强调了中央和地方比较优势的发挥问题，肯定了中央政府的比较优势：维护统一的国内市场，促进商品和要素跨地区自由流动，同时也肯定了地方政府的比较优势：在其地域范围内对地方经济负有主要责任，实际强调的是受益原则，对受益范围在地方政府辖区内的公共产品，地方政府在生产提供方面具有比较优势。这表明构建合理的体制需发挥两个比较优势，单纯发挥中央政府或是地方政府的比较优势，对于构建规范、科学、合理的政府间财政关系都是片面的。第五个条件要求各级政府都应面对硬预算约束实际是专门强调了遵守基本财政规则的必要性。财政是国家治理的基础和重要支柱，如果某级政府可以不受预算硬约束的限制，其他任何制度都形同虚设。作为基本的条件放在最后并不是不重要而是起压轴作用。第二代联邦制理论提出的这些条件更多的是对财政联邦制实践经验的总结，因此对优化财政分权具有重要实践意义。如果一个国家的体制模式在运作中出现应然与实然的对立和冲突，可以把这些条件与实际情况加以对照，可有助于找出问题的成因并拿出针对性强的解决对策。

4.1.2 我国协调政府间事责财权关系的理论与西方财政分权理论的比较

如何协调政府间的事责财权关系历来是我国财政理论界和财政实际工作部门研究的重点，虽然已经取得了不少成果，但是多年来我国财政体制问题积重难返是不容讳言的事实。这至少从一个侧面说明我国财政理论界研究财政体制问题并不是很成功，借鉴第二代财政联邦制理论研究取得的新成果，反思我国研究财政体制问题的状况，不难发现我国在研究财政体制问题方面还带有明显的第一代财政联邦主义的痕迹，还没有充分吸取、借鉴第二代财政联邦主义的理论成果，这在很大程度上制约了我国财政体制理论研究的深入及实践中对财政体制的改革和完善。

4.1.2.1 没有明确基本的假设前提

我国财政理论界研究体制问题长期以来没有重视假设前提的重要性。一般说来假设前提是理论推导的基础。不少论文或专著没有明确提出假设前提不等于其没有假设前提。假设前提往往隐含在论证过程中，由此导致很多时候看似激烈的争论归根结底是因为论证的假设前提不同。如果明确提出假设前提，就可以避免不必要的争论，由此不难看出假设前提的重要性。由于体制问题始终围绕不同级次政府间的财政关系而展开，因此对政府性质的假定就居于重要的基础地位。西方财政联邦制理论发展的一个重要成果就是明确了政府的经济人性质。但由于种种原因，我国财政体制问题研究一直没有明确政府的经济人性质，由此在实践和理论两个方面都产生了严重的负面影响。

首先，从实践角度考察，由于没有充分强调政府的经济人性质导致现实中体制问题层出不穷。在1980年以前推行的"以支定收、一年一变"体制下，地方筹集的收入与地方安排的支出没有直接对应关系，地方能安排多少支出并不取决于地方筹集多少收入，而是取决于中央核定的支出指标，地方政府收支不挂钩，多收不见得多支，少收不见得少支。如果地方政府是追求公共利益最大化的政治人，即便面临这样的约束条件，其也会积极发展经济增加收入，尽管明确知道由此并不会使自己所能安排的支出增加。若真是如此，这样的体制当然也就可以取得良好效果，但实际情况并非如此。地方政府事实上是追求自身利益的经济人，作为经济人，其积极性体现在争支出指标，而不是把主要精力用于发展经济、培植财源、增加收入方面。由于没有承认、强调地方政府的经济人属性，结果导致体制的推行严重抑制了地方政府的积极性并最终使中央承受了巨大财政压力，最后中央不得不进行分权改革。1980～1993年推行的"包干体制"虽然在一定程度上承认了地方政府具有相对独立的经济利益，但是并没有充分认识到地方政府的经济人性质，其要在特定约束条件下尽可能追求自身利益最大化。于是，本来可以实现中央和地方互利共赢的包干办法，却由于地方政府利用自己的优势地位（具体负责筹集收入），通过"藏富于企业""藏富于民"的办法"挖挤"中央收入而导致"两个比重"大幅下降，最终迫使中央政府进行分税制改革。如果说包干体制的推行暴露了地方政府的经济人属性，那么1994年的分税制改革及改革后的体制调整则充分显示了中央政府的经济人性质，使我国的财政体制日益呈集权化趋势[1]，财权上收、事权下划导致不同级次政府间财政的纵向不平衡问题趋于严重，这使地方预算内支出的相当部分必须依靠上级转移支付。比如，我国地方财政总支出的40%靠转移支付提供资金，省以下情况也类似（袁飞等，2008）。由此可见，中华人民共和国成立以来不同历史阶段所暴露出来的财政体制问题和我们没有认识到政府的经济人属性，在设计体制、制定政策时缺少对政府性质认定的基本假设有直接关系。

其次，从理论角度分析，由于没有强调政府的经济人属性，我们对诸多财政体制问题不能给出彻底的理论解释。比如，包干体制下地方政府预算外收入、制度外收入规模的扩张肢解了地方财政，导致地方分配秩序混乱，这对地方政府职能实现并无好处，按说地方政府不应支持预算外收入和制度外收入规模扩张，但由于这是包干体制下地方挖挤中央收入的手段，其获得的利益远大于由此所造成的损失。因此，这一表面看来并不理性的做法恰恰是地方政府作为理性的经济人在特定约束条件下进行理性选择的必然结果。这正如林毅夫所言，当发现所谓"不可理喻"的行为时，通常不是行为者不理性，而是研究者对行为者的限制条件不了解[2]的必然结果。再比如，在分税制下，地方政府的预算外收入相对规模缩小、非税收入规模不断扩张也可以通过把地方政府看作利己的经济人而得到解释。因为在分税制下，中央与地方税收收入划分十分明确，而且中央税、共享税由国家税务局征收，预算外收入除分散地方政府财力外已无多大实际意义，所以地方政府也开始把预算外收入逐步纳入预算内统筹使用，而非税收入规模的扩张恰恰是目前分税办法下地方实现自身利益最大化的理性选择。因为按照分税制财政体制设计，税收收入分配总体上向中央政府倾斜，税源比较集中、征管难度比较小、收入量比较大的税种多划为中央税或共享税，在共享税分配比例上向中央政府倾斜。既然在税收收入分配上地方政府处于不利位置，那么其自然倾向于增加自己在收入分配上能处于相对有

---

[1] 1994年分税制改革在税收收入划分上明显是向中央政府倾斜的，税源集中、收入量大、征管难度小的税一般划为中央税或共享税，在共享税的分配比例上向中央倾斜。2002年对个人所得税分配办法的调整以及近年来的"营改增"改革都带有促使收入分配集权的色彩。

[2] 林毅夫：《论经济学方法》，北京大学出版社2005年版，第113页。

利位置的非税收入。还有中央对地方安排的转移支付中专项转移支付所占比例偏大的问题，通过把中央政府看作利己的经济人也能得到合理解释。专项转移支付有固定用途，地方政府必须按照中央的要求使用资金，资金使用的决策权事实上掌握在中央手中，相对于地方政府可以完全自主决策使用的一般性转移支付，专项转移支付有助于加大中央政府对地方政府的控制力，有助于强化中央政府的宏观调控能力，因此，在中央政府掌握转移支付确定权的条件下，其自然倾向于提高专项转移支付所占比重。

4.1.2.2　没有重视信息因素对体制运作所产生的影响

信息不充分会使经济主体难以做出正确决策，信息不对称则会产生机会主义行为。财政体制的设计、运作必然受到信息因素的影响。不重视信息因素，从实践角度看，体制的运作就会遇到障碍；从理论研究的角度看，则难以对实践中出现的问题给出合乎逻辑的理论解释并难以说明体制发展的方向。在传统体制下，高度集权的体制使地方收支不挂钩。地方能够安排的支出并不取决于地方所筹集到的收入而是取决于中央核定的支出指标，那么在中央难以掌握地方准确信息从而在事实上存在中央与地方信息不对称的条件下，地方政府会利用信息优势采取机会主义行为，尽可能夸大自己的支出指标，从而使收入分配向自身倾斜。中央面对地方夸大的支出指标会根据可支配财力的多寡予以削减，但中央与地方信息的不对称使中央难以准确判断地方支出指标的夸大程度，所以削减支出指标时难免带有"一刀切"性质，由此导致所谓的"逆向选择"，如实呈报支出指标的地方政府会吃亏，所以各地方政府会竞相扩大支出指标，如实呈报支出指标的地方政府会越来越少，由此加大中央政府的财政压力，同时也难以调动地方发展经济、广开财源的积极性。整个经济的增长率下滑和民众生活水平长期难以有效改善，会使中央政府承受政治压力，上述因素综合作用最终推动体制由集权向具有分权特征的"包干"体制转化。但是包干体制下，由于没有认识到中央与地方信息不对称会导致地方政府的道德风险（地方利用收入征管方面的信息优势"挖挤"中央收入），所以最终因"两个比重"大幅下降迫使中央进行分税制改革。我国1994年实行的分税制改革的一项重要内容是分设国家税务局和地方税务局两套征管系统，这说明中央已经认识到信息不对称会导致地方政府在收入征管方面存在道德风险，从而通过制度设计予以防范和纠正。但是目前对信息因素影响体制运作的认识仍然是不充分的，这集中体现为在财权上收、事权下划的分税制格局下，对地方政府利用自身优势去追逐非税收入、土地出让金收入及债务收入所造成的危害认识不足，目前已累积的地方财政风险[①]已成为威胁我国财政乃至整个社会经济持续稳定协调发展的重要因素。

4.1.2.3　侧重从技术角度研究体制问题

财政体制作为在中央与地方以及地方各级政府之间划分财政管理权限的制度安排，其本质或核心是要处理集权与分权的关系，这的确是复杂的技术问题。第一代财政联邦主义对财政管理权限如何在不同级次政府间划分给出了原则性建议，如何把这些原则性建议结合我国的国情具体化，提出具体的、可操作的实现财政合理分权的方式、方法是我国财政体制问题研究要完成的任务。从这个意义上讲，从技术角度研究财政体制问题不是不重要，但技术性的研究毕竟不能替代制度性研究。离开一定的制度基础，实现政府间财政管理权限合理划分的技术方法事实上难以真正得到运用，或者即便得到运用也会在实践中扭曲变形。

我国从 1994 年推行的分税制财政体制是市场经济国家通行的体制模式，西方国家长期的分税制实践已积累了丰富的经验可供我国借鉴，但我国分税制实践中存在的问题长期未能得到解决[②]。各种研究分税制的文献，大多是指出我国政府间财权、事权划分及转移支付制度设计不合理，进而提出合理划分政府间财权、事权和改进转移支付办法的对策建议。这样的研究成果已浩如烟海，但问题似乎不仅没有得到解决，反而有日趋严重之势。问题的症结在于，长期以来我们仅从技术角度研究

---

① 我国地方政府的财政风险集中体现为债务风险。近年来地方政府借助投融资平台以各种或明或暗的形式举借了大量债务。面对债务还本付息的巨大压力已被迫进行债务置换：以长期债务置换短期债务；以低利率债务置换高利率债务；以显性债务置换隐性债务；以规范债务置换非规范债务，由此虽然可解地方政府燃眉之急。但若导致地方政府债务风险的深层次矛盾不解决，仅依靠债务置换并不能有效防范和化解地方政府债务风险。

② 从 1994 年实行分税制开始，就不断有研究者指出我国的分税制存在诸多亟待解决的问题，集中表现为事权、财权划分及转移支付设计三个方面。从 1994 年到现在，已经过去了 20 多年，我国的分税制问题不仅没有得到解决甚至日趋严重，这与我国的分税制问题研究侧重分析分税制问题的表现形式，而忽视探求分税制问题的症结有一定关系。

体制问题而忽视了制度因素对体制设计及运作的影响。目前存在的问题实际是分税制在特定制度约束条件下必然出现的结果，不进行必要的制度调整，而只是直接针对体制问题提出解决对策，最终的结果只能是对策难以真正贯彻实施，问题难以从根本上得到解决。

对照第二代财政联邦主义提出的维护市场的财政联邦主义需要具备的条件可以看出，我国实行分税制的制度基础并不完备。在我国，中央政府对地方政府、高层地方政府对基层地方政府拥有实质性控制力，中央政府对体制的设计和运作发挥主导作用，高层地方政府相对基层政府的地位和作用与中央政府相对地方政府的地位和作用类似。这种特殊的政府间权力划分关系，使各级政府间财政管理权限的划分难以形成稳定的制度安排，体制会处于不断的调整过程中。我国 1994 年实行分税制以来，总体看呈现"事权下划、财权上收、基层政府难以得到足够转移支付"的格局，这与缺乏可以约束各级政府特别是高层政府行为的制度规则有直接关系。中央政府和地方高层政府可以利用自己的优势地位修改规则，使体制不断朝对自身有利的方向调整，这是我国体制问题的症结所在。在这样的背景下，仅从技术角度对政府间财权、事权划分及转移支付制度设计的方法提出对策建议，是不可能从根本上解决体制问题的。

4.1.2.4 始终按照自上而下分权的思路研究体制问题

财政体制设计需要在各级政府间划分财政管理权限，实质是要解决集权和分权的关系问题。一般来说，权力相对更多地掌握在中央手中则体制偏于集权，反之，权力相对更多地掌握在地方手中则体制偏于分权。从理论上讲，绝对的集权和绝对的分权都会产生不利影响，合适的选择是做到集权与分权相结合。长期以来我国研究财政体制问题就是要实现这一目标，以调动中央与地方两个积极性，但始终采取的是自上而下分权的思路，即首先强调权力掌握在中央手中，中央认为有必要才把一部分权力下放地方，采用什么样的方式分权，分权分到什么程度取决于中央政府的愿望和要求。如前所述，如果中央政府是利他的，以实现社会公共利益最大化为行为目标，那么自上而下分权能够做到集权的边际收益等于分权的边际收益。但是，如果中央政府考虑到自身经济利益而倾向于把更多的权力掌握在自己手中，那么自上而下分权将难以在中

201

央与地方之间形成稳定的权力划分关系。由于中央把更多的权力掌握在自己手中会抑制地方的积极性，而一旦地方政府积极性被过度抑制，中央政府自身的利益也会受到不利影响，进而要承受各种压力，因此中央在因集权过头产生严重负面影响的情况下，为缓解自身所面临的压力，会下放权力以调动地方积极性，而一旦地方的积极性得以调动，中央承受的各种压力得以减轻，则意味着当初促使中央分权的因素已不存在，其会通过体制调整重新走向集权。这会使我国的财政体制处于集权—分权—集权不断震荡的循环过程中而难以在集权与分权之间实现稳定均衡。

4.1.3　考察西方财政联邦制理论两个发展阶段的意义

4.1.3.1　有助于分析我国财政体制问题的症结

新中国成立后，在长达 70 年的时间里并没有建立起规范科学合理的体制。总体来看，体制的变迁发展经过了三个大的阶段，第一阶段是我国 1979 年之前实行的以"集权"为特征的体制。其中 1949～1952 年推行的是"收支两条线、全国一盘棋"的"统收统支"的绝对集权的体制；1953～1979 年是"以支定收、一年一变"的相对集权的体制。无论绝对集权还是相对集权都抑制了地方政府当家理财的积极性，影响到经济及财政收入增长，使中央承受了巨大经济压力，于是在 1980～1993 年推行了偏于分权的"包干体制"，这是我国体制发展的第二阶段。在包干体制下，地方可以"以收定支、一定几年不变"。如果中央信守承诺，体制可以保持相对稳定，但几年之后，中央完全可以对体制重新调整，因此这种所谓的分权体制其分权程度也是相对的，本质上讲仍然带有集权色彩，在该体制下地方能得到的权力是不稳定的，难以形成稳定预期，自然要产生各种短期行为，加之中央难以对地方进行有效监督，地方利用自己的信息优势采取各种机会主义行为追求自身利益最终迫使中央政府于 1994 年推行分税制改革。虽然分税制通过税收返还没有侵犯地方政府的既得利益，但由于在收入增量分配中中央占据主导地位，从而在新的历史时期使体制重新走向了集权。这是我国体制发展所经历的"集权—分权—集权"三个大的发展阶段。不难看出，我国的体制始终在集权与分权之间震荡而没有在不同级次政府间形成稳定的财政权力划分关系。虽然财政理论界和实际工作部门一直把体制问题作为研究的重点，但现实中严峻的体制问题表明已有的研究成果并没有真正找到我国体制问题的症结所在。本书认为，借助第二代财政联邦制理论则有助于对该问题做出回答。

　　基于政府经济人假设和"自上而下"分权的体制设计思路，不难推断在体制设计的初始环节，中央政府会选择偏于集权的体制，但中央把更多权力掌握在自己手中的做法会抑制地方的积极性，一旦地方积极性被过度抑制，中央政府自身的利益也会受到不利影响进而承受各种压力①，中央为缓解自身所面临的压力，会下放权力以调动地方积极性，而一旦地方的积极性得以调动，中央承受的经济压力得以减轻，则意味着当初促使中央分权的因素已不存在，其会通过体制的重新调整再走向集权。我国经济分权过程中伴随的政治集权为这种体制转变提供了基础和保证。应该承认这样一种特殊的制度安排对推动我国经济增长的确发挥过重要作用，与俄罗斯在经济上分权的同时也实行政治分权导致中央政府对地方政府控制力大大减弱，地方政府不存在主动推动经济发展的动力相比，我国政治集权制度下存在的晋升激励使地方政府官员有很强的（政治）动力促进地方经济快速发展（王玮，2011）。但是，政治上集权与经济上分权所包含的内在矛盾也是不言而喻的，因为这种制度模式下，地方政府主要接受上级政府的监督，形成了一种基于上级政府评价的"自上而下的标尺竞争"，同级政府官员不得不参加上级政府组织的"晋升锦标赛"，接受上级监督和考核。但是，按照契约理论，政治组织中的激励和经济组织中的激励是有明显差别的，政治组织中委托人偏好的异质性、政治组织任务目标的多元性以及考核政治组织绩效时参照物的缺乏等决定了上级政府对下级政府的考核只能采用难以取得理想效果的相对绩效评估②。已有研究成果倾向于将此视作分权改革的成本，并寄希望于在"自上而

203

---

　　① 张宇燕、叶帆通过回顾历史发现："几乎所有的重大的社会变革都有着深刻的财政压力的背景"，认为"财政压力决定改革的起因"（见《由财政压力引起的制度变迁》，载《天则论丛 1998——从计划经济到市场经济》，中国财政经济出版社 1998 年版）。

　　② 王永钦等（2007）把由此导致的弊端概括为地方政府之间会出现恶性竞争（市场分割、重复建设）、绩效指标可比性差及地区发展差距拉大等多个方面。

下"分权的传统思路下，通过加大对地方政府的约束制约力度及改进评估方法来降低分权成本，实际是主张通过一定程度的集权即降低分权程度来降低所谓的分权成本。对此，本书认为，种种不符合效率和公平标准的现象的确是在经济分权改革过程中产生的，但却与分权改革本身没有必然联系，这与其说是分权改革的成本，不如说是分权改革不彻底的必然产物。因为，这些现象的出现与地方政府的行为没有得到有效的监督和评估有直接关系[①]，在"自上而下"分权的思路下，上级监督、评估下级必然要面对"一对多"的监督格局，这注定难以取得理想效果，合理的选择不是降低分权的程度，而是走向真正的分权，强化同级权力机关和民众对政府的监督作用，以此来纠正地方政府行为的异化。因此，综上所述，我国财政体制问题的症结在于经济体制改革的顺利推进和政治体制改革相对滞后所必然存在的对立和冲突，在于我国特殊的政府间权力划分关系。

4.1.3.2　有助于探求解决我国财政体制问题的根本出路

吸取借鉴第二代财政联邦制理论发展的成果，承认政府是自利的经济主体，就必然要承认政府间信息不对称所产生的机会主义行为，就需要承认财政体制设计问题绝对不是仅仅通过所谓的技术性分析和单纯的规范性分析就能轻而易举解决的，这涉及制度的构建、完善和变迁，要逐步实现体制设计思路由"自上而下"分权向"自下而上"授权的转变。

从我国改革以来的制度变迁过程看，各种制度的生成很少是政府强力促成的，大部分是市场有制度变革的需求，政府再推进，最后水到渠成。在转轨初期，制度的建立以及实施都是艰难的，与其说政府促进了制度的生成和完善，还不如说经济发展的客观要求促进了制度的生成和完善。在体制转轨初期，我国政治上的集权和经济上的分权相结合的制度模式成功促进了经济发展，但随着改革的逐步深入，政治上集权和经济上分权所蕴含的内在矛盾越来越深刻和尖锐，经济上的分权所带来的

---

① 如果缺乏可问责性，政府官员的腐败、省际之间的保护主义以及政府为既得利益集团俘获将和高强度的经济激励有直接的相关关系，参见 Ruben, Enikolopov and Ekaterina V. Zhuravskaya, 2004, "Decentralization and Political Institutions", Centre for Economic Research（CEPR）working paper.

边际收益在递减，而政治上集权所导致的边际成本在递增，在边际成本大于边际收益的时候，制度选择的净收益越来越小。这集中体现为高层政府利用自身的优势地位挤压基层政府已导致严重的基层财政困难，而基层政府面对高层政府的挤压却无法表达反对意见，作为理性的经济主体其只能依靠自身的机会主义行为来谋取自身利益，由此导致严重的财政风险，而且这样的财政风险在目前的制度模式下会呈累积趋势，这表明通过制度的构建、完善来消除政治上集权与经济上分权之间的对立和冲突已经变得非常迫切和必要。

实现政治上的分权需要淡化高层政府对基层政府的影响力，强化同级权力机关对同级政府的监督制约作用，由于同级权力机关由直接消费政府提供的公共产品和服务的民众选举产生的代表组成，因此其对政府的监督有信息优势，这正如在私人经济部门消费者最有资格对生产者生产的产品质量、性能做出评价一样，由此可有效抑制基层政府的机会主义行为。

由于基层政府的决策者由辖区民众选举产生，其必须对辖区民众及权力机关负责，这样一来，其与高层政府只是在公共经济部门由于承担不同性质公共产品供给任务而居于不同的分工位置，彼此在经济上处于平等地位，高层政府将无法挤压基层政府。同时由于高层政府在供给大受益范围公共产品方面具有比较优势，因此基层政府为实现自身利益最大化也会主动将自己的部分权力授予高层政府（因为这对基层政府来说收益大于成本）。这样一来，高层政府本身就作为解决基层政府解决不了或解决不好问题的手段而存在，按"自下而上"授权思路处理政府间财政关系也就得到了具体体现。我国目前在村级推行的直接选举及在乡级政府推行的直选试点表明国家决策层已经在注意按照"自下而上"授权的思路来对政府间权力划分关系进行调整。当然，由"自上而下"分权转向"自下而上"授权涉及复杂的制度变迁，"路径依赖"和"制度锁定"现象的存在表明要实现这样的制度变迁必然要经历复杂曲折的过程，对该过程的探讨已超出了本书的研究范围，但并不能因此否定提出这样的改革思路对解决我国体制问题所具有的治本意义。

4.2 实践方面的经验借鉴：主要国家的 制度选择及改革探索

4.2.1 代表性国家协调政府间权力划分关系的做法

4.2.1.1 集权的国家注意适当分权——法国①

法国是欧洲大陆的代表性国家，其长期的集权传统与英美等国形成鲜明对比。在近代资产阶级革命中法国以革命的彻底性闻名于世，但彻底的资产阶级革命并没有使法国成为高度民主和自由的社会。大革命前高度集权的封建专制是引发资产阶级革命的导火索，但旧的封建君主专制赖以存在的经济、社会、文化基础却使革命后的法国不得不重新回到集权专制上来。拿破仑借法国大革命之势铲除了欧洲大陆的封建势力，使法国步入辉煌时代，但同时也给法国带来了新的集权专制。法国中央集权的传统在大革命之后继续得以保存和发展，这有着深刻的社会背景。法国在大革命后的相当长的时间内社会经济结构中传统小农经济占主导地位，小农经济所固有的封闭型、分散性为中央集权提供了广泛的社会基础。法国在大革命后曾推行地方分权自治计划，但计划很快陷入困境，拿破仑用中央集权取而代之，取消了地方民选官员和地方议会，地方官员由中央直接委派，政府间权力划分关系呈现明显集权特征。法国从历史上看是一个有着深厚集权传统的单一制国家。

1. 1982 年之前的集权做法

法国传统的政府级次分为中央、省和市镇三级，1972 年在省级以上设立了大区一级，这样法国地方行政级次就分为三级。在传统集权体制下，省长是各省的政治中心，在省级政府中居于重要地位，但其只不过是中央政府在地方的代理。作为各省的行政首脑，省长由总统依内政部长的提名而任命，无一定任期。在地方活动中，省长扮演双重角色，

---

① 参考林尚立：《国内政府间关系》，浙江人民出版社 1998 年版，第 240～261 页；楼继伟：《中国政府间财政关系再思考》，中国财政经济出版社 2013 年版，第 195～198 页。

一方面是地方行政首脑；另一方面又是中央政府在省的代理人。省长受省议会监督的同时，也可监督议会，因为省长是中央派驻地方的最高行政长官。省议会到第三共和国时期才有，但是省议会的立法权很小，实质是作为咨询机构而存在。在通常情况下，关于省级的事项几乎均以中央命令的形式确定，省议会所确立的法案，中央政府可以推翻，而且省议会不能自行提案，一切法案均需由省长提出。

法国有市镇 3.6 万多，按照宪法规定，市镇由选举产生的市议会自由地进行管理。但实际上这种自由受到很大限制，集中体现为市长虽然由议会选举产生，但议会无权罢免市长，也无权取消市长的决定，尽管议会可以监督市长，但能真正有效监督市长的是省长，省长有权对市长采取停职处分，有权核准市的预算，核定或撤销市长的命令。因此，法国的市镇政府的行政管理受制于省政府。

法国这种传统的中央集权体制的延续、存在和发展有着特定的社会背景，是在法国社会尚未实现工业化、农业作为主导产业的前提下发展起来的，因而这种体制本质上和传统农业社会相适应，随着法国市场化、工业化、城市化水平的不断提高，一些地方必然对高度集权的体制存在不满，而民众也希望能在实质上参与基层政权的活动，这种传统的中央集权体制最终因不断遭受冲击而得到调整。1972 年设立大区政府以后，中央政府的许多职能向大区转移，传统的中央集权体制开始发生变化，权力开始逐步趋于分散。

2. 1982 年法国的分权改革

1981 年密特朗（Mitterrand）上台后，法国掀起了声势浩大的地方制度改革运动，1982 年 3 月法国颁布《关于市镇、省和大区权利与自由法》，为克服中央高度集权的弊端，先后出台 80 多条法律、800 多条法令，有计划、有步骤地实行中央向地方分权。基本改革原则是大区、省、市镇将通过它们经选举产生的组织进行自由的自我管理，三级政府享有独立法人资格，能在自己的职权范围内独立决策。

在省级政府，取消省长一职，省的行政权由省议会议长掌握，省议会按照每选区选一名议员组成，省议会再从议员中选出 4~7 人组成省政委员会，议长担任省政委员会主席，由省政委员会管理本省事务，只对议会负责，并不听命于上级行政机关。同时中央在省设置共和国专员一职，作为国家和中央政府在该省的代表管辖警察和中央驻省机构，负责在行政上监督省财政和行政工作，以保证地方能尊重国家利益、遵守法律和有关规章制度。这样一来，原来只是作为咨询和监督机构而存在的省议会的权力大大增强。

在大区级政府，原来的大区长由中央任命，代表中央管理设在该区的机构并保证法律在该区的执行、监督行政管理，体现国家在该区的利益。现取消大区长一职，由大区议长行使行政管理权，大区议会由大区选举的国民议会议员以及所辖各省议会、市镇议会和市镇长中选出的议员组成。依次类推，市镇政府的情况和上两级政府的情况类似，市议会的权力大大强化，担负起管理市镇公共事务的职责。

1982 年法国的分权改革放宽了中央对地方的监督，对地方政府决议以法律形式用"事后行政监管权"代替"事前行政监管权"。地方政府决议无须得到中央政府及其代表的批准和授权，只要不违背国家法令，不受中央干涉。改革通过明确中央与地方的职权划分加大了地方政府权力，要求中央政府有计划地把一些由中央直接负担的事务交由地方政府办理。1982 年改革通过的相关法律强化了地方民主，保证了公民对本地公共事务的知情权、了解权、参与权。2003 年 3 月法国颁布《关于共和国地方分权化组织法》，对 1958 年宪法进行了修改，使法国的地方分权改革在宪法层面得以体现。修改后的法国宪法强调了地方优先原则，在第 72 条第 2 款明确规定："对在其层次能得以最好实施的全部权限，地方政府负责做出决定"，在中央与地方事权配置上强调了只有地方政府做不了、做不好的事项，中央政府才能介入；地方政府平等原则也得以强调，明确大区、省和市镇没有直接行政隶属关系，在公共服务供给方面是协商和合作关系，各级议会审批各自政府预算；修改后的宪法强调了事权与财权相统一的原则，要求事权下划的同时，保证事权行使而必需的收入应同步调整；为避免政府间事权划分责任不明的混乱状态，修改后的宪法强调每一种事权应尽可能归属某一级政府主体，减少不同级次共同承担的事权数量，这被称为权限整体转移原则。

以 1982 年颁布的《关于市镇、省和大区权利与自由法》和 2003 年颁布的《关于共和国地方分权化组织法》为标志的法国分权改革，是一场关于政治、经济、行政等领域的综合改革，它直接涉及决策权和管理权的下放，地方议会作用的扩张、政府财政、预算、税收功能的重新界定。从根本上讲，这一改革事实上重新确定了中央与地方的权力划分、运用及使用框架①，意味着法国中央政府对地方实施严格政治控制的时代已经结束，地方政治开始全面走向民主，从而深刻改变了地方政府在法国政治体系中的地位，使法国政府间关系具有现代意义。

4.2.1.2　分权的国家注意适当集权——英国②

英国是单一制国家，由英格兰、苏格兰、威尔士和北爱尔兰四部分组成，地区之间在文化传统、历史背景方面还是存在不小的差别，且法治传统、自由主义传统、地方自治传统深厚，这构成英国政府间权力划分关系侧重分权的基础。据考证，"地方政府"一词为英国首创，由"地方自治"一词而来，到 19 世纪末叶才广泛使用，此前使用的是"下属政府"，由此看出，地方政府与地方自治在英国有很深的渊源。

在英国，各地区的地方政府体制并不相同，英格兰和威尔士的地方政府体制比较有代表性，其地方政府分为三级，即郡、郡属区以及教区（英格兰）或社区（威尔士）。三者之间的职能划分是：郡负责制定地区规划，管理贸易、运输、道路、公共图书馆和博物馆、教育、青年就业和社会服务，任命消防、警察和管理人员。区负责管理飞机场、城市餐馆、垃圾处理、污水处理、计划监督、住房、用水、市场等事务，制订地方计划；教区或社区负责管理物资分配、丧葬、礼堂、体育和娱乐设施、街道照明、停车场、人行道、对地方艺术和工艺的资助、鼓励旅游以及在实施计划和某些地方法规方面接受区议会的咨询。

地方各级政府的职能都由各种法律明确规定，任何一级地方政府的活动都不能超出法定的职权范围。每一个郡、区、教区或社区都由当地居民选举产生地方议会，由议会代表民众负责当地的立法和行政工作。各级地方议会都是自治和独立的，彼此之间不存在等级关系或从属关系。上级议会可以对下级议会实施必要的宪法监督，但是不能对下级议会发号施令，各级议会都只能在各自的管辖范围内行使法定职权。从中古时期开始的英国地方自治制度，已发展演化为英国宪制中不可或缺的

---

① 玛丽·蓬蒂埃，朱国斌编译：《集权或分权：法国的选择与地方分权改革》，载《中国行政管理》1994 年第 4 期。

② 参考林尚立：《国内政府间关系》，浙江人民出版社 1998 年版，第 186～210 页；楼继伟：《中国政府间财政关系再思考》，中国财政经济出版社 2013 年版，第 172～173 页；王浦劬等：《中央与地方事权划分的国别研究及启示》，人民出版社 2016 年版，第 255～297 页。

组成部分，这不仅有助于抑制中央政府权力的过度膨胀，而且可以平衡国家政治权力和社会权力，便于协调央地关系①。

20世纪70年代末80年代初，英国经济面临比较严重的问题，这与战后英国推行福利国家政策导致地方财政支出迅猛扩张有关，因此，英国政府把控制地方开支作为强化中央集权以使国家从高通货膨胀率、高失业率以及低经济增长率的状态中解脱出来的重要手段。中央政府采取的集权措施主要体现在以下三方面：

一是压缩地方开支规模。中央政府为此采取强有力的措施：第一，规定地方的主要经费计划需要得到中央部门的认可；第二，对地方政府使用现金进行限制；第三，限制使用拨款，即由环境事务部大臣确定地方政府的花费，做与拨款有关的经费预算，地方政府的实际开支如果大于大臣所允许的开支，拨款总数将减少，由此使中央政府第一次拥有了控制单个地方政府经费水平的权力。为了防止地方政府通过增加地方税来弥补拨款的减少，中央政府通过《地方政府财政法》取消了增加的地方税。1979年，地方政府支出占政府总支出比重为42%，1994年下降到36%，2009年进一步下降为28.4%。

二是改变地方政府职能。具体做法是：一方面，通过调整私人经济部门与公共经济部门的关系来把地方政府的某项职能转交私人部门经营。比如通过订立契约把地方政府负责提供的公共事业服务承包给私营公司，对地方公交部门实行私有化，取消地方铁路和公交补助。苏格兰取消了地方政府对供水部门的支出责任，并对这些部门实行私有化。当然，中央政府并不能直接控制地方政府，但其可以通过制定财政政策，通过物质利益诱导促使地方政府转变职能，这也在一定程度上体现了中央政府对地方政府事务干预力度的加大。另一方面，直接缩减地方政府的职责，比如在住房保障方面，取消地方政府建设或购买住房的权力，把地方政府提供的租赁房直接出售给租户；在教育方面，将部分学校直接划归教育部管理，地方政府不再负责管理理工学院、第六类学校和师范大学的支出。

三是简化政府级次。1974年，英格兰和威尔士将地方政府划分为两级，但人们对两级政府模式下政府部门从业人员规模的扩张和工资的

---

① 孙宏伟：《英国地方自治体制研究》，南开大学博士学位论文，2014年，转引自王浦劬等《中央与地方事权划分的国别研究及启示》，人民出版社2016年版，第260页。

大幅上涨普遍不满，于是 1996 以后地方政府层级结构又进行调整，出现大量单一议会和一级地方政府制度。

基于个人主义的认知传统，英国中央政府在实现集权过程中并不采用激进方法，而是采取渐进式改革思路，经过慎重考察、充分辩论和有效试验后，稳步推进。这种渐进式改革思路为调整中央与地方权力划分关系提供了足够的调整时间和试错空间，从而构建了一定的容错机制，总体上仍然是要在集权与分权之间实现恰当的均衡。

4.2.1.3　在集权与分权之间相机抉择——美国

1. 在集权与分权之间保持平衡的独特政府间权力划分制度[①]

单一制和联邦制是现代国家两种基本结构形式。在单一制国家，中央授权给每个地方行政单位，未授予的权力仍由中央掌握，地方政府类似于中央的派出机构；在联邦制国家，各成员在联邦成立之前就享有主权，仅在联邦成立时让渡一部分权力，没有让渡的权力仍然掌握在各成员手中[②]。与单一制和联邦制这两种国家结构形式相对应，政府间管理权限划分也有两个基本思路，即"自上而下"分权和"自下而上"授权。通过考察政府间管理权限划分的具体实践，结合理论分析，不难发现，两种思路都不完美。假定政府自利，"自上而下"分权思路极易导致体制偏于集权。因为权力首先由中央掌握，以什么方式分权、分权分到什么程度、什么时候收回权力，都由中央决定，那么作为利己的经济人，中央通常会把更多的权力掌握在自己手中，这会使体制偏于集权。"自下而上"授权则与其相反。因为权力首先由地方掌握，以什么方式授权、授权授到什么程度，授予的权力什么时候收回，都由地方决定，那么作为利己的经济人，地方会把更多的权力掌握在自己手中，这会使体制偏于分权。虽然本书前面已论证，本着"两害相权取其轻"的原则，"自下而上"授权优于"自上而下"分权，但是仍然难以达到政府间管理权限划分的理想状态。那么有没有可能在二者之间找到第三个思路？美国政府间管理权限划分的制度安排恰恰是集二者之长、弃二者之

① 本部分的写作参考楼继伟：《中国政府间财政关系再思考》，中国财政经济出版社2013 年版，第 212～217 页。

② 王浦劬等：《中央与地方事权划分的国别研究及启示》，人民出版社 2016 年版，第259 页。

短的第三个思路,其不是单纯的"自下而上"授权,也不是单纯的"自上而下"分权,而是"自下而上"授权与"自上而下"分权的结合。

美国政府级次划分为联邦、州和地方政府三级。美国的联邦政府是由最初的 13 个州通过授权的方式形成的,《美利坚合众国宪法》第 10 修正案规定,政府职权中未授予联邦的权利,均由州政府行使。因此,联邦政府与州政府在地位上是平等的,宪法要求当州的法律和宪法与联邦法律和宪法冲突时,前者需要服从后者。从这个角度看,美国政府间管理权限划分采取了"自下而上"授权思路。从州与地方政府的关系看,地方政府的权利来自州政府的让渡。宪法规定州没有让渡给地方政府的权利,均由州政府行使。州政府和地方政府之间是上下级关系。从这个角度看,美国政府间管理权限划分又采取了"自上而下"分权思路。因此,州政府是名副其实的美国联邦体制中的最基本元素,处于承上启下的位置,对于联邦政府,"自下而上"授权,对于地方政府则"自上而下"分权,从而把两种划分政府间管理权限的思路统一起来。既避免体制过于集权,又避免体制过于分权。按照委托代理理论,委托代理链条越长,委托人监督代理人的效果越差;委托代理链条越短,委托人监督代理人的效果越好。"自上而下"分权,委托人是中央政府,代理人是基层政府;"自下而上"授权,委托人是基层政府,代理人是中央政府;而"自上而下"分权与"自下而上"授权的结合,使州政府居于政府层次体系的中间位置,相当于中央政府和基层政府都是其代理人,州政府处于委托人位置,委托代理链可以有效缩短,因而可以取得相对比较高的效率。

美国地方政府形式多样,大致分为两类:一类是提供多种公共产品和各种综合性公共服务的县郡(county)、市(municipality)、镇(town)或村(village);另一类是提供某种特定公共服务的地方政府,如提供基础教育服务的学区政府、提供防火、公交运输服务的特殊服务区政府等。美国各类型地方政府都是州政府的直接下级,它们彼此之间并不是上下级关系而是并列关系,本质上属于州政府的延伸,不过各类型地方政府通常都成立选民选举的管理委员会,以自治形式考核监管日常运营管理人。地方政府之间的职能分工及管理区域划分明确。州宪法一般会规定市和镇提供受益范围在其辖区内的公共产品和服务,县郡政府提供市镇政府辖区未覆盖的公共产品和服务。特殊服务区政府作为美国地方政府体系的重要组成部分，履行单一职能，只提供一种公共产品和服务。特殊服务区政府和学区政府数目众多，占到美国地方政府数量的 1/2 以上。特殊服务区政府和学区政府通常也是由选举产生的委员会监管，拥有单独的征税权和支出安排权。美国地方政府体系的设置实际也体现了集权与分权相结合的思路，具有鲜明特色。由县郡、市、镇政府提供多种公共产品和服务相当于集权模式，类似于企业的"大而全"生产；由特殊服务区政府或学区政府提供单一公共产品和服务相当于分权模式，类似于企业的"专业化"生产。两种模式各有利弊得失，所以在美国是相互协调、相互配合、相辅相成的关系，但是在其他国家却是由不同级次的地方政府从事"大而全"的生产，提供种类繁多的公共产品和服务。这虽然充分发挥了从事"大而全"生产的集权模式的比较优势，但是也用其比较劣势替代了"专业化"生产的分权模式的比较优势。一般来说，集权模式便于统筹安排财政资金，协调不同类别、不同性质公共产品的资源配置比例，便于实现规模经济（比如可以成立一个统一的收入征收机构为一个地方政府所有部门筹集收入；成立一个财政部门，在各个部门之间统筹安排支出），但是集权模式的局限也很明显：一个地方政府负责提供很多种公共产品和服务，容易出现顾此失彼现象，尤其是在其机构设置、人员配备没有到位的情况下更是如此；一个地方政府涵盖众多部门，管理协调难度加大；一个政府收入纳入金库统筹核算，支出由财政部门统一安排，并不存在结构性对应关系，本质上是各个部门在吃政府的"大锅饭"，不利于提高资金使用效益①。采用"专业化"生产的分权模式，成立特殊服务区政府也有其比较优势。因为总会有一些公共产品和服务的受益范围小于或超出地方政府辖区，但又不足以覆盖州政府辖区，对于这样的公共产品，由地方政府或是州政府负责提供都不是理想的制度安排，因为与他们的辖区范围都不吻合，而成立特殊服务区政府或学区政府就是比较合适的选择，由

213

---

① 虽然预算绩效管理早已成为现代政府治理的一项重要内容，但是政府公共经济部门的特殊性质决定开展公共产品和服务供给的预算绩效评价并非易事。因为公共产品和服务自身的性质决定其难以定价，因而事实上难以建立类似私人经济部门评价私人产品生产经营绩效的评价指标体系。不同的部门提供的公共产品和服务的性质存在个性差别，必须分门别类设计评价指标体系，这就涉及可比性问题。虽然当前我国公共部门预算绩效评价开展得如火如荼，但依然任重而道远。

其专门负责提供特定种类的公共产品和服务。其有利于效率提高的一面具体体现在：一个特殊服务区或学区政府只提供一种公共产品或服务，有助于集中精力做好一件特定工作；有助于做到管辖范围与公共产品和服务受益范围完全吻合，按照财政分权的基本理论，这既符合效率原则也符合公平原则（而地方政府提供多种公共产品和服务，由于不同种类公共产品和服务性质上存在差别，受益范围不可能完全一致，从而不可能保证所有公共产品和服务受益范围都与地方政府辖区范围完全吻合，总有一些公共产品和服务的受益范围超出或者小于地方政府的辖区范围，这不利于体现效率和公平原则①）。建立具有明显分权色彩的特殊服务区政府，让其提供一种公共产品和服务，还有助于社会成员把公共产品消费得到的效用和满足与为之需承受的负担加以对照，便于判定服务区或学区政府效率水平的高低（如果由县郡、市、镇政府提供，支出安排与收入负担就是完全脱节的，即公共产品供给的利益分配结构与税收负担的分配结构并无直接对应关系，从而不便民众衡量、判断地方政府的效率水平），从而既能够更好地体现利益获取与成本分担对称的公平原则，也有利于强化民众对政府的监督制约作用，增强民众的民主意识和主人翁精神。

2. 不同历史阶段在集权与分权之间所进行的调整

美国一般被看作联邦制国家的代表。美国联邦政府与州政府之间存在明确的权力划分，各自保持着相对独立性，州以下的地方政府则实行高度地方自治。因此，联邦内各级政府间的权力划分关系的基本格局由宪法及相关法律所确定的各级政府的法律地位和法律关系所决定，总体看呈现比较明显的分权特征，但是美国联邦制的发展演变也经历了一个

① 特殊服务区政府提供一种公共产品和服务相对地方政府提供多种公共产品和服务之所以相对更能体现效率和公平原则，根本原因在于处理公共产品和服务供给主体与客体关系的思路不同：前者是根据公共产品和服务的属性包括受益范围来确定供给主体；后者是根据供给主体的属性主要是辖区范围来选择供给客体即公共产品和服务。前者可以实现供给主体与供给客体的一一对应；后者只能是一个供给主体对应多个供给客体，形成一对多的关系。前者可以做到公共产品和服务受益范围与供给主体管辖范围完全吻合；后者只能做到部分公共产品和服务受益范围与辖区范围完全吻合，还有部分公共产品和服务受益范围与辖区范围脱节。这是因为公共产品种类繁多，受益范围大小的变化甚至具有无限多样性，而政府级次却非常有限，必须协调公共产品受益范围多样性与政府级次有限性之间的矛盾，在最优实现不了的情况下，按照"就近一致"原则划分政府间事权和支出责任，由此导致部分公共产品和服务受益范围与政府辖区范围脱节。

在集权与分权之间进行动态调整的过程。"考察美国建国以来行政权力的演进历程，可以发现它表现为'钟摆'运动的轨迹，即行政权力像钟摆一样，在集权与分权这两极之间持续地来回摆动，循环往复。某一时期强调集权，而下一时期又以分权为主，两者此消彼长，互为更替"①。其实这正是美国体制的高明之处，在集权与分权之间摆动正如价格围绕价值上下波动（表面上看似乎是价格对价值的偏离，但实际上却体现了价值对价格的决定作用），表面上看似乎是在集权与分权之间震荡，但长期看则是在集权与分权之间实现了恰当的均衡，这是在不平衡中求平衡，在不稳定中实现稳定。

从 1787 年联邦政府成立到 20 世纪 30 年代"罗斯福新政"大约 150 年的时间里，美国政府间权力关系划分基本呈现比较明显的分权色彩。在联邦政府成立之初，南北差异很大，资本主义生产方式并没有占主导地位，州与州之间的政治取向差别明显，南方各州普遍信奉"州具有主权"和"宪法是主权国家间的契约"的理论，因此，联邦政府轻易不去干预州的事务，联邦与州相互独立，各自在宪法规定的职权范围内活动。在当时的背景下，任何企图扩张联邦政府权力的行为都会遭到抵制。这种联邦政府与州政府互不干涉、互不混淆、各自在独立的权力范围和制度体系内活动的联邦制习惯上被称为"二元联邦主义"。

美国联邦政府走向集权始于罗斯福新政，其实美国行政权力的集权化倾向在 20 世纪初就显露端倪。不过在大危机的背景下，是"罗斯福新政"② 开启了联邦政府权力全面扩张的大门。"新政"强化了总统的行政职能，设立了总统行政办公厅，将预算局、经济顾问委员会、国家安全委员会等机构置于总统的直接领导之下；通过系列法令赋予联邦政府管理宏观经济、微观经济的权力，从而大大拓宽联邦政府的经济管理权。在联邦政府与州和地方政府的关系上，广泛的联邦政府权力把州和地方政府纳入了统一的国家体系，并在不损害州和地方政府利益的原则下与它们形成合作关系。大量的社会福利项目使联邦政府增加了对州政

---

① 潘秀珍：《美国集权与分权的"钟摆"运动及其对我国的启示》，载《学术论坛》2006 年第 4 期。

② 罗斯福新政具有划时代的意义，从此"政府干预"开始取代"自由放任"成为西方国家处理、协调政府与市场关系的行为标准。当时并没有理论指导，因而罗斯福新政一度遭受非议。1936 年凯恩斯《通论》发表，从理论上阐明了市场经济经济条件下政府干预经济的必要性，罗斯福新政的操作手法才逐渐被其他国家所理解和接受。

府的专项补助，州政府在得到专项补助的同时，必须在资金运用方向和资金使用顺序等方面接受联邦政府的指导和监督。据统计，从 1955～1986 年，州从联邦政府得到的补助占州税收收入的比例平均为 35%，最高时达到了 39.1%，通过对州政府的财政援助联邦政府的权力得到扩张，同时在新的政府间关系模式下，联邦政府也加强了对州政府职权行使的监督和协调。比如各州道路的修建计划要接受联邦公路修建局的监督，农业部门有权监督各州的统计工作以及联邦有权做出决议要求各州执行一定的政策等。另外在新的政府间关系模式下，联邦政府对州政府之间的合作调节力度也在加大。联邦政府权力的扩张还体现在其对地方政府的影响力度在加大。从理论上讲，地方政府只与州政府发生直接联系而与联邦政府没有直接关系，但随着城市化的迅猛发展以及人口流动的加速，地方政府在教育、交通、供水、卫生、住房等方面面临的任务日趋沉重，于是联邦政府开始对地方政府给予援助，并设立相应的职能部门予以管理，联邦对地方政府的直接联系对州的权力有一定影响，但总的来说还是有利于州政府，因为这可在一定程度上减轻州的负担。总之，联邦政府权力的扩张，标志着政府间权力划分关系由"二元联邦制"转向了"合作联邦制"，这一时期也是资本主义由自由阶段向垄断阶段过渡的时期，因此，联邦政府权力的扩大也正是垄断资本主义的发展在政治上的集中反映①。

20 世纪 70 年代，美国经济出现"滞涨"，联邦政府债台高筑、不堪重负，在这样的背景下，美国实行了"还权于州"的改革，目的是减轻联邦政府不断加剧的沉重负担。尼克松上台后，强调对各级政府的角色和责任予以重新安排，以形成合理的政府间关系体系，目标是通过平衡联邦和州的权力关系，使在集权化模式下对联邦政府越来越具有依赖性的州和地方政府重新获得自主权和责任心。尼克松政府所采取的把分类财政补助转为综合补助以及把财政拨款计划改为收入分享计划的措施，对于实现"还权于州"的目标起到了一定作用，但由于收入分享在联邦补助中所占比例很小而对联邦与州政府的关系没有产生较大的实际影响。

里根政府承接了尼克松的改革思路，1982 年，里根在国情咨文中针对联邦政府无所不在、到处插手、难以管理、效率低下、费用浩大、

---

① 李昌道：《美国宪法史稿》，法律出版社 1988 年版，第 321 页。

不负责任的弊病，提出经过 10 年左右的过渡期，实现"还权于州"的目标，把联邦政府管理的大部分社会福利事务转交给州和地方政府去办，以强化地方权力，精简联邦机构，缩小联邦政府职责范围。虽然里根政府的放权改革和尼克松政府的改革一样，被认为是联邦向州和地方政府甩包袱的举动，从实施的效果看也没有达到预期目标，但至少表明，在联邦制国家处理好集权与分权结合的度，协调各级政府间的权力划分关系，的确需要根据不同的社会、政治、经济环境相机抉择而采取不同的对策[①]。

4.2.1.4　西方国家政府间权力划分关系的经验借鉴

通过考察不同国家、同一国家不同历史发展阶段政府间权力划分办法，我们可以得到的启示和借鉴是：处理政府间权力划分关系可以采用不同的具体模式，但无论采取何种模式，都要实现集权与分权的有效结合。集权通常是指政府管理权限更多地掌握在高层政府特别是中央政府手中。无论过去还是现在，集权都是客观存在的。按照黑格尔"存在即合理"的说法，集权有其存在的必然性。集权的优点可概括为以下几点：第一，集权有助于实现规模经济，可以降低某些公共产品或服务的供给成本。比较典型的例子是由中央政府集中提供诸如国防、外交、全国性的交通、通信网络等公共产品或服务，较之由地方政府分散提供，可以使平均成本降低。第二，集权有助于迅速决策，减少决策时滞。某些需要政府迅速决策的公共产品或服务，比如调节宏观经济运行、实现经济稳定这样的公共产品在集权体制下可以得到有效供给，而在分权体制下，由各地方政府分散决策，则彼此之间的协商交涉要浪费很多时间，导致决策时滞延长、交易成本增加，进而会丧失调控时机。过度的财政分权可能导致宏观调控难以实施[②]。第三，集权有助于解决公共产品或服务供给过程中的外部效应问题。有些公共产品受益范围超出地方政府辖区，由地方政府协商解决效益外溢问题，要付出交易成本，如果

217

----

① 美国政府间权力划分关系在集权与分权之间的震荡和市场与政府关系的处理、协调所发生的波折基本呈对应关系。在强调发挥市场自发调节作用，主张政府对经济"自由放任"时，政府间管理权限划分相对偏于分权；在强调发挥政府调节作用，强化政府干预时，政府间管理权限划分相对偏于集权。这与中央政府在宏观调控方面、地方政府在微观层次公共品供给方面分别具有比较优势有直接关系。

② 邹恒甫：《地方财政权力应该适度》，载《中国税务报》，2005 年 1 月 26 日。

交易成本高到一定程度，该问题通过地方政府之间的协商已经不可能解决，此时由地方政府提供该类公共产品，会由于其不考虑效益外溢问题而导致公共产品供给量不足，从资源配置的角度看，这会使资源配置的边际收益大于边际成本而导致效率损失。而在集权体制下，中央政府集中决策则有助于做到资源配置的边际社会收益等于边际社会成本。

但是集权本身毕竟符合边际收益递减规律要求，因为公共产品按照受益范围的大小可以划分出明显的层次，有的公共产品受益范围大，有的公共产品受益范围小。从理论上讲，最小受益范围的公共产品可以只涉及两个社会成员，而最大受益范围的公共产品却可以涵盖全体社会成员（不考虑国际公共产品）。一般来说，受益范围越大的公共产品越适合以集权模式提供，受益范围越小的公共产品越适合以分权模式提供。因为受益范围越大，人们对该类公共产品的需求的共同性体现得越明显，集权提供导致供求失衡的可能性越小，且由此可实现规模收益；而受益范围越小，则说明人们对该类公共产品的需求所具有的共性只能在较小的地域范围内才能体现得比较明显，随着地域范围的拓宽，人们对该类公共产品需求的个性差别就表现的比较突出，集权提供导致供求失衡的可能性就会增大，且集权提供的规模收益在该类公共产品上也难以体现出来。因此，随着以集权模式提供的公共产品涵盖范围的拓宽，由大受益范围的公共产品逐渐向小受益范围的公共产品延伸，其边际收益呈明显下降趋势。这意味着，如果所有的公共产品都采用集权模式提供，则整个公共经济部门的资源配置效率就会低下，整个社会的福利水平就会降低。正是在这个意义上，集权往往是相对的，绝对的集权在现实中非常罕见，即便是在高度集权的封建专制时代，君主的集权也是有限度的，其通常会"自上而下"建立委托代理链条，通过适当的分权来提高效率。

和集权相比，分权的好处集中体现在可以充分照顾到社会成员对公共产品需求偏好的差异，进而有助于实现公共产品供求均衡。在广阔地域范围内，生活在不同地域的不同社会群体对公共产品的需求有不同的偏好，如果采用集权模式提供这些公共产品，供给主体难以充分考虑到这些不同偏好，会因公共产品供给的数量、时间、方式等不合理而导致效率损失①。但是，分权毕竟是有限度的，因为，其虽然可以解决小受

---

① 西方第一代财政联邦主义者对此有过系统分析，比较有代表性的是斯蒂格勒的"菜单理论"、特里西的"偏好误识理论"以及奥茨的"财政分权定理"。

益范围公共产品的有效供给问题，但对大受益范围公共产品的供给，单纯地采取分权模式提供并不能保证效率原则的实现。因为这类公共产品的受益范围超出分权模式下任意一个公共产品供给主体的管辖范围，由于存在效益外溢，他们需要协商谈判才能解决这类公共产品的供给问题，由此需要付出交易成本，该成本的大小和参与交易的主体数目多少有直接关系，假定每一交易主体的管辖范围一定，则该公共产品的受益范围越大，交易主体数目就越多，分权提供的成本也就越高，也就越需要通过集权的模式来提供该类公共产品。另外，过度的财政分权不仅增加不平等以及加大地区间发展的不平衡①，还难以解决宏观稳定和收入再分配问题，"旨在影响就业水平和通货膨胀率的收支政策，应当由联邦政府执行。没有一个州或地方政府大到可以影响整个经济活动的程度。例如，让每个地方政府各自发行货币和执行独立的货币政策，是没有道理的"②。从这个角度说，分权的边际收益也是递减的，假定整个社会对公共产品的需求一定，既包括大受益范围的公共产品，也包括小受益范围的公共产品，那么，在完全通过分权模式提供公共产品的前提下，随着提供的公共产品的受益范围越来越大，分权模式的局限性也会表现得越来越明显，越来越需要在公共产品的供给中加入集权因素，赛森（Thiessen）对经济合作发展组织（OECD）国家的实证研究支持这一观点，他发现：当财政分权程度很低时，提高分权程度可以提高经济绩效，但在分权程度达到一定水平后，再继续提高则会对经济产生负面影响③。因此，在现实中，即便分权程度再高，也不是由地方政府解决所有公共产品的供给问题，至少全国性的公共产品需要由中央政府来提供。

既然无论集权还是分权边际收益都是递减的，那么设计财政管理体制，在政府间合理划分财政管理权限，就需要实现集权与分权的边际收益相等④。此时政府间权力划分关系这一特定制度安排的净收益就达到

---

① 邹恒甫：《地方财政权力应该适度》，载《中国税务报》，2005年1月26日。

② 哈维·S.罗森：《财政学（中译本）》，中国人民大学出版社1992年版，第670页。

③ Thiessen, Uirich, Fiscal Decentralization and Economic Growth in High – Income OECD Countries, Fiscal Studies, 2003, 24（3）：237 – 274.

④ 这实际是要解决所谓的"联邦制悖论"（Federalism Dilemma），有学者指出：联邦制度的自我运行面临着困境：如果中央政府权力过大，则其会对地方滥用权力；如果地方权力太大，则其会搭便车、欺骗及不同中央政府合作，甚至影响国家的稳定。这意味着只有在集权与分权之间实现均衡才能使制度安排具有自我稳定功能（Defigueiredo and weigast, 1997）。

最大值。在图 4-1 中，从左到右，集权的程度由 0 提高到 100%，其边际收益 MB_C 递减，从右到左，分权的程度由 0 提高到 100%，其边际收益 MB_D 也递减，那么在两条边际收益曲线的交点 E 就实现了集权与分权的均衡。

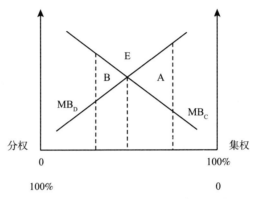

图 4-1　政府间权力划分对效率的影响

　　不同的国家由于国情背景不同，在处理政府间管理权限划分的制度安排方面所做出的初始选择往往差别很大，这有一定的路径依赖甚至制度锁定的成分。有的国家的制度安排偏于集权，有的国家的制度安排偏于分权，但是在集权与分权之间实现恰当均衡、不走极端则是处理政府间管理权限划分的制度安排所应遵循的基本规律。从理论上讲，自然演进的制度相对人为构建的制度更能体现这一规律的要求，但是关于制度到底是自然演进还是人为构建的确存在一定争论。本书认为，从一个足够长的时间跨度考察，制度都应该是自然演进的。虽然现实中的制度安排多数具有人为构建特征，但是人为构建的制度如果违背制度自身发展演进规律的要求，这样的制度迟早会发生改变并走上应然的发展道路。这符合历史唯物主义基本原理：人类社会的发展是一自然历史过程，有其内在规律。因此，通过观察不同国家划分政府间管理权限的实践不难发现：过于集权的国家客观存在，而且在一定时期其甚至可能出现集权程度进一步提高的违背规律要求的做法；但其违背规律达到一定程度后，最终会降低集权程度；过于分权的国家也是客观存在的，而且在一定时期也可能出现分权程度进一步提高的违背规律要求的做法，但其在违背规律遭受惩罚达到一定程度后，最终也要降低分权程度，从而向集权与分权最佳均衡点靠拢。从这个意义上讲，不同国家的制度安排有着殊途同归的趋势。这是政府间管理权限划分应遵循的规律发挥作用的必然要求，同时也是追求收益最大化的理性经济人所做出的选择。虽然道路一般会非常曲折，经历的时间跨度长短也不一样，但向理想制度靠拢的总趋势不会改变。

4.2.2　代表性国家协调政府间财政关系的制度安排及经验借鉴

通过考察代表性国家政府间权力划分关系的制度安排可以看出，有的国家在不同级次政府间划分权力时更多地倾向于集权，而有的国家更多地倾向于分权。倾向于集权的国家中央政府对地方政府包括基层政府拥有相对更多的控制力，如果不对这种控制力予以适当约束，那么中央政府（高层政府）出于自利会利用自己的优势地位对地方政府（基层政府）进行财政挤压，这会不适当地减少地方政府（基层政府）可支配财力，进而弱化地方政府（基层政府）的公共服务能力。反过来说，更多地倾向于分权的国家，地方政府（基层政府）具有更多的独立性、自主性，如果不对这种独立性、自主性加以适当约束，那么中央政府（高层政府）将难以得到足够财力来提供合适的全国性或大受益范围的公共产品，进而弱化中央政府（高层政府）的公共服务能力。因此，考察代表性国家不同级次政府间划分财政权限的制度安排，探求其设计规范、科学、合理的体制以保证不同级次的政府都能拥有与其承担职责相适应的公共服务能力的成功经验，对协调我国中央政府与地方政府事责财权关系、强化我国基层政府的公共服务能力、解决基层财政困难无疑具有重要意义。

4.2.2.1　代表性国家政府间事权划分的制度安排及经验借鉴①

1. 代表性国家政府间事权划分的制度安排

（1）美国政府间事权划分的制度安排。1776 年 7 月 4 日《独立宣言》发表，标志美国建国。1787 年美国通过联邦宪法，确立联邦宪政

---

① 李齐云：《分级财政体制研究》，载《分级财政体制的国际比较》，经济科学出版社 2003 年版，第 169～216 页。

的共和政治体制，在此后的 200 多年，美国国家政治体制和国家结构形式保持了基本的稳定、连续和传承。美国各级政府基于自由主义市场经济原则，一般不干预或尽量少干预经济①。

美国政府体系包括联邦、州和地方政府（县郡、市、镇、学区、特区）三级。三级政府的数目差别极大，州政府初期只有 13 个，现在则有 50 个，地方政府超过 8 万个，州政府组织形式与联邦政府基本一致，实行立法、司法和行政三权分立，地方政府的组织形式相当复杂，其基本形式县郡政府是绝大部分公共产品的提供者，根据人口密度和自治管理需要，县郡政府再成立市和镇。县郡政府作为地方公共服务主要提供者的模式被称为"弗吉尼亚模式"，目前大部分州采用这种模式；也有近 20 个州由市或镇政府作为最主要地方公共服务提供者，这被称为"新英格兰模式"；还有极个别的州，如夏威夷州因地处海岛、面积狭小，直接由州政府提供大部分公共服务。在美国地方政府体系中，除了县郡、市、镇等提供多种公共服务的一般政府类型，还有根据某种特定政府职能如教育、防火、交通运输、环境保护等而设立的学区政府和特殊服务区政府。这些履行单一职能、只提供一种公共服务的学区政府和特殊服务区政府占美国地方政府的数目超过 1/2。这是美国地方政府体系构成中极具特色的部分。学区政府和特殊服务区政府的设立表明，美国政府的产生是适应民众需求的结果。当民众的某项公共需要需满足时，民众可以通过缴税付费设立专门提供该项公共服务的政府部门②。

按照美国宪法，三级政府职权划分强调未直接授予联邦政府和下放地方政府的权利都由州政府行使。联邦政府和州政府之间不是上下级关系而是合作关系，但州政府和地方政府之间则是上下级关系，地方政府职权由州宪法确定，对于州政府辖区内地方政府如何设置以及政府间权力如何划分州政府掌握决定权③。显然，在美国三级政府体系中，州政府的地位比较特殊，居于承上启下的地位。

美国三级政府事权划分有一特点是相当部分的公共服务由三级政府

---

① 王浦劬等：《中央与地方事权划分的国别研究及启示》，人民出版社 2016 年版，第 107～108 页。

② 楼继伟：《中国政府间财政关系再思考》，中国财政经济出版社 2013 年版，第 215～218 页。

③ 财政部干部教育中心组编：《现代政府间财政关系研究》，经济科学出版社 2017 年版，第 67 页。

共同负责提供，如司法、环境保护、警察、洲际交通建设、社会保障、经济管理与医疗健康、公园等。虽然各级政府共同承担事权有利于发挥不同级次政府的比较优势且符合激励相容原则，但彼此之间责任重叠、界定不清也会导致政府职能实现遇到障碍，比较典型的例子是 2005 年卡特里娜飓风救灾处置过程中，各级政府因责任界定不明确而出现严重的混乱，政府的糟糕表现遭到美国各界广泛批评①。

依据美国宪法和各州宪法，美国各级政府都拥有各自相对独立的支出决定权和支出预算。联邦政府主要负责全国性公共产品提供，安排使全国民众受益的公共服务的开支。主要项目包括国防、空间科学技术、大型公共工程、农业补贴、社会保障、联邦行政管理费用等，重点是军事、退伍军人福利、社会保险和医疗保险、收入保险等方面的开支。州政府的支出责任主要集中在教育、公共福利、公路建设以及医疗卫生事业等方面。地方政府则以承担教育、治安、消防、家庭和社区服务的支出为主（见表 4 - 1）。

表 4 - 1　　　　　　　　美国政府间事权和支出责任划分

政府级次	事权范围	支出责任
联邦政府	国防、外交与国际事务、经济增长、社会发展、社会稳定	国防支出、人力资源支出，包括教育、培训、就业和社会服务、卫生、医疗、收入保险、社会保障、退伍军人福利和服务；物质资源支出，包括能源、自然资源和环境、商业房屋信贷、交通社会和地区发展；债务的净利息支出；其他支出，包括空间和技术、农业、司法管理、一般政府行政、财政补贴
州政府	收入再分配、基础设施和社会服务、促进本州社会经济发展	公路建设、基础教育、公共福利项目、医疗和保健开支、收入保险、警察、消防、煤气及水电供应、州政府债务的还本付息支出
地方政府	市、县和镇政府是州政府的延伸	道路和交通、公用事业、治安、消防、教育、家庭和社区服务、一般行政经费

资料来源：楼继伟：《中国政府间财政关系再思考》，中国财政经济出版社 2013 年版，第 219 页。

---

①　楼继伟：《中国政府间财政关系再思考》，中国财政经济出版社 2013 年版，第 220 ~ 221 页。

（2）德国政府间事权和支出责任划分。德国宪法即《基本法》对各级政府的事权划分也做了原则性规定。联邦政府要负责"为了普遍的利益必须统一进行处理的事务"，主要是联邦政府必须自行管理而不能委托给各州的事务，主要包括：联邦行政事务、国防、外交、海关、联邦交通和邮政通讯、社会保障、重大科研计划以及矿山开发等跨地区的经济开发事务等；州政府的事务包括三类：一是联邦法律规定各州所应承担的事务；二是联邦政府委托给各州政府的事务；三是各州政府自主确定的事务，主要包括州行政事务和财政管理、教育、文化、卫生、体育事业、社会救济、住房、治安服务以及联邦委托的事务，如高速公路管理等；德国地方政府构成较为复杂，县（市）政府是基层国家行政机关，在法定范围内享有自治权，在州和县（市）政府之间，还有行政区政府，相当于州政府的派出机构，不视作独立的一级政府，乡镇是居民自治团体，也不视作一级独立政府，所以德国行政级次一般被认为分为联邦、州和地方三级，但按照各州宪法及相关法律，德国行政级次则可分为联邦、州、行政区、县（市）和乡镇五级。县（市）和乡镇承担的事权可分为自愿职责和强制职责两类，前者具有可选择性，可选择履行，也可以不履行，主要涉及促进经济和行业发展，如公共交通运营、水电能源供应、公共文体设施的管理和维护等；后者则是必须履行的职责，主要包括消防、辖区道路的建设与维护、建筑的规划与监督、中小学的建设与管理、垃圾处理等[①]。有些事务由各级政府共同承担，对于各级政府共同承担事务及所对应的支出责任，原则上由联邦、州和地方政府按比例分摊费用。对于超出各州财政负担能力的事务，联邦有义务通过特殊支付款项协助完成。州和地方财政所共同承担的支出责任也规定了较为明确的划分标准。比如教育，州政府负担大学的全部费用开支和中小学教师的工资，而地方政府则要负担中小学的基础设施建设费用（见表4-2）。

总体上看，德国政府间的事权和支出责任划分大多有明确的宪法和法律依据，划分结果较为明晰，考虑到了不同公共产品和服务与不同级次政府的性质差异及匹配关系。就德国中央与地方事权划分依据看，始终强调法治原则，通过宪法来划分联邦与州政府之间的事权，德国《基

---

① 王浦劬等：《中央与地方事权划分的国别研究及启示》，人民出版社2016年版，第232页。

表 4 - 2　　　　　　　　德国政府间事权和支出责任划分

政府级次	事权范围	支出责任
联邦政府	联邦机关及直属机构行政管理；对外事务；国家财政政策和联邦财政管理；绝大多数国防和军事事务；国家安全事务；全国范围交通管理事务；邮政电信事务；部分社会保障事务；货币金融事务等	联邦机关及直属机构行政管理支出；外交事务及对外贸易等经济事务支出；联邦财政管理支出；中央警务问询和情报机关、中央刑事警察机关、中央资料收集机关、内政紧急应对、国际恐怖主义危险防控支出；超出州政府辖区的交通管理事务支出；邮政电信服务及监管支出；联邦直属社会保险机构支出；联邦银行及银行、保险、证券等金融监管事务支出
州政府	联邦法律规定州政府应承担的事务：社会文教事业、卫生和健康事业、体育事业、区域环境保护；联邦委托州政府的事务：联邦法律规定州政府承担的国防事务、核能利用及危害防护和消除、部分交通管理事务、部分社会保障事务；各州法律规定的事务：州级的行政管理事务、法律事务和司法管理、家庭政策制定、部分经济管理事务、移民定居及返乡住所事务、大部分高校管理事务、特定环境保护事务	联邦法律规定应承担的事务支出；联邦委托州政府事务支出由联邦承担；各州法律规定的事务支出
地方政府	自治事务：（1）自愿职责，是否履行具有选择余地，主要包括：短途和辖区公共交通运营、水电能源供应、公共文体卫生设施的管理和维护；（2）强制职责，是否履行没有选择余地，主要包括：水火灾害预防、辖区道路建设与维护、建筑规划与监督、中小学建设与管理、废弃物处理等。联邦、州政府委托事务	自治事务支出；联邦、州政府委托事务支出由联邦、州政府承担

225

续表

政府级次	事权范围	支出责任
联邦和州政府共同事权	地区经济结构改善、农业结构的改善、海岸防护、跨地区的科研和教育项目资助、教育体系国际竞争能力提升、规划构建运行处理事务所需的信息技术系统、行政管理绩效的比较研究及成果发布、与乡镇和乡镇联合体的协作为待业者提供保障	地区经济结构改善由联邦承担1/2支出；农业结构改善和海岸防护由联邦承担至少1/2支出；与乡镇和乡镇联合体的协作为待业者提供保障所需支出由联邦负担；其余事项所需资金协商确定

资料来源：王浦劬等：《中央与地方事权划分的国别研究及启示》，人民出版社 2016 年版，第 228～233 页。

本法》一般采用列举的方法详细列出了联邦政府和州政府在立法权、行政权及相关事务方面的权限范围，各单项法律也多是采用列举法开列各级机关的事权，划分明晰、可操作性强。德国中央与地方事权划分保持了相对稳定，一旦进行调整即意味着宪法修改，在实践中只有出现得到普遍认可的事权划分与宪法规定脱节问题时，才对宪法进行调整，体现了政府间事权和支出责任划分的严肃性、权威性。

德国比较重视联邦政府掌握决策权、州和地方政府掌握执行权的事权划分方法。德国联邦政府掌握广泛的立法权，州政府则掌握广泛的行政权，不少公共产品和服务的提供存在联邦立法、各州执行的情况。这被认为除了联邦自行行政、各州自行行政和地方自治事务，其他层面的事权划分并没有实现事、权、责的一一对应和完全匹配，有时中央（上级）政府有权无事、地方（下级）政府有事无权；对同样的事务，中央（上级）政府和地方（下级）政府享有不同的权力、承担不同的义务：中央负责决策、地方负责执行；中央由于财力充裕可以向各州安排转移支付，而州政府和地方政府需要承担落实转移支付及其他财政手段所附带的义务①。表面上看，这似乎是德国政府间事权和支出责任划分出现了责权利脱节，谈不上什么成功的经验。但仔细研究可以发现，德

---

① 王浦劬等：《中央与地方事权划分的国别研究及启示》，人民出版社 2016 年版，第 233～234 页。

国实际采取了一种新的政府间事权和支出责任划分方法,这种方法恰好可以弥补传统方法的局限和不足。长期以来,划分政府间事权和支出责任比较重视按照公共产品和服务的种类进行划分。因为公共产品和服务种类很多,而且不同种类的公共产品和服务性质差别明显,可以考虑不同种类公共产品和服务的具体性质,并结合不同级次政府的具体特点,按照发挥不同级次政府比较优势的思路,让不同级次政府分工负责提供不同种类的公共产品和服务。这样一来,每级政府都掌握提供特定种类公共产品和服务的事权,并承担相应的支出责任,这就是通常所说的"谁的事权谁承担支出责任"。对于需要由不同级次政府共同提供的公共产品和服务,则需要明晰划分不同级次政府应承担的支出责任,即需要确定各自应负担的支出比例。这固然是划分政府间事权和支出责任的一种基本方法,而且通常来说也行之有效,但这种方法并非完美无缺,其局限和不足体现在:公共产品和服务虽然种类繁多,但如果寄希望于每级政府分别负责提供不同种类的公共产品和服务就可以明晰划分政府间事权和支出责任是不可能的,因为同一种类的公共产品和服务受益范围有大有小,如果由一级政府负责提供一类公共产品和服务,会导致公共产品和服务的受益范围与政府辖区范围严重脱节,进而导致效率损失,也不符合公平原则。所以按照这一思路划分政府间事权和支出责任,还需要把特定种类的公共产品和服务按照受益范围进行具体分类,通过分类的细化可在一定程度上弥补这一思路和方法的局限和不足。但是细化后仍然难以保证公共产品和服务的受益范围与政府辖区范围保持一致,由此导致不同级次政府还需要共同承担事权和支出责任。从理论上讲,在政府作为整体事权和支出责任得以明确界定的条件下,政府间事权和支出责任划分问题就是一典型的结构性问题,需要采用结构分析方法,而结构分析对应不同的分析视角,按公共产品和服务的种类进行分析就是其中一个视角。而把事权和支出责任视作一个整体进行结构分析,进而在不同级次政府间进行划分则是另外一个分析视角。事权从大的方面可以分为决策权和执行权,对特定种类的公共产品和服务,有时决策权和执行权是统一的,谁决策谁执行,但有时决策权和执行权是可以分离的,对政府间事权和支出责任划分而言,可以体现为中央决策、地方执行,这种决策权与执行权的分离可以是完全分离,也可以是部分分离,部分分离又可以分为几种情况:决策权分离、执行权不完全分离；决策权不完全分离、执行权完全分离；决策权和执行权都不完全分离。支出责任从大的方面可以分为"出资责任""使用责任""考核责任"等。"出资责任"强调提供公共产品和服务的钱应由"谁来出"，解决成本分担问题；"使用责任"强调提供公共产品和服务的钱"谁来花"，解决资金使用和公共产品和服务供给的实现问题；"考核责任"强调公共产品和服务的绩效考核，解决公共产品和服务供给效率提高的问题，要通过绩效考核奖优罚劣、奖勤罚懒。德国通过把决策权和执行权分开；出资责任、使用责任、考核责任分开为划分政府间事权和支出责任提供了一个新的思路和方法，值得学习和借鉴。需要进一步研究的问题是，到底哪些种类的公共产品和服务适合在中央政府与地方政府间采用决策权与执行权分开；出资责任、使用责任和考核责任分开的划分方法？到底应完全分开还是部分分开？不同国家、同一国家不同发展阶段，情况差别很大，难以给出统一的结论，必须具体问题、具体分析、相机抉择。

德国在明晰划分政府间事权和支出责任的同时，重视政府间的合作。任何国家政府间事权和支出责任的划分都难以完全回避不同级次政府需要共同承担一定的事权和支出责任的问题。各级政府履行需要共同承担的事权和支出责任离不开彼此间的交流合作，德国在这方面取得了一定成绩和经验。比如德国各级政府在教育公共品供给方面的合作就比较突出。德国《基本法》第 7 条规定国家对全部学校教育事业进行监督，这里的国家不仅包括联邦政府还包括州政府。各州一般通过州宪法和相关法律、法规在学前教育、中小学校、高等教育、成人教育和继续教育方面对州政府应承担的事权和支出责任做出规定。《基本法》对联邦政府在学前教育、继续教育、职业培训、远程教育、高等教育等方面也规定了相应事权，促进教育公共产品和服务的供给就成为联邦和州政府的共同任务，根据《基本法》关于共同任务的规定，联邦政府和州政府可以通过协议方式在跨区域的教育和科研方面进行协作，对研究机构、研究项目及大学研究设施建设共同支持。2008 年，联邦政府和州政府成立联合科学大会，由两级政府相关官员对需要两级政府予以支持的科研事宜进行协商，制定实施办法。德国政府间的合作不仅包括联邦政府与州政府的合作，各州之间也开展了广泛合作。比如为帮助教学科研人员、学生能跨地区自由流动，各州文化部长会议为确保各州能提供同等条件，会就相关事宜积极开展合作并尽可能达成一致①。

（3）法国政府间事权和支出责任划分。法国虽然是集权型国家的典型代表，权力比较多地向中央集中，但各级政府职能和事权划分也是非常明确的，各级政府能够做到各司其职、各负其责。中央政府主要负责宏观管理和制定战略发展规划；大区政府主要负责经济结构布局的调整、制订地区发展的五年计划，提出有关基础设施等战略性项目的规划，经与中央有关部门协商，以法律的形式确定下来；省级政府负责社会福利和保障政策的实施；市镇政府负责本市的市政规划和建设，提供最基本的公共产品和服务。各级政府在明确划分事权的基础上确定相应的支出责任，比如教育方面事权和支出责任的划分结果是，小学归市镇管理、中学归省管理、大学则归国家管理，各级政府预算分别负责拨款建设归口学校的设施，但教师工资由中央财政统一支付。公路也是按照级别分别由各级政府分级投资、分级管理（见表4－3）。

表4－3　　　　　　　　法国政府间事权和支出责任划分

政府级次	事权	支出责任
中央	社会安全、国防、外交及中央各部门工作的正常运转；提供包括促进社会公平分配和社会福利补贴等社会服务；促进经济发展，主要包括促进农业和外贸发展、支持地区经济发展等；预测经济发展趋势，制定国家财税政策；对地方政府进行监督等	主要负责国防、养老、医疗、全国教师工资、高等教育、经济干预、对地方转移支付支出等
大区（26个）	执行国家的中长期计划，促进本地区的经济发展；制定本地区发展的五年规划；支持省、市镇的经济活动及特定企业发展；协助国家推行领土整治政策；分配和使用中央拨付资金；编制年度职业培训大纲；对大区的地方公共投资和产业分布进行调整等	主要负责大区发展战略、国土整治、高中教育、职业教育、铁路交通和经济发展支出等

---

① 王浦劬等：《中央与地方事权划分的国别研究及启示》，人民出版社2016年版，第234～236页。

续表

政府级次	事权	支出责任
省（100个）	决定省的财政预算；负责地方税收；制定城镇规划；管理省内的公路、港口和运输；提供中学教学设施；主持各种社会救济机构；管理社会医疗和社会保险；制订和资助农村领土整治计划；讨论和分配中央拨付的资金等	市与市团结互助方面的事务支出；包括儿童补贴、老年人补贴、残疾人补贴、低收入家庭补贴、失业补贴等在内的社会福利支出；初中教育支出；道路、港口、渔业、消防支出等
市（36783个）	组织和建立市镇行政机构和其他公共机构；管理公产；公共工程、公益设施建设与维修；确定市镇年度预算；计划市镇公共生活问题	户籍管理、选民登记、城市规划、道路修缮、幼儿园、小学、垃圾处理、婚姻登记、墓地管理、与市民生活关联度高的环境文化和体育支出等

资料来源：楼继伟：《中国政府间财政关系再思考》，中国财政经济出版社2013年版，第198~201页。

（4）日本政府间事权和支出责任划分。日本是实行地方自治制度的单一制国家，行政机构分为中央、都道府县和市町村三级。根据日本宪法规定，都道府县和市町村相互独立、地位平等，不存在领导与被领导的关系。日本各级政府间的事权和支出责任划分也都是通过法律加以明确规定。这些法律可以在很大程度上解决不同级次政府间所可能存在的职能重复交叉和职责履行过程中支出责任相互推诿的问题。日本中央与地方之间的事权和支出责任划分使地方政府承担了较多的职责，具体说地方政府主要负责管理与当地居民生活密切相关的事务，比如社会福利、卫生、保健、教育、治安及基础设施建设等。其中市町村是基础行政单位，主要负责与居民生活有密切关系的地方政府一般事务；都道府县是总括市町村的广域政府，主要承担具有广域性和普遍性、不适宜由市町村来承担的事务或是协调市町村之间相互关系的事务①。中央负责管理关系国家全局或与所有地方利益有关的事务，主要包括国防、外交、货币发行、邮政、物价指数控制及司法等。关于中央与地方共有事权及支出责任，日本《地方财政法》列举了一些由地方履行但涉及中央与各级政府相互利害关系或仅影响中央政府利益的事务，明确规

---

① 楼继伟：《中国政府间财政关系再思考》，中国财政经济出版社2013年版，第179页。

定相应的支出责任和所需经费由中央全部或部分负担。日本地方财政法为保护地方财政免受来自中央财政的不合理负担，还规定由地方政府办理但没有处理权限的业务所需经费，除法律或法令另有规定外，中央不能采取措施让地方各级政府负担经费，如警察厅、防卫厅所需要的经费，国家教育、研究设施所需经费以及设置国家机构所需经费等。日本的地方自治法也为都道府县和市町村之间职责划分做了原则规定（见表 4-4）。

表 4-4   日本政府间事权和支出责任划分

政府级次	事权	支出责任
中央	1. 安全秩序方面：外交、国防、司法 2. 社会资本方面：高速公路、国道（指定区间）、一级河川管理 3. 教育方面：国立大学、私立大学补助 4. 福利卫生方面：社会保险、医生药品许可证照、标准设定 5. 产业经济方面：货币、关税、通信、邮政、经济政策	外交、国防和司法支出；高速公路、国道和一级河流支出；公立大学支出、私立大学补助支出；社会保险、医师执照、药品许可证管理支出；宏观经济管理及海关、通信、邮政事务支出
都道府县	1. 安全秩序方面：警察 2. 社会资本方面：国道（其他）、都道府县道路、一级河川（指定区间）管理、二级河川管理、港湾、公营住宅、城市规划 3. 教育方面：高中、特殊教育学校、中小学人员工资和人事管理、私立学校补助、都道府县设立大学 4. 福利卫生方面：生活保障（町、村）、儿童福利、老年人保健福利、保健站、环境规制 5. 产业经济方面：地区经济振兴、职业训练、中小企业指导	除中央政府负责的国道、一级河流（制定区间）、省道、二级河流、港湾、公营住宅支出；高中、特殊学校、中小学教师工资和人事开支、资助私立学院支出；对町、村的生活保护、儿童福利、老人福利保健及保健院建设支出

231

续表

政府级次	事权	支出责任
市町村	1. 安全秩序方面：消防、户籍、居民基本信息 2. 社会资本方面：城市规划（公园等）、市町村道路、适用河川管理、港湾、公营住宅、上下水道 3. 教育方面：小学、初中、幼儿园、大学（市立） 4. 福利卫生方面：生活保障（市）、老年人保健福利、护理保险、国民健康保险（事务）、垃圾处理、保健站 5. 产业经济方面：地区经济振兴、农田利用调整	消防及居民管理支出；城市计划事业、市町村道路、公营住宅、排水设施支出；中小学校和幼儿园建设及管理支出；生活保护、老人福利健康、儿童福利、国民健康保险、卫生事务支出

资料来源：《日本财税及相关经济制度研修报告》之四，http：//tfs. mof. gov. cn/zhengwuxinxi/faguixinxifanying/200910/t20091029_224837. html；刘明慧：《外国财政制度》，东北财经大学出版社 2012 年版。

2. 代表性国家政府间事权划分制度安排的经验借鉴

综上所述，尽管不同国家各级政府间事权及支出责任划分存在明显差别，但仍然可以抽象出能够体现政府间事权和支出责任划分共性规律要求的值得借鉴的成功经验：

一是合理界定政府作为整体所应承担的事权和支出责任。各个国家都在明确划分政府与市场职能范围的基础上，奉行自由主义市场经济原则，尽可能避免了因政府越位而导致政府作为整体所应承担的事权和支出责任的不适当放大，从而减轻了划分政府间事权和支出责任的工作压力。

二是尽可能结合划分政府间事权和支出责任不同思路的优点。美国州政府承上启下的特殊地位把"自上而下分权"与"自下而上授权"两种政府间分权思路完美结合，从而有利于在集权与分权之间实现稳定均衡。采用"自上而下分权"思路划分政府间事权和支出责任，权力首先掌握在中央手中，很容易出现事权和支出责任下划，导致地方政府特别是基层政府财政支出压力加大；采用"自上而下授权"，权力掌握在基层政府手中，很容易出现事权和支出责任上推，导致中央政府支出压力加大。美国州政府所处的特殊地位决定其对联邦政府采取的是"自下而上授权"思路，对地方政府采取的是"自上而下分权"思路。一方面有助于避免过于集权，因为州政府只有在权力授予联邦所得大于所失的情况下才上授权力，从而避免了自上而下分权容易导致过于集权的状态；另一方面有助于避免过于分权，州政府居于中间层次，其在处理作为下级政府的地方政府权力划分关系时，权力下放所得大于所失才下放权力，因此下放权力不会过头，从而避免单纯自下而上授权容易导致过于分权的状态。

三是针对政府间事权和支出责任划分的难点采用新的思路。美国学区、特殊服务区政府的设立为化解公共产品受益范围多样性与政府级次有限性之间的矛盾提供可行出路。美国8万多个地方政府中，学区和特殊服务区政府占比超过一半，在美国地方政府体系中居于举足轻重的地位。其辖区范围取决于其所负责提供的公共产品和服务的受益范围，因此，学区、特殊服务区政府辖区与一般传统意义上的政府辖区范围是交叉重叠的，可以有效解决公共产品的受益范围与传统意义上政府辖区范围脱节问题。由于公共产品和服务受益范围具有多样性，而政府级次具有有限性，通过政府间事权和支出责任划分，通常难以保证每一政府提供的每一种公共产品和服务的受益范围都与政府辖区范围重合。相当数量的公共产品和服务的受益范围会超出或小于特定级次政府的辖区范围，即便采用"就近一致"原则划分政府间事权和支出责任，仍然会有一定数量和一定比例的公共产品和服务，其受益范围居于上下两级政府辖区范围的中间地带从而难以决断。对这样的公共产品和服务通过特殊服务区政府提供，有利于提高资源配置效率，也更能体现公平原则。

四是对多级政府共同承担的事权保持一定的容忍度。美国大量学区和特殊服务区政府的存在能够在很大程度上解决公共产品受益范围与政府辖区范围脱节问题，尽管如此，不同级次政府间仍然存在大量共同事权。由此可见，共同事权和共同支出责任的存在是划分政府间事权和支出责任难以避免的现象。毕竟大部分公共产品和服务的受益范围与政府辖区范围并不吻合，这是多级政府共同承担事权和支出责任的基础，通过学区和特殊服务区政府的成立虽然可以在很大程度上减少共同事权和支出责任，但仍然会存在一定数量的共同事权进而要求共同承担支出责任。不顾现实制约因素，把共同事权和支出责任划为某级政府的专有事权和支出责任并不能很好地体现效率和公平原则。

五是通过国家宪法或相关法律明确划分中央政府与地方的事权范围和支出责任，为各级政府各司其职、各负其责创造基础条件。对于各级政府所共同承担的事权和支出责任，一般都通过法律形式在各级政府之间明确分工，做到各级政府责任明确，互不推诿。总之，通过法律形式明确划分各级政府之间的事权和支出责任，既可有效避免中央政府（高层政府）利用自己的优势地位下划事权、随意加重地方政府（基层政府）支出责任的现象，也可避免地方政府（基层政府）向上级政府转嫁支出责任的可能。这对于保证各级政府都能拥有正常的公共服务能力具有重要意义。

4.2.2.2 代表性国家政府间财权划分的制度安排及经验借鉴

1. 代表性国家政府间财权划分的制度安排

与事权及支出责任的划分更多地向地方倾斜不同，政府间财权及收入的划分通常更多地向中央倾斜，这意味着地方政府包括基层政府在政府间收支划分非对称格局的制约下，必须依靠中央的转移支付才能保证其职能顺利实现的需要。政府间税权的划分有的国家相对分权，有的国家相对集权，但绝对的集权十分罕见。

（1）美国政府间财权和收入划分。美国是典型的联邦制国家，在政府间税权的划分上相对分权。在三级政府体制中，各级政府都拥有相对独立的税权、征收制度和税收体系，具体包括独立的税收立法权、解释权、开征权、停征权和税目、税率调整权，其基本特征是"分别立法、分别征管、互不干扰、财源共享"[①]。美国联邦收入由国内收入局负责征收，州和地方政府分别设有各自的税务局，国内收入局、州税务局和地方政府税务局不存在领导和隶属关系，相对独立、各司其职、各负其责。美国宪法规定，只要不与联邦税收立法冲突，各州享有各种税收自主权，地方政府则有权在联邦和州宪法规定的范围内，制定税法并开展税收征管。

美国税权划分强调效率原则，美国对各级政府所拥有的税权做了原则性规定：比如间接税税率必须全国一致，各州之间不能有差别；各州不得对进口货物和出口货物征税，目的是要形成全国统一的市场，促进

---

① 李齐云：《深化税收体制改革研究》，经济科学出版社 2019 年版，第 83 页。

商品在全国范围内正常流通、交易。在美国，财产税是地方政府主要收入来源，占地方政府税收收入的比重约为 75%。这在一定程度上是出于这样一种考虑：发挥地方政府掌握财产信息更为便捷和充分的比较优势、提高税收征管效率。联邦政府对个人所得税依赖程度很高，占其税收收入比重在 80% 以上，这在一定程度上也是为了在全国范围内保持大致统一的收入再分配力度，避免州和地方政府盲目竞争导致劳动力在全国范围内无序流动。

美国税权划分比较强调受益原则。财产税在美国被作为教育融资的主要收入来源。财产税收入多少与政府提供教育服务的质量直接相关，学区与非学区财产税负担差别很大。这种分税的指导思想或原则本质是把税收收入视作公共产品和服务的价格，尽可能把税收收入在政府间的划分与政府提供的公共产品和服务对应起来。另外，几乎所有使用费都由州和地方政府征收，这也是对受益原则的体现。

美国政府间的分税在保证每级政府都有主体税种的同时，也采用财源共享、分率计征的方式划分收入。联邦政府、州政府和地方政府分别以个人所得税、销售税、财产税作为主要收入来源，联邦政府在全国主要征收个人所得税、公司所得税和社会保险税，这三项税收占联邦政府税收收入的比重 20 世纪 70 年代以来超过 85%。州政府征收的主要是一般销售税，该税占州政府税收收入总额的 50% 左右；地方政府征收的主要是财产税，该税占地方政府税收总额的 80% 左右。个人所得税虽是联邦政府主要收入来源，但三级政府都征收，州和地方政府在联邦政府税基基础上，按照各自的税率征收个人所得税。

（2）德国政府间财权和收入划分①。德国作为联邦制国家采用分税制形式划分政府间财权和收入。德国把税收收入划分为专享税和共享税两大类。专享税是指专属某级政府的收入，共享税则是指收入由不同级次政府按一定比例分享的收入。德国的分税制与法国不同，法国没有共享税，而德国的共享税则占税收收入的大头。

德国税收立法权较为集中，95% 的税收法律都是由联邦议会制定，仅有大约 5% 的税收法律是由州和地方议会制定。联邦专属的税收和共

235

---

① 李齐云：《深化税收体制改革研究》，经济科学出版社 2019 年版，第 94~95 页。

享的税收立法权都由联邦掌握，由州和地方议会立法的税收多是一些零星、分散的小税种。联邦税收立法权高于州和地方的税收立法权，联邦已经开征的税种，州和地方不能再开征。州和地方税收立法若与联邦税收立法冲突，裁决权属于联邦。

德国建立了"一套机构、两个系统"的税收征管模式。德国税收收入由各州财政总局负责，总局局长由联邦和州政府协商任命，具有双重身份，既服务于联邦，又服务于州。各州财政总局分设联邦管理局和州管理局两个机构，前者负责联邦税收征管，后者负责州税收征管。地方税务局作为各州政府的派出机构，负责征收地方税，对地方政府负责。

德国分税制很不彻底，其40多个税种中，工薪税、进口销售税、增值税、公司所得税和个人所得税是最主要的，前三种税就占税收收入总量的70%，这些税都是共享税，除增值税外，其余4个税种在不同级次政府间的分配比例都由基本法确定，从而保持稳定，但增值税收入的分配要根据联邦和州政府的收入情况，每两年磋商调整一次。德国的专享税一般是小税种，属于联邦的专享税主要包括资本流转税、关税、消费税、公路税、保险税、兑换税、交易所营业税等，联邦政府可以单独对专享税的税基和税率进行调整而无须得到州政府的支持；属于州的专享税主要包括财产税、遗产税、地产购置税、机动车税、啤酒税、博彩税等，即便是州政府的专享税，若要调整税基和税率，州政府也需要与联邦共同确定；属于地方政府的专享税主要包括企业资本和收益税、娱乐税和土地税等。

（3）法国政府间财权和收入划分。法国是集权国家的典型代表，但是法国税权的集中并不是绝对的，特别是1982年分权化改革以后，地方政府预算与中央政府预算分开，各有自己的收入和支出，地方财政预算由地方议会自行决定，不同级次财政间不存在隶属关系。

法国税权划分呈集权格局。法国税收立法权掌握在中央手中，中央税和地方税的立法权都由中央掌握，由法国议会进行税收立法，税收体系由《税务总法》予以规范，各税种的征收管理也由中央做出统一规定，税收条例和法令由财政部制定、颁布。地方只能按照国家的税收政策和法令执行，地方政府在中央立法范围内对本级政府的税种可在税率制定及税收减免方面享有一定的机动权力。

　　法国税收征管权高度集中，税务机关自上而下垂直领导，地方政府辖区设有税务机构，但其独立于地方政府，只对国家税务总局负责。法国虽然实行分税制，但并不存在中央税和地方税两套税务征管系统。所有税收包括中央税和地方税都由国家税务局统一领导下的税务系统负责征收，缴入国家金库。归地方支配的收入，再由国家金库按月拨付地方。

　　法国中央与地方政府间实行彻底分税。所有税收划分为中央税和地方税，没有共享税。中央税的主要税种包括：增值税、个人所得税、公司所得税、消费税、遗产税、注册登记税、关税等，其中增值税收入所占比重最大；地方税的主要税种包括房地产税、营业税、专利税、娱乐税、电力税、住所税、财产转让税等。[①]

　　法国政府间税收收入分配向中央倾斜，税源集中、收入量大的税往往划给中央，个人所得税、公司所得税、增值税和消费税四大主体税种全部由中央政府掌握。地方掌握的税收往往税源较为分散、收入量少，分税的结果是超过 80% 的税收收入由中央掌握（见表 4 - 5）。

表 4 - 5　　2010~2014 年法国中央与地方政府税收收入占总税收收入的比重

财政年度	中央政府	地方政府
2010	89. 25	10. 75
2011	86. 88	13. 12
2012	86. 84	13. 16
2013	87. 13	12. 87
2014	86. 90	13. 10

　　资料来源：http：//www. oecd. org/ctp/federalism/fiscal - decentralization - database. htm#C_6table9；李齐云：《深化税收体制改革研究》，经济科学出版社 2019 年版，第 102 页。

　　（4）日本政府间财权和收入划分。日本作为一个单一制国家，政府间税权划分较为集权，税收立法权集中在日本国会，所有税种的税法都需要报国会批准。但地方政府对地方税有关税种是否在本地开征具有选择权，如果认为某税种不适合当地情况可以不开征，对于税法规定的

---

　　①　楼继伟：《中国政府间财政关系再思考》，中国财政经济出版社 2013 年版，第 204 页。

地方税税率如果认为与当地实际不相适应也可以进行调整，即日本税收立法权虽然由中央集中掌握，但地方税开征停征权和税率调整权还是由地方政府掌握。另外，除中央统一立法的地方税之外，地方政府还可以另外开征新的地方税，根据当地情况和实际需要，制定征收条例，提交本级议会审批后上报中央，以决定是否最终通过审批，即日本地方政府掌握有限的地方税税收立法权。

相对税收立法权划分的偏于集权，征管权的划分则相对分权。日本在税收征管方面分设了国税和地税两套税务征管系统，二者分工明确，各司其职、各负其责，相互之间没有隶属关系，分别负责筹集国税和地方税收入，分别对中央政府和地方政府负责。

日本分税比较彻底，一般不实行共享税和同源分别计征的办法，但各级政府主体税种的划分和美国相似，日本中央政府掌握的多为征税范围广、涉及全国利益的税种，包括所得税、法人税、地方法人特别税、继承税、赠与税、印花税、注册执照税、消费税、酒税、烟草税、挥发油税、地方道路税、石油气税、飞机燃料税、石油煤炭税、汽油重量税、电源开发促进税、关税等，其中所得税和法人税是其主体税种。归都道府县和市町村管理的税种多为税源分散、征收范围狭窄的小税。归属都道府县的税种主要包括都道府县居民税、事业税、地方消费税、不动产取得税、汽车税、狩猎税等，居民税和事业税是其主要税种；归市町村的税种包括市町村居民税、固定资产税、城市规划税、共同设施税等，市町村居民税和不动产税是其主体税种。

就税收收入在中央与地方之间的分配比例看，中央占税收收入大头，大约控制60%的税收收入。2007年日本推进了分权化改革，但国税仍然稳定在50%以上（见表4-6）。如果把日本特殊会计收入考虑进去（这部分收入主要由中央政府掌控，如社会保障缴费收入），中央政府收入占总收入的比重会更高①。

---

① 楼继伟：《中国政府间财政关系再思考》，中国财政经济出版社2013年版，第187页。

表 4 – 6　　　　日本 1985～2009 年中央和地方政府租税收入　　单位：10 亿日元

年份	租税总额	租税占 GDP 比重 (%)	中央租税收入	中央租税 占 GDP 比重 (%)	中央租税 占租税总 收入比重 (%)	地方租税 总额	地方租 税占 GDP 比重 (%)	地方租税 占租税总 额比重 (%)
1985	62467	23.9	39150	15	62.7	23317	8.9	37.3
1990	96230	27.6	62780	18	65.2	33450	9.6	34.8
1995	88638	23.7	54963	14.7	62.0	33675	9	38.0
2000	88267	23.7	52721	14.2	59.7	35546	9.5	40.3
2005	87095	23.8	52291	14.3	60.0	34804	9.5	40.0
2006	90623	24.3	54117	14.5	59.7	36506	9.8	40.3
2007	92923	24.8	52656	14.1	56.7	40267	10.7	43.3
2008	85389	23.1	45831	12.4	53.7	39559	10.7	46.3
2009	75426	20.5	40243	13	53.4	35183	9.6	46.6

资料来源：根据《2010 年日本地方财政统计年鉴》（日文版）以及《2010 年日本统计年鉴》（日文版）数据计算，转引自楼继伟：《中国政府间财政关系再思考》，中国财政经济出版社 2013 年版，第 188 页。

2. 代表性国家政府间财权划分的制度安排的经验借鉴

政府间财权和税收收入的划分在不同国家表现出较大差异，但是仍然可归结出一些值得借鉴的共同做法。

第一，不管税权划分采用相对集权还是分权的做法，不管是否保证每级政府都有自己的主体税种，但是多数国家中央政府基本集中了收入的大头。这是依据效率和公平原则在政府间分税所对应的必然结果。美国学者马斯格雷夫提出的政府间分税的原则基本得到公认。他认为，中低级政府应该对辖区间流动性低的税基征税；应该让那些能够最有效地执行统一税基（global base）的辖区使用累进税率的个人税；以保障收入再分配为目标的累进税制应该主要由中央政府执行；用于稳定政策的税收应该由中央政府征收；若各下级政府的税基分布高度不均，应采用中央政府征收的办法；收益税和使用费的征收可以在各级政府执行①。

---

①　Musgrave R. A. 1983，"Who Should Tax，Where and What？"，转引自贝夫·达尔比：《税收选择：联邦制下的税收分配问题》，见《财政联邦制与财政管理》，中信出版社 2003 年版，第 29～40 页。

显然，按照这样的原则在政府间分税，税源充裕、收入量大、征管相对容易的大税都要被中央政府掌握，基层政府几乎在所有国家都以财产税为重要收入来源。这是由中央政府和地方政府自身性质的差别以及公平和效率原则的实现要求共同决定的。

第二，在税种的划分上，中央一般掌握主要税种的课征权，各国普遍把那些税源充足而又涉及全国的税种、有利于实现经济稳定增长和公平收入分配目标的税种划归中央，而把税源分散、只涉及地区范围以及中央征收没有信息优势而需要付出较高成本的税种划归地方。

第三，在税收权限的划分上，税收基本法规的制定权一般集中在中央，中央通常掌握重要税种的立法权、开征、停征权和税法解释权，地方政府可能掌握地方税的立法权，也可能不掌握地方税的立法权，但地方政府一般都掌握地方税法执行过程中的开征、停征权和税目、税率的调整权。

第四，政府间分税可以是完全分税，也可以是不完全分税（不完全分税要设立共享税，共享税的分配比例与分配办法在不同国家差异也较大），但一般都采用法律形式来明确各级政府所掌握的税种和管理权限，分税与分权和分征结合在一起，地方总是掌握一定的管理权限，至少对自己所掌握的税收具有一定的调整权。这种政府间的收入划分办法具有相对稳定性，对各级政府的行为都具有一定约束力，任何一级政府不能随意对政府间的收入划分办法进行对自身有利的调整。由此可以有效避免中央政府（高层政府）利用自身的优势地位任意调整政府间收入划分办法而弱化基层政府的公共服务能力，但是毕竟收入分配向中央（高层政府）倾斜，这使基层政府要保持适当的公共服务能力往往要依靠中央（高层政府）的转移支付。

4.2.2.3　代表性国家政府间转移支付设计的制度安排及经验借鉴

1. 代表性国家政府间转移支付设计的制度安排

市场经济国家一般实行分税制来处理政府间财政管理权限的划分问题，由于按照一般的分税原则，中央政府（高层政府）在政府间收入划分中掌握收入的大头，而支出安排却相对更多地由地方政府（基层政府）完成，因此地方政府（基层政府）必须依靠中央政府（高层政府）的转移支付才能掌握足够的财力来实现其政府职能，因此为了保证地方政府（基层政府）能够得到足够的转移支付并在不同的地方政府（基层政府）之间实现转移支付资金的公平分配，代表性国家非常注重转移支付制度设计的规范性、科学性、合理性。

（1）美国政府间转移支付制度。美国联邦政府对州和地方政府的转移支付开始的时间比较早，始于 18 世纪末，即联邦形成之初就已存在，但是直到 30 年代大危机之后，随着联邦对经济干预力度的增强，转移支付规模才迅速扩张，现在美国联邦开支的一半以上用于转移支付，联邦的转移支付已经成为美国州和地方政府的重要收入来源。

美国政府间转移支付的形式与其他国家相比具有明显的特殊性，多数国家政府间转移支付以一般性转移支付为主、专项转移支付为辅，但美国恰好相反。理论界关于美国政府间转移支付形式的认识并不完全统一。有的学者认为美国不存在一般性转移支付，所有转移支付均为专项转移支付[1]，有的学者认为美国政府间的转移支付包括无条件拨款、整块拨款和分类拨款三种形式。无条件拨款的拨款公式由国会确定，所有的州和地方政府都有资格得到这种拨款。拨款时考虑的因素包括各州和地方的人均收入、课税条件和人口数量等因素，州和地方政府无须申请，拨款按照国会确定的拨款公式予以分配，州和地方政府可以按照自己的意图使用这笔资金。整块拨款和分类拨款都是有条件转移支付，占转移支付总额比例达到了 90% 以上[2]。还有的研究者认为联邦政府转移支付超过 98% 采用的是有条件拨款方式[3]。综合上述观点，认为美国联邦政府安排的转移支付中有条件转移支付占绝对主导地位应相对稳妥。本书认为，美国联邦政府几乎不采用一般性转移支付形式主要是基于以下几个方面的考虑：一是公共产品和服务归根结底是要满足民众的需要，因此政府转移支付应主要针对作为个体的社会成员，而没有必要安排旨在实现公共服务能力均等化的转移支付。即便不同地方政府因为财力差异而导致提供的公共产品和服务的种类、数量、质量存在差别，社会成员也可以通过在不同地方政府辖区之间自由迁移来实现自身利益最

---

① 楼继伟：《中国政府间财政关系再思考》，中国财政经济出版社 2013 年版，第 224 ~ 225 页。

② 李齐云：《分级财政体制研究》，经济科学出版社 2003 年版，第 176 ~ 177 页。

③ 张启春、徐小丁：《美国的政府间转移支付改革及启示》，载《中南财经政法大学学报》2010 年第 2 期。

大化。二是财力弱的地方政府如果能通过一般性转移支付增加可支配财力，那么极易导致对联邦一般性转移支付的依赖，降低其通过自身努力来增加财力的积极性，起到鼓励落后打击先进的效果，从而影响效率。三是不安排一般性转移支付有利于通过自发调节使地区间财力差异呈收敛趋势。一方面民众用脚投票会对财力弱的地方政府施加压力，迫使其尽可能增加可支配财力；另一方面，随着民众在不同地方政府辖区之间的迁移，地区间人均财力自然会呈均等化趋势。四是美国地区间财力差异相对较小，通过一般性转移支付缩小地区财力差异的迫切性不如其他国家那么高。五是美国联邦制根深蒂固，联邦政府并不明确履行缩小地区间财力差异的职责。六是美国从历史上看，联邦对州政府的转移支付一直采用有条件转移支付形式，这体现了制度选择所存在的"路径依赖"。

美国联邦政府面向州和地方政府安排的有条件转移支付主要是为实现个人平等而不是为了实现下级政府提供公共服务能力均等化。大部分转移支付资金直接用于支持低收入者，资金由联邦拨付给州和地方政府，再由州和地方政府转移给个人。美国联邦政府安排的转移支付的领域非常集中，医疗卫生和收入保障是两种最主要的转移支付，约占转移支付总额的2/3，用于公共医疗补助项目以及家庭援助、住房和儿童营养等项目[1]。

美国州对地方政府转移支付的规模与联邦政府对地方政府的转移支付规模大致相当，在资金使用范围上相当集中，大部分用于中小学教育。资金分配充分考虑保证地方政府有足够财力提供一定水平的教育服务，根据地方政府的税收能力和支出需求确定资金分配办法，旨在实现提供均等化服务。州宪法规定州政府是教育的主要提供者，但中小学教育服务的主要实践者是地方政府[2]。这类似地方政府承担事权、州政府承担支出责任的制度模式。

（2）德国政府间转移支付制度。德国成立财政规划委员会来负责管理组织包括政府间转移支付在内的政策制定。德国的政府体制由议会的上议院、众议院和各州政府的代表监督实施，责任共享和共同制定适

---

① 楼继伟：《中国政府间财政关系再思考》，中国财政经济出版社 2013 年版，第 225 页。
② 楼继伟：《中国政府间财政关系再思考》，中国财政经济出版社 2013 年版，第 226~227 页。

用于所有州的统一立法是该制度强调的重点。财政规划委员会由联邦政府财长和经济部长、州政府负责财政的部长以及 4 个市政府代表组成，该代表根据市政委员会的提名由众议院委派。财政规划委员会制定中短期预算资金分配、使用的指导方针和政策建议，最终使联邦政府和州政府之间达成一致的财政政策。

德国的政府间转移支付制度比较完善，转移支付的目标、范围、计算标准都以法律形式确定，规范透明，法制化程度高。与其他国家相比，德国转移支付制度所具有的明显特征包括：

第一，既有纵向的转移支付，也有横向的转移支付。纵向转移支付包括联邦对州的转移支付和州对地方政府的转移支付两个层次。联邦对州的转移支付主要依靠增值税的二次分配按照各州的居民人口和各州的税收能力通过固定的分配公式来实现。除通过增值税的二次分配来实现联邦对州的转移支付外，联邦对州还通过共同事务拨款和补充拨款来为州提供转移支付资金。前者用于补助州承担的按照联邦基本法本应由联邦与州共同承担的事务；后者则是对增值税共享和州际横向均衡的补充，不规定资金用途，也不按公式法确定，比较灵活。与其他国家只有纵向转移支付制度形成鲜明对比的是，德国政府间的横向转移支付制度也很完备，具体是通过计算各州的税收能力和标准财政支出需求来核定各州的财政平衡指数。财政平衡指数为 100% 的州，财政上不进不出，自求平衡，超过 100% 的州将按照超过比例的大小拿出一定比例的财力支援财政平衡指数达不到 95% 的州。

第二，转移支付制度设计与政府间收入分享结合起来。在设有共享税的国家，政府间分享税收收入属于政府间财权和收入划分的内容，在确定收入分享比例时一般并不考虑地方政府间的财力差异，因此这样的政府间收入分享并不构成政府间转移支付制度的组成部分。但是德国政府间收入分享却具有浓郁的均衡地方政府财力的色彩，从而把政府间收入分享与政府间转移支付结合起来，在某种程度上难以说清到底是政府间的收入分享还是政府间转移支付，其实质是二者的结合。德国政府间的收入分享主要借助增值税的二次分配实现。增值税在联邦和州政府之间的分配比例确定以后，归属州的增值税在州之间的分配办法是：其中的 75% 是按州的人口数进行分配，一个州所能分到的增值税收入等于州的人口数乘以人均增值税额①。其余归属州增值税的 25% 是根据州政府税收能力与标准财政支出需求的比例（财政能力指数）来确定的。这一比例小于 92% 的州才能参与这部分增值税的分配，目的是使财力弱的州经过这种分配其财力能够达到全国平均水平的 92%。

第三，德国的横向转移支付和纵向转移支付紧密交织，后者建立在前者的基础之上。一般来说，政府间的横向转移支付和纵向转移支付是相互独立、自成体系的，但德国却将二者结合在一起，共同服务于保证州政府公共服务能力均衡化目标的实现。经过增值税的二次分配，即便财力比较弱的州财政能力指数也接近 92%，但德国认为这种政府间财力差距仍然不能容忍，于是通过政府间横向转移支付予以调节，具体做法是根据财政能力指数来确定一个州到底是应该得到横向转移支付，应该自求平衡还是应该拿出一部分财力形成平衡基金。财政能力指数为 100% 的州，自求平衡，得不到横向转移支付但也无须拿出财力形成平衡基金。财政能力指数超过 100%，就需要从超过的财力中拿出一定比例形成平衡基金，超过的比例越高，超出财力所需拿出作为平衡基金的部分所占比例也就越高。而财政能力指数达不到 92% 的州，可以直接从平衡基金中拿到不足 92% 的差额部分。财政能力指数在 92% ~ 100% 的州，可以从平衡基金中得到不足 100% 部分的 37.5%，通过这种横向转移支付，财政能力指数最少能达到 95%②。在此基础上，联邦政府再安排面向州政府的纵向转移支付。通过这种纵向转移支付财力低于平均水平的州的财力能达到全国平均水平的 97.5%，从而形成非常均等化的财政平衡体系（见图 4 - 2），降低各州财政风险③。德国州内财政均衡的办法各州做法不统一，目的是使州内各地方政府之间的财政收支水平基本平衡，使地方政府能保持大致均等的公共服务能力。

---

① 德国这种在州政府间分配增值税收入的做法具有明显的合理成分：增值税作为间接税，纳税人和负税人脱节，税收负担最终由民众负担，按人口来分配增值税收入可以有效避免收入过于向工商业发达地区集中的弊端。在我国，广大农村社会成员实际承受了相当比重的增值税负担，但增值税的缴纳却主要集中在工商业发达的城市，由此导致城市和农村地区的财政收入存在巨大差距，进而导致公共产品和服务的供给与成本分担的脱节及城乡公共服务均等化目标难以实现。

② 李齐云：《分级财政体制研究》，经济科学出版社 2003 年版，第 186 ~ 188 页。

③ 楼继伟：《中国政府间财政关系再思考》，中国财政经济出版社 2013 年版，第 241 页。

图4-2　德国政府间转移支付实现财力均等化涉及的环节

（3）法国政府间转移支付制度。法国纵向集权型的财政体制使中央财政保持了较高的收入集中度，中央掌握的收入超过了总收入的80%，这使地方财政对中央转移支付依赖程度很高。

法国中央对地方的补助形式有两种：一是一般性补助，目前是法国最主要的政府间转移支付形式，约占地方财政支出的30%，该转移支付的对象是省和市镇，并不面向大区级政府，主要用于平衡地方预算，按照地方政府的人口、学生人数、公路长度、公用设施负担及财力状况等因素综合确定，旨在根据地方政府的支出需要和财政能力的对比来确定转移支付数额，以实现公共服务能力均等化，这体现公平原则；同时考虑地方政府税收征管的努力程度，地方征税越多，补助金也越多，这体现效率原则。法国的一般性转移支付分为强制性和非强制性两类。前者是指按照《财政法》的规定，中央必须拨付地方政府运营性转移支付；后者是指按照其他政策和支出需要而安排的转移支付。二是专项补助，占地方支出比重约为15%。也分为强制性和非强制性两类。前者是指按照法律规定必须安排的转移支付，通常按照公式法进行分配，如医疗方面的专享补助等。后者通常是根据地方五年经济合同中地方与中央应承担的责任和义务以及国土整治政策来确定，用于地方兴办专项工程，如修建学校和铁路等。此外，法国还以税收返还形式将投资项目的增值税全部返还大区政府以支持地区产业发展，中央将自身事权委托地方也安排相应的下划事权补助①。

（4）日本政府间转移支付制度。日本作为单一制国家，政府间纵向财政不平衡问题很突出，中央征收管理的税收占总税收收入的比重在2/3左右，而地方安排的支出却占总支出的2/3，在中央与地方政府间形成明显的结构不对称格局，因此地方政府必须依靠中央的转移支付才能保证职能顺利实现。中央对地方政府的转移支付占地方财政收入的比

---

① 楼继伟：《中国政府间财政关系再思考》，中国财政经济出版社2013年版，第205~206页。

重达到了 1/3 左右。日本中央政府对地方的转移支付主要采用三种形式：

一是地方交付税，这相当于无条件转移支付，中央拿出所得税、酒税收入的 32%、法人税的 34.5%、消费税收入的 29.5% 和烟草税收入的 25% 作为交付税的总量（由《地方交付税法》明确规定），然后把其中的 94% 作为普通交付税，按照地方依据法定因素测算的标准财政支出和标准财政收入之间的差额在地方政府之间进行分配。其余的 6% 用于普通交付税算定后因发生灾害、歉收等特殊情况而所需的补充转移支付，称为特别交付税。特别交付税每年 12 月先拨付总额的 1/3，再于来年 3 月拨付剩余的 2/3。

二是国库支出金，它相当于中央对地方的专项转移支付，即有条件拨款。具体包括三种形式：一是国库负担金，主要用于需要由中央和地方共同承担支出责任的项目，项目由地方负责实施，中央政府也承担一定的支出责任，比较典型的是义务教育国库负担金。二是国库补助金，主要是便于中央政府推进特定政策、发挥宏观调控和引导作用而转移给地方的资金。三是国库委托金，主要指本来属于中央政府的事务委托给地方政府办理而需要由中央支付给地方的款项。就国库支出金的构成看，国库负担金约占 60%，国库补助金和委托金约占 40%，在地方财政收入中占比 15%~20% 左右。

三是地方让与税，是指中央为了提高税收征管效率和消除税源的地区偏差把作为国税征收的一些按受益原则筹集的税收收入按照一定标准转让地方，包括地方道路税、石油天然气税、机动车辆税、航空燃料税、特别吨位税五种，地方必须按照规定用途使用，其实际是专项转移支付的一种特殊实现形式。

由表 4-7 可知，日本中央政府对地方政府安排的转移支付中，地方交付税（相当于一般性转移支付）和国库支出金（相当于专项转移支付）是较为重要的组成部分，前者在总量中约占 50%；后者约占 47%，地方让与税所占比重很小。

表 4-7　　　　日本地方政府 2009 年获得转移支付情况　　　单位：亿日元

转移支付形式	都、道、府、县	市、町、村	合计
地方交付税	8184	7636	15820
其中：普通交付税	8082	6809	14871

续表

转移支付形式	都、道、府、县	市、町、村	合计
特别交付税	122	827	949
占转移支付总额比重（％）	47	47	47
国库支出金	8560	8279	16839
占转移支付总额比重（％）	49	50	50
地方让与税	810	486	1297
占转移支付总额比重（％）	5	3	4
转移支付总额	17554	16402	33956
占地方财政总收入比重（％）	34	31	32
地方财政收入（含债务收入）	50968	53554	104522

　　资料来源：根据日本总务省 2011 年版《地方财政状况》（日文版）整理，合计中有重合部分。转引自楼继伟：《中国政府间财政关系再思考》，第 191 页，顺序有调整。

2. 代表性国家转移支付制度设计的经验借鉴

　　不同国家由于国情不同，在政府间转移支付制度设计方面会有不同选择，由此导致不同国家的转移支付制度具有较为鲜明的个性特征，但通过比较和反思仍然可以归纳出构建政府间转移支付制度值得借鉴的经验。

　　第一，以纵向转移支付为主要实现形式。一般来说，一个国家处理不同级次政府间财政关系都需要建立政府间的转移支付制度，这种政府间的转移支付制度以中央对地方的转移支付即纵向转移支付为主要实现形式，由此可以看出，在中央与地方政府之间形成收支不对称的分配格局有其必然性、合理性。政府间的转移支付制度已经成为现代财政管理体制的一项重要内容，是规范中央与地方财政分配关系的不可或缺的制度约束条件。

　　第二，通过法律形式确定政府间转移支付制度。既然地方必须依靠中央的转移支付才能保证政府职能的顺利实现，那么为了避免中央政府不把足够的资金转移给地方，"除中国以外，几乎所有国家的立法机关都要为中央—州—地方的财政转移支付立法"[1]。通过法律形式来确定

---

[1]　沙安文：政府间财政约定——国际应用的经验教训，载见沙安文、乔宝云：政府间财政关系国际经验评述，人民出版社 2006 年版。

转移支付的形式、数额，使转移支付制度运作保持相对稳定性，从而保证中央和地方都要遵循既定的规则，减少中央和地方政府之间在财力分配上的盲目性、随意性，增强制度的科学性、合理性和透明度，使各级政府可以形成稳定的预期，进而便于发挥各级政府在资源配置过程中的积极性、主动性，有助于解决所谓的"联邦制悖论"（Federalism Dilemma），即联邦制度的自我运行所面临的困境：如果中央政府权力过大，则其会对地方滥用权力；如果地方权力太大，则其会搭便车、欺骗而不同中央政府合作，甚至影响国家的稳定。这意味着只有在集权与分权之间实现均衡才能使制度安排具有自我稳定功能①，而规范、科学、合理的政府间转移支付制度恰是实现集权与分权均衡不可或缺的重要工具和手段。

第三，按照因素法来确定转移支付数额。在确定中央对地方的转移支付数额的时候，一般都考虑多种因素测算地方政府的财政能力，根据统一公式来分配资金，对不同地方政府来说，可以做到"同等情况、同等对待，不同情况，不同对待"，从而体现公平原则；另外，在分配转移支付资金的时候，有的国家也考虑地方政府筹集的税收收入数量，筹集税收收入多的可以得到相对多的转移支付，这明显是在追求效率原则，由此带来的启示是：转移支付制度的设计并不是一味追求公平，在某种程度上对效率原则予以适当考虑也是完全必要的。市场经济国家设计转移支付制度来处理政府间财政关系所遵循的标准如表4-8所示。

表4-8　　　　　　　　　政府间转移支付规划的标准

序号	标准名称	标准内容
1	独立性	地方政府应当在设立优先权时具有完全的独立性，不应受项目的目录结构和中央决策不确定的影响
2	充分性	地方政府应当有足够的收入承担责任
3	公平性	分配的基金应当与财政需求因素直接相关，而与每个辖区的税收能力成反比

① Defigueiredo, Rui J. & weingast, Barry R. , Self - enforcing Federalism: Solving the Two Fundamental Dilemmas. Mimeo. Stanford University, April, 1997.

续表

序号	标准名称	标准内容
4	预见性	拨款机制应通过发布可分配资金的五年预测以确保地方政府份额的可预测性
5	效率性	拨款规划在涉及地方政府对资源分配的选择问题上保持中立
6	简洁性	拨款分配应基于单个部门无法控制的目标因素进行，规则应当易于理解
7	激励性	规划应为完善的财政管理提供鼓励，禁止负担地方政府财政赤字的特殊转移支付
8	灵活性	最佳实现途径是拨款条件规定所需达到的结果，并赋予接受方灵活使用资金的权力
9	单一性	每个拨款项目都应当集中实现单一目标
10	权衡性	上述各种标准相互之间可能有矛盾，因此可能需通过比较为各个因素分配优先权

注：标准名称引用时有调整。

资料来源：安瓦尔·沙阿（1994）：《发展中和新兴市场经济中政府间财政关系的改革》，转引自沙安文、乔宝云：《政府间财政关系国际经验评述》，人民出版社 2006 年版，第 124 页。

第四，合理控制转移支付规模。转移支付规模特别是一般性转移支付规模，体现了中央政府对政府间初次收入分配格局改变力度的大小，虽然由此可增加经济欠发达地区可支配财力，有利于促进公共服务均等化，但却会抑制效率。这与政府对市场机制作用下的收入分配格局改变力度过大会影响效率是同样道理。因此，转移支付规模并非越大越好，当然也不是越小越好（转移支付规模越小，越能维护政府间收入和财力的初次分配格局，从而体现效率原则，但却导致政府间财力差距过大，影响公共服务均等化目标的实现，从而不能体现公平原则）。在特定国家的特定发展阶段，客观上存在最佳的转移支付规模，虽然美国完全放弃一般性转移支付的做法有些极端，但带给我们的启示是，防止转移支付规模过大并不是完全没有道理。

第五，把转移支付与收入分享结合起来，提高转移支付制度运作效率。一般来说政府间转移支付在时间上处于政府间事权支出责任划分和财权收入划分之后，或者说政府间转移支付与政府间财权收入划分相对独立，二者之间界限清晰。正是在这个意义上，多数国家都是由中央政府先通过财权和收入划分把资金集中到自己手中，然后再按照一定方法把资金转移支付给地方政府。这较之直接通过收入分享办法的确定把资金留给地方政府，显然就绕了一个"弯"（资金收上来再拨下去），延长了资金在途时间，降低了制度运作效率。法国增值税的二次分配就是比较高明地把转移支付与收入分享紧密结合的典范。一般的收入分享体现为按照规定比例在中央与地方之间划分收入，这就是纯粹的收入分享而没有任何转移支付的色彩。而法国增值税的二次分配则是把划归地方政府的增值税根据地方的税收能力与支出需要的对比来确定分配比例，这就把收入分享与转移支付结合起来，通过直接在收入分配环节完成政府间转移支付，可大大缩短资金在途时间，提高转移支付效率。

第六，充分发挥横向转移支付的作用，提高转移支付制度运作效率。中央政府对经济欠发达地方政府安排一般性转移支付的本质是通过中央政府把经济发达地区的一部分财力转移给经济欠发达地区，这实际涉及三个主体（经济发达地区地方政府、中央政府、经济欠发达地区地方政府）、两个环节（中央从经济发达地区地方政府集中收入、中央再转移支付给经济欠发达地区地方政府）。如果通过横向转移支付直接由经济发达地区地方政府把资金转移支付给经济欠发达地区地方政府就涉及两个主体（经济发达地区地方政府、经济欠发达地区地方政府）和一个环节，这可以降低交易成本、提高制度运作效率。法国完善的政府间横向转移支付制度对此可以提供经验借鉴。

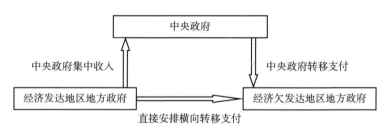

图 4-3　横向转移支付与纵向转移支付涉及环节比较

第5章　完善我国中央与地方事责财权关系的建议

5.1　完善我国中央与地方事责财权关系应注意的问题

5.1.1　需注意单纯采用"自上而下"分权思路存在一定局限

无论是"自上而下"分权的思路还是"自下而上"授权的思路在政府利他假设下都可以使财政体制在集权与分权之间实现恰当均衡。但是在政府自利假设下，"自上而下"分权不如"自下而上"授权更能体现效率原则要求。自 1949 年中华人民共和国成立，迄今长达 70 多年的时间，财政体制一直在集权与分权之间震荡而没有在集权与分权之间实现稳定均衡，与一直采取"自上而下"分权的体制设计思路有关。既然这种体制设计思路存在一定局限，我国为何还长期采用这样的体制设计思路？这显然与我国的具体国情有关。我国是一个单一制国家，自秦汉时代起就形成中央集权的国家。两千多年来，集权一直是主流，分权是支流，集权的传统在我国根深蒂固。按照黑格尔"存在即合理"的说法，我国之所以形成集权传统肯定有其必然性、合理性。著名历史学家黄仁宇在《中国大历史》中所给出的解释是，这与中国古代的黄土文明和治水社会有内在联系。黄河流域是中国古代文明的发祥地，黄河被称为中华民族的母亲河，孕育了中国古代灿烂的黄土文明，但同时也给中华民族带来深重灾难。流经黄土高原的黄河是世界上含沙量最高的河流，泥沙在黄河下游的沉积使黄河成为名副其实的地上河，加上季风气候在夏秋季节带来的丰沛降水，使黄河经常泛滥。因此，在中国古代，治水是头等重要的大事，这事关民族的生存发展。建立一个集权的国家，动用大集团的力量有助于完成治水任务。这就是黄仁宇对中国之所以形成集权传统的解释。魏特夫则在《东方专制社会》一书中用"灌溉文明"对中国集权传统做出解释。他认为有着全世界最为典型季风气候的中国，在冬春季节降水稀少，不能满足农业生产需要，为此需要修建大型农田水利设施，这不是小集团所能胜任的工作。建立集权国家是季风气候条件下发展灌溉农业的必要条件。按照他们的解释，中国自古以来形成集权传统带有必然性，这与欧洲有着明显区别。按照新制度经济学的"路径依赖"理论，过去的选择制约现在的选择。在我国选择、构建财政管理体制，划分政府间财政管理权限，协调政府间事责财权关系，从思路上由"自上而下"分权转向"自下而上"授权难度甚大，至少在目前并不具备转变条件。但是这并不意味着不可以吸取、借鉴"自下而上"授权思路的合理成分。党的十六大报告就明确指出，"民主是社会主义的本质和生命"，要加强"社会主义民主政治制度建设"，宪法也明确规定中华人民共和国的一切权力属于人民。各级人民代表大会是国家权力机关，各级人民政府是执行机关。在一定程度上弥补、纠正"自上而下"分权思路存在的局限和不足，只需积极贯彻落实宪法精神，强化同级人民大会对同级政府的监督制约作用，实化横向委托代理链条即可。这样一来，一级政府的领导人就是由辖区民众民主选举产生或是权力机关任命，其在与高层政府或中央政府就政府间事权支出责任划分、财权收入划分及转移支付制度设计进行博弈或谈判时，就会充分反映辖区民众的利益愿望和要求。中央政府或高层政府按照自己意愿对体制朝对自身有利的方向随意进行调整的情况就不大可能出现。这有助于在中央与地方之间就事责财权关系划分形成稳定的制度安排。

5.1.2 需注意政府间事责财权划分新的实现路径

政府间事责财权划分的传统思路以既定等级制政府为前提，其长处体现在：一是相对更容易实现规模收益；二是有助于统筹使用财力和配置资源；三是有助于降低公共产品生产提供的决策成本；四是可降低制度创设成本。但其短处也很明显：一是受信息因素制约，容易导致公共产品供求脱节；二是易导致公共产品利益获取与成本分担脱节，从而不能充分体现公平原则；三是导致政府系统内部管理成本加大；四是导致政府间事权支出责任划分难度加大。在"功能覆盖型竞争性辖区（functional overlapping competitive jourisdiction，FOCJ）"视域下，汲取借鉴公共产品多元化供给理论的精髓，结合公共产品和服务的具体性质来选择、设计供给主体，以协调政府间事责财权关系的长处有以下几点：

第一，有助于协调公共产品和服务供求关系。根据特定的公共产品和服务来确定"FOCJ"，实际是按照专业化分工思路来提供公共产品和服务。一个供给主体负责提供一种或少数几种公共产品和服务，可大大减轻该供给制度下搜集整理信息的压力，更有利于做到公共产品和服务供给的规模、结构及供给方式能满足民众需求[①]。"人们利益的多样性和需求，公共产品和服务的不同类型，逻辑上要求不能用一种单一的地方政府单位去应对所有公共问题。因此，一个市民同时面对多个不同而有区别的地方政府单位具有内在必然性"[②]。

第二，有助于更好地体现受益原则。"FOCJ"在辖区内筹资虽然仍然难以完全根据民众受益情况分配筹资负担，但由于其通常只负责提供一种公共产品和服务，相对于层级制政府下需综合提供多种公共产品和服务、完全不考虑受益原则，还是相对更有利于做到成本分担与利益获取对称。这有利于辖区民众对所失与所得加以比较，从而便于对供给主体效率做出评价，便于通过"用脚投票"促使供给主体提高效率。

第三，"FOCJ"在地位上平等，不存在上下级关系，避免了层级制政府内部上下级政府之间关系处理协调而必须付出的交易成本。

第四，大大降低政府间事权支出责任划分工作的难度。"FOCJ"是根据公共产品和服务的受益范围来选择、确定的供给主体，从理论上讲，公共产品和服务受益范围不同，供给主体也不同，公共产品和服务

---

① "多元化的政府存在格局要比那种包揽一切的单一政府安排更能准确地表达公民的偏好，更能针对不同的服务职能来确定恰当的边界范围"（文森特·奥斯特罗姆、罗伯特·比什、埃莉诺·奥斯特罗姆：《美国地方政府》，北京大学出版社 2004 年版，第 93 页）。

② 万鹏飞：《美国地方政府》中文版序言，北京大学出版社 2004 年版，第 2 页。

种类及受益范围有多少种分类，就可以有多少个"FOCJ"与之对应。公共产品和服务受益范围与"FOCJ"辖区范围完全对应，从而可以更好地体现效率和公平原则。"FOCJ"之间不存在领导与被领导的关系，也就不存在上下级之间划分事权和支出责任的问题。在传统层级制政府制度下，上级政府利用对下级政府的控制权扭曲政府间事权支出责任划分，使下级政府承担相对重的支出负担和责任的情况不复存在。

但是通过成立"FOCJ"来划分公共产品和服务供给事权和支出责任的新思路，其存在的局限也很明显：

第一，公共产品和服务的供给难以实现规模收益。在"FOCJ"制度框架下，受益范围相同的公共产品由于种类不同而由不同的"FOCJ"提供就失去了在层级制政府下由特定政府统一提供以实现规模收益的可能，虽然可以在最大程度上发挥分权的优势，但集权的优势也被否定了。另外，从收入筹集的角度看，相对于由政府税务部门为政府提供的所有公共产品和服务筹资，每个"FOCJ"都需要自己筹资，无疑要加大筹资成本。

第二，财力无法统筹使用。"FOCJ"相互独立，各自筹资并提供特定公共产品和服务，彼此之间收支泾渭分明，因此财力不可能在不同种类公共产品和服务之间统筹安排，由此可能导致不同种类公共产品和服务在供给规模、质量及供给方式等方面差距拉大。

第三，可能导致决策成本提高。传统层级制政府体系下，公共产品和服务供给的利益获取与成本分担是高度分离的，辖区民众存在明显的"财政幻觉"（布坎南，1993），在公共决策中"搭便车"的动机明显，这实际降低了政府决策成本。但"FOCJ"提供公共产品和服务使得利益获取与成本分担高度对称，辖区民众会深刻感受到公共决策对自身利益的影响，其在公共决策过程中表达自身利益愿望、要求的动机会很强烈，民众对"FOCJ"的制约作用会很强，由此导致决策过程相对复杂、难度加大和交易成本提高。做出决定的负担转移到民众（Blatter&Ingram，2000）。

第四，"FOCJ"在地位上完全平等、不存在领导与被领导的关系，每个"FOCJ"的设立都需要通过公共决策，"自下而上"授权成立，制度创设成本高（见表5-1）。

表 5-1　　　公共产品供给事权支出责任划分两种思路优缺点的比较

优缺点		层级制政府下划分公共产品 供给事权支出责任的传统思路	"FOCJ"制度下划分公共产品 供给事权支出责任的新思路
优点		1. 有助于实现规模收益	1. 有助于协调公共产品和服务供求关系
		2. 有助于统筹使用财力和配置资源	2. 有助于更好地体现受益原则
		3. 有助于降低公共产品生产提供的决策成本	3. 有助于避免层级制政府上下级之间的交易成本
		4. 有助于降低制度创设成本	4. 大大降低政府间事权支出责任划分工作的难度
缺点		1. 受信息因素制约, 易导致公共产品供求脱节	1. 不同公共产品由不同"FOCJ"提供, 难以实现规模收益
		2. 公共产品利益获取与成本分担脱节, 不易体现公平原则	2. 难以统筹使用财力和配置资源
		3. 层次制政府系统内部管理成本加大	3. 公共产品生产提供的决策成本提高
		4. 政府间事权支出责任划分难度加大	4. "FOCJ"的设立需通过公共决策, 制度创设成本高

5.1.3　需注意对体制构建所涉及三方面内容进行相互独立研究的局限

　　财政体制的设计构建通常需要涉及三个方面的内容, 即政府间事权和支出责任划分、政府间财权和收入划分以及政府间转移支付制度设计。无论在理论研究还是财政实践操作层面, 财政体制设计构建所涉及的三个方面的内容基本被相互分解开来, 专门研究三个方面中的一个方面甚至一个方面的某一环节的倾向非常明显, 就政府间事权支出责任划分论事权支出责任划分; 就政府间财权收入划分论财权收入划分; 就政府间转移支付制度设计论转移支付制度设计。可能囿于时间精力, 对财政体制所涉及的三个方面进行面面俱到的研究难以保证有一定深度, 从这个角度讲, 集中精力只研究财政体制的某一方面甚至某一方面的某一环节是完全可以的, 甚至是必要的, 但是这种局部的研究并不能完全替代总体的研究，毕竟政府间事权支出责任划分、政府间财权收入划分及政府间转移支付制度设计是一个统一的整体，三者之间相互影响、相互制约，人为地割裂三者之间的内在联系，极易导致事权支出责任划分与财权收入划分脱节，进而导致政府间转移支付制度扭曲。

5.1.4 需注意协调收支关系原则用于处理政府间财政关系应灵活变通

"量出为入"是基本理财原则。遵循该原则有助于实现财政收支平衡。协调中央与地方事责财权关系也要实现中央与地方各级财政收支平衡。因此，从这个意义上讲，完善中央与地方事责财权关系，"量出为入"原则也存在运用的可能性，保证各级政府财政通过事责财权划分能实现收支平衡，但是该原则在处理政府间财政关系方面的运用并不像处理一级政府财政收支关系那样简单。对一级政府来说，按照该原则处理财政收支关系，只需要根据支出规模来确定收入筹集规模即可。但是用于处理政府间财政分配关系，就不能生搬硬套，需要相机抉择、灵活处理。按照该原则，完善中央与地方事责财权关系首先需要划分政府间的事权和支出责任，然后根据事权支出责任划分来划分财权和收入，进而使事责财权关系保持协调。这从思路上讲没什么问题，但是不可绝对化，让政府间财权收入划分与政府间事权支出责任划分保持直接对应关系，这会导致转移支付规模过小，弱化中央政府的宏观调控功能。一般来说，处于强化中央政府宏观调控功能考虑，各国一般都会适当加大中央政府的财权和收入，从而在中央与地方间形成收支结构性不对称的格局。但是这并不意味着"量出为入"原则可以完全被抛弃，这会使中央与地方间形成的收支结构性不对称过于严重，从而难以优化转移支付规模，降低财政运作效率。这就有一个"度"的把握问题。

"量入为出"也是基本理财原则。遵循该原则也有助于实现财政收支平衡。协调中央与地方事责财权关系既然要实现中央与地方各级财政收支平衡，从这个意义上讲，"量入为出"原则也存在运用的可能性和必要性，但是该原则在处理政府间财政关系方面的运用如"量出为入"

原则一样，并不像处理一级政府财政收支关系那样简单。一味强调"量入为出"，根据各级政府筹集的收入所对应的财力分配格局，划分政府间事权和支出责任，虽然有助于实现各级财政收支平衡，但却可能会使政府间事权和支出责任划分不符合效率和公平原则（通常的做法是先划分政府间的事权和支出责任，然后再划分政府间的财权和收入范围）。同时，这也会导致转移支付规模过小，弱化中央政府的宏观调控功能。但是这并不意味着"量入为出"原则可以完全被抛弃，划分政府间事权和支出责任完全不考虑财权和收入划分，也不利于协调各级财政收支关系，优化转移支付规模。

协调政府间事责财权关系，做到"量出为入"和"量入为出"相结合是较为理想的选择。首先，依据"量出为入"原则，先划分政府间事权和支出责任，夯实政府间财权和收入划分的基础和前提。但是，并不能过于强调"量出为入"使不同级次政府财政事责财权直接对应，而应根据中央宏观调控的需要，在中央与地方之间形成收支结构性不对称的格局。其次，应依据"量入为出"原则，根据政府间财权和收入划分与事权支出责任划分的对比关系，合理确定政府间转移支付制度，进而保证各级政府财政都能实现收支平衡。

5.1.5　需注意协调政府间事责财权关系所采用的假设前提应具有现实性

协调政府间事责财权关系，需要对不同级次政府性质有一个基本假设。基本假设是逻辑推理的基础和前提。具有现实性的假设前提有助于通过逻辑推理对现实问题给出合理解释，进而有助于找到解决问题的办法和出路。不具有现实性的假设前提会使通过逻辑推理所构建的理论体系与现实脱节，从而经不起实践检验。新中国成立 70 多年来的财政体制实践和理论研究对假设前提的重视程度一直不够，虽然通常并没有强调政府的政治人假设，但是无论在财政实践和理论研究中，都或多或少都存在政治人假设的痕迹。这在实践中导致体制的设计构建一直难以达到理想效果，在推行中总会出现这样那样的问题；在理论研究中则表现为认识不到问题的症结，拿不出治本的解决对策。因此，在新的历史条件下协调政府间事责财权关系，需要强调政府的经济人假设。这不仅是经济学的基本假设，也是管理学包括公共部门经济管理的基本假设。林毅夫在《经济学研究的方法》一书中说过很有道理的话：当我们在现实中发现有的现象违背经济人假设的时候，往往是因为我们对经济活动主体所面临的约束条件认识不充分的结果。

5.1.6 需注意政府间事责财权关系划分并不仅仅是技术性问题

政府间事责财权划分及政府间转移支付设计的确涉及一系列方式、方法的选择，不能不说是技术性问题。长期以来，理论界研究财政体制问题基本上就是在研究政府间分权的方式、方法及其效应和影响，事实上把体制问题研究等同于分权的方式、方法研究。这实际是把政府间财政分权问题简单化了，如果政府间财政分权仅仅是方式、方法选择的技术性问题，只需要对发达国家行之有效的实现财政分权的方式、方法采取"拿来主义"即可。实践证明这并不是行得通的做法。毕竟，政府间财政分权涉及一系列制度安排，是复杂系统工程，任何财政分权方式、方法的运用都需要系列制度与之配套。因此，协调政府间事责财权关系并不是简单的方式、方法选择问题，还需要积极营造这些方式、方法得以发挥作用所必需的制度基础和条件。

5.2 完善我国中央与地方事责财权关系的基本思路

5.2.1 理顺市场与政府关系是基础

理顺市场与政府的关系，不宜强调二者之间相互替代，而应强调二者之间相互协调、相互配合、相辅相成、取长补短，通过发挥二者的比较优势，弥补二者的比较劣势，来共同完成社会总的资源配置任务①，做到既能高效率地配置资源，生产提供私人产品，满足私人需要；又能高效率地配置资源，生产提供公共产品，满足公共需要。既要追求效率，又要追求公平，进而提高社会福利水平。考虑我国特定国情背景，更应强调"社会主义市场经济本质要求是实现社会主义制度与一般市场机制的有机统一，不仅要求充分发挥市场在资源配置中的决定性作用，通过市场机制作用解放和发展社会生产力，更加要求有效发挥政府作用，通过宏观调控使市场经济发展始终服务于社会主义强国建设"。② 如果公共产品和私人产品之间可以划出泾渭分明的界限，则市场与政府关系的处理就会比较简单，但现实是大部分产品是兼具公共产品和私人产品双重属性的混合产品，这无疑会加大协调市场与政府关系的难度。另外，市场与政府的关系处于一个动态的变化发展过程中。市场有效、市场失效以及与之对应的政府有效、政府失效在不同历史发展阶段会呈现不同的内容和表现形式，事实上也要求在财政实践中处理市场与政府的关系要有不同的实现方式。因此，对于协调中央与地方事责财权关系问题研究而言，市场与政府关系的处理、协调作为前提和基础仍然需要下功夫夯实。

259

5.2.2　合理划分政府间事权和支出责任以及政府间财权和收入是核心内容

　　财政活动包括收入筹集和支出安排两大环节。一个完整的财政分配过程应是收入筹集在前、支出安排在后。从这个角度讲，划分政府间事责财权关系，似乎应该首先划分政府间的财权和收入，然后根据财权和收入划分情况再划分政府间的事权和支出责任，保证各级政府财政做到"有多少钱办多少事"，实现收支平衡。这样做的好处是便于协调不同级次政府财政的收支关系，但是从公共产品供给能更好地体现效率和公

---

　　① 现代市场经济都是"混合经济"，从资源配置手段的选择看就是政府计划与市场的混合。"经济体制的差异反映的是国家（也可以指政府——引者注）和市场结合方式上的差异，即哪部分经济活动由国家负责，哪部分经济活动留给市场，国家的行政组织即政府对市场活动进行多强和多宽的控制。这通常是个程度问题"（速水佑次郎：《发展经济学——从贫困到富裕》，社会科学文献出版社 2003 年版，第 233 页）。
　　② 吕炜、靳继东：《始终服从和服务于社会主义现代化强国建设——新中国财政 70 年发展的历史逻辑、实践逻辑与理论逻辑》，载《管理世界》，2019 年第 9 期。

平原则角度讲，这样做并不合适。在给定政府级次及政府需要提供的公共产品的种类和受益范围的前提下，政府间事权和支出责任划分客观上存在合适的划分标准，这体现为政府间事权和支出责任划分相对财权和收入划分所具有的相对独立性。即便一级政府财政自有财力并不足以支撑其履行特定的事权和支出责任，也应通过政府间转移支付制度设计来解决，而不应根据政府间财力分配格局来划分政府间事权和支出责任。政府间财权和收入的划分也具有相对独立性。这体现在：一是政府间事权和支出责任划分虽然是政府间财权和收入划分的基础和前提，但是后者与前者并不保持直接对应关系。为了强化中央政府的宏观调控功能，政府间事权和支出责任划分的大头一般在地方，而财权和收入划分的大头一般在中央，形成中央与地方结构性收支不对称。二是政府间财权和收入的划分同事权和支出责任划分一样，也需要体现效率和公平原则，这使得财权和收入划分并不需要与事权支出责任划分保持直接对应关系。

5.2.3 优化政府间转移支付制度是必要保障

政府间转移支付制度是协调政府间事责财权划分关系的重要手段。事权支出责任大头在地方，财权收入大头在中央的划分格局，必须通过政府间转移支付制度才能实现地方财政收支平衡。从理论上讲，不管地方财政收支缺口多大，都可以通过中央对地方的转移支付来弥补。这很容易导致财政实践中转移支付规模偏大。从应然角度分析，特定国家在特定发展阶段客观上存在最佳的转移支付规模，在该规模下，一方面能充分发挥中央政府的宏观调控功能；另一方面，也能保证各级政府财政收支平衡。因此，设计政府间转移支付制度，一个很重要的任务就是实现转移支付规模优化。在此基础上，还应优化转移支付结构。一般来说，地方政府在配置资源、生产提供地方性公共产品方面有信息优势，从这个角度讲，中央对地方安排的转移支付最好不要规定资金的使用方向和使用方式。但中央政府为了加大对地方政府的控制力，使自己的地位和作用能充分体现，往往会加大专项转移支付所占比重。因此，实现政府间转移支付制度优化，需要在转移支付规模和结构两个方面做大量工作。

5.3 完善我国中央与地方事责 财权关系的具体对策

5.3.1 合理划分政府间事权和支出责任的具体对策

（1）解决好政府"越位""缺位""不到位"，理顺市场与政府的关系，先从整体上合理界定政府的事权和支出责任，从而为合理划分政府间事权和支出责任奠定基础条件。

随着"抓大放小"战略的实施、国有企业改革的逐步深入，严格意义上的政府生产提供私人产品，满足私人需要、追求私人利益的"越位"问题也基本上得以解决，即政企分开的改革任务基本完成，但政事分开、政社分开的改革仍处于起步阶段，严格说这涉及混合产品的生产提供，本身处于市场与政府的交叉作用地带，还不是政府严格意义上的"越位"，导致的问题也不如政府涉足市场有效作用领域那么严重，所以政府从解决最突出的问题入手，首先集中力量深化了国有企业改革，重点解决政府严格意义上的"越位"问题。在这一问题基本解决后，非严格意义上的政府"越位"问题的解决就提上议事日程，需要大力推进政事分开、政社分开改革。

经过多年改革，严格意义上的政府"缺位"问题也基本得以解决。在现实经济生活中，已经很难找出应该由政府提供的公共产品和服务，政府没有提供的情况。但是政府提供的公共产品和服务"不到位"的情况非常普遍。严格说来，"不到位"问题甚至可以说只能缓解严重程度而不可能从根本上得到解决。毕竟，民众对公共产品和服务的需求是无限的，用有限的政府财力去满足无限的公共需求，矛盾永远存在。政府提供的公共产品和服务的种类、数量、质量与民众的需求相比，总是存在差距。在政府提供的公共产品和服务中，找出、补齐"短板"，对于从整体意义上合理界定政府的事权和支出责任具有重要意义，这可为政府间事权和支出责任划分奠定基础和前提。

（2）深化公共产品供给制度改革，减少政府供给公共产品和服务的种类，可有效减轻政府间事权和支出责任划分的工作压力。

划分政府间的事权和支出责任是涉及面广、影响因素多的复杂系统工程，其工作难度与需要划分的公共产品的种类多少成反比。种类越多、任务越重，难度越大。因此，如果能减少公共产品和服务供给的种类，则可为合理划分政府间事权和支出责任减轻工作压力。这与理顺政府与市场关系以及公共产品供给制度改革联系在一起。

首先，需要深化国有企业改革，逐步实现国有资本从市场有效作用领域推出，这体现为通过缩小政府职能范围来减轻政府间事权和支出责任划分压力。虽然改革以来，国家不断加大国有企业改革力度，但迄今为止国有企业改革仍然没有完全到位，还有一定数量的国有企业处于市场有效作用领域，生产提供私人产品、满足私人需要，追求利润最大化。公有产权的特殊性质决定了国有企业的行为本质上是政府行为，与国有企业有关的政府间事权和支出责任划分是整个政府间事权和支出责任划分的重要组成部分。尽管国有企业与政府的行政隶属关系使得在不同级次政府间划分与国有企业相关的事权和支出责任相对简单，因而并不构成政府间事权和支出责任划分的难点和重点，但毕竟要增加政府间事权和支出责任划分的工作量。从这个意义上讲，如果能深化国有企业改革，实现国有企业从市场有效作用领域退出，发挥公有产权的比较优势，使国有企业成为弥补和纠正市场失效的重要手段，自然就可以减轻政府间事权和支出责任划分的工作压力。

其次，深化事业单位体制改革，把提供的产品和服务更多具有私人产品属性的事业单位完成"事转企"改革，这对于减轻政府间事权支出责任划分的工作压力具有更为重要的意义。总体来看，我国事业单位改革严重滞后于国有企业改革是有深刻原因的。作为国有企业，生产的是私人产品、满足的是私人需要；作为事业单位，生产的是混合产品，满足的需要并不纯粹是私人需要，也不纯粹是公共需要，而是兼具这两种不同性质的需要。在传统体制下，无论是私人产品还是公共产品抑或是混合产品，生产提供都采取了公有产权的制度安排，而公有产权的比较优势是生产提供公共产品，满足公共需要，实现公共利益。因此，生产提供私人产品的国有企业相对生产提供混合产品的事业单位，其制度扭曲相对要严重得多，矛盾体现得更为尖锐和突出。因此，我国国有企业改革起步远早于事业单位，在国有企业改革已取得显著成效的情况下，事业单位改革才刚刚起步。由于事业单位是一个庞大的系统，不同事业单位在具体性质上差别明显，所以事业单位改革不可能采取"一刀切"的对策，而只能区别对待，分类改革。一些提供的产品和服务具有更多公共产品性质的事业单位仍然需要由政府承担相应的事权和支出责任，而一些提供的产品和服务具有更多私人产品性质的事业单位则应推向市场，完成"事转企"改革，由此一来，这部分事业单位所对应的事权和支出责任就可以从政府所应承担的事权和支出责任中剥离出来，从而在一定程度上减轻政府间事权和支出责任划分的压力。

再次，应强调公共产品的生产提供并不一定都需要由政府来承担事权和支出责任。公共产品本身是一个复杂的体系，可按照不同标准对其分类，不同类别、不同性质的公共产品应对应不同的政府间事权和支出责任划分办法。一是可以排他的混合产品。严格意义上的公共产品是非排他的，但有一些混合产品可以排他，排他的混合产品就可以通过收费抵补生产成本，从而可为通过市场渠道提供创造基础条件。二是小受益范围的公共产品。一般来说，公共产品生产提供过程中的交易成本大小与公共产品的受益范围直接相关。公共产品受益范围小到一定程度，就为有关社会成员通过平等协商谈判分担成本提供了可能，这样的公共产品就不一定必须由政府来承担相应的事权和支出责任。对于受益范围远远小于最基层政府的辖区的小受益范围的公共产品，到底是由最基层政府负责提供，还是借助非政府供给制度实现供给需要具体问题具体分析，而没有必要由政府承担全部事权和支出责任。三是受益范围相对宽泛，但受益对象数目相对少的公共产品。最为典型的例子是各种行业协会所提供的公共产品。就其受益范围看，相当宽泛，甚至可以覆盖全国，但受益对象数目却较为有限，即其受益对象一般不是自然人而是法人。这就为其通过收取会费弥补成本提供了可能，从而也就没有必要由政府承担相应的事权和支出责任。

最后，公共产品的生产和提供可以区分开。公共产品生产是指如何通过资源配置把公共产品创造出来，公共产品的提供是指成本如何分担。公共产品自身的特殊性质决定不少公共产品需要由政府提供，但这并不意味着需要由政府来直接生产。越来越多的公共产品可以采取私人生产、政府提供的方式，由此可以大大减轻政府间事权和支出责任划分的工作压力。长期以来，在如何处理市场与政府关系方面，我国长期存在政府包揽过多的情况，把公共产品的生产与提供合二为一。政府负责提供的公共产品大多采取政府直接生产的形式，政府需要设立机构、成立组织来从事公共产品的生产，从而加大政府间划分事权和支出责任的工作难度，而把公共产品的生产与提供区分开来，有助于减少划分政府间事权和支出责任所需面对的公共产品和服务的种类，从而降低工作难度。

（3）通过把大类公共产品细分，把受益范围与某级政府辖区范围完全重合的公共产品和服务界定为该级政府的固有事权并承担支出责任。这符合效率和公平原则，通常被称为"完美对应""完美映射"并体现"财政对等原则"①。比如一级政府行政、立法、司法机构所提供的基本公共服务受益范围与辖区范围是完全吻合的，应划为该级政府的固有事权并承担支出责任。这是政府间事权和支出责任划分最没有争议的部分，也是目前我国政府间事权和支出责任划分做得相对好的部分。但是公共产品受益范围的多样性与政府级次有限性矛盾的客观存在，决定了大多数公共产品的受益范围不可能与政府辖区范围完全吻合。为化解这一矛盾，一个可行的办法是尽可能细化公共产品的分类。对于大类的公共产品，其受益范围具有多样性、层次性，如果由某一级次政府负责提供，政府辖区范围与该大类公共产品的受益范围就不可能吻合。但是如果将该大类公共产品细分为若干小类，每一小类的公共产品再细分为更小类别，然后按照小类或更小类别的公共产品在不同级次政府间划分事权和支出责任，则做到政府辖区范围与公共产品受益范围吻合的可能性就会大大提高。

（4）按照"就近一致"原则把受益范围接近某级政府辖区范围的公共产品和服务划为该级政府的事权并承担相应支出责任。这分为三种情况：第一种是受益范围超出了一级政府的辖区范围，但超出范围有限，或者是受益范围小于一级政府的辖区范围，但仍然非常接近该级政府辖区范围，那么应将该公共产品的提供划为该级政府事权。此时虽然实现不了最优，但可以实现次优。第二种是受益范围远远小于一级政府的辖区范围，相对更接近下级政府的辖区范围，此时按照"就近一致"

---

① 美国著名财政学家奥茨把公共产品受益范围与政府辖区范围的吻合表述为："对于总人口中每一个被确定的消费特定公共产品的子集来说，存在着一个相应层级的政府"，他称之为"完美对应"；布雷顿称之为"完美映射"；奥尔森则称之为"财政对等原则"；奥茨：《财政联邦主义》，译林出版社2012年版，第34页。

原则应把该公共产品的提供界定为下级政府的事权并承担相应的支出责任。第三种是受益范围远远超出一级政府的辖区范围，相对更接近上级政府的辖区范围，此时按照"就近一致"原则应把该公共产品的提供界定为上级政府的事权并承担相应的支出责任。

（5）受益范围居于中间状态的公共产品供给的事权划分可考虑两个思路和解决办法。大部分公共产品的受益范围要么与一级政府的辖区范围相吻合，要么相对接近一级政府的辖区范围，但是还有一类公共产品，其受益范围居于上下两级政府辖区范围的中间状态，既不接近下级政府的辖区范围，也不接近上级政府的辖区范围。对这类公共产品在政府间划分事权和支出责任，可以考虑以下两个思路和解决办法：

一是纯理论的、不具有实践可能性的解决办法：增加政府级次。从理论上讲，若公共产品的受益范围居于上下级政府辖区范围之间，那么在上下级政府之间增加一级政府，使之辖区范围与该公共产品的受益范围保持一致，则仅从公共产品供给角度考察，是可以体现效率和公平原则的。但是增加政府级次并不是件容易操作的事情。政府级次的多少受制于公共产品供给的横向交易成本与纵向交易成本的对比关系，并不能无限制增加。在边际横向交易成本等于边际纵向交易成本时，政府级次就达到均衡（李森，2009）。因此，虽然从逻辑上讲可以通过增加政府级次来协调公共产品受益范围的多样性与政府级次有限性之间的矛盾，但从政府管理的角度分析会加大政府制度运作成本从而难以体现效率原则。从我国的实际情况看，我国有中央、省、市、县、乡五级政府，这样的政府级次设置在世界范围内看都是比较多的。理论界涉及政府级次的文献，多是主张减少政府级次。代表性的文献是贾康、白景明发表于《经济研究》2002 年第 2 期的论文《县乡财政解困与财政体制创新》，该文从我国政府级次太多加大分税难度入手，认为应减少我国政府级次，提出了"虚市撤乡"的政府级次改革思路，即通过"省管县"和"乡财县管"改革来完善我国财政体制、实现基层财政解困。其实按照这样的逻辑，政府级次过多，不仅加大政府间分税的难度，而且也加大政府间事权和支出责任划分难度。严格来说，政府间事权和支出责任划分难度的确与政府级次多少有成正比的一面，从这个角度讲，减少政府级次的确可以降低政府间事权和支出责任划分难度。如果一个国家只有一级政府，那就不存在政府间事权和支出责任划分问题。但是另一方面，这样做会使公共产品和服务受益范围多样性与政府级次有限性之间的矛盾更加尖锐，使公平和效率原则更加难以体现，从而背离合理划分政府间事权和支出责任的初衷。

二是实现改革思路的转变。自 2016 年发布《国务院关于推进中央与地方财政事权和支出责任划分的指导意见》和 2018 年发布《基本公共服务领域中央与地方共同财政事权和支出责任划分改革方案》以来，国内理论界关于政府间事权支出责任划分的研究基本是在既定的政府级次设置条件下，划分不同公共产品和服务到底应由哪级政府承担事权和支出责任，或是由不同级次政府如何按照一定比例来共同承担事权和支出责任。这是在给定公共产品和服务供给主体的条件下，划分供给客体的思路。新思路则与之相反，是根据给定的供给客体来确定供给主体，"因为不同物品可能有不同的获益区域，这就导致了这样的结论，即每种物品的有效规模的管辖范围是不同的，并存在不同的有效规模管辖权。可设想每种物品或服务有一个不同（但重叠的）特定政府单位"①，这就是建立特殊服务区的思路，通过构建 FOCJ 来划分政府间的事权和支出责任。由于特殊服务区本身就是依据公共产品的种类及其受益范围设立的，因此，随着作为特殊服务区的 FOCJ 的建立，政府间事权和支出责任划分自然也就容易解决了。

特殊服务区政府与传统意义上的特定级次的政府有着明显区别：一是特殊服务区政府通常只负责提供一种公共产品，如果受益范围相同，也可以提供两种或两种以上公共产品。传统意义上的政府则负责提供多种公共产品和服务，非常复杂，甚至可以说涵盖所有公共产品和服务。如果说特殊服务区政府是在搞公共产品和服务的专业化生产，传统意义上的政府就是在搞"大而全"的生产。二是特殊服务区政府提供的公共产品受益范围与其辖区范围完全吻合，因为特殊服务区政府本身就是根据公共产品和服务的受益范围来设置的，不存在政府辖区范围与公共产品和服务受益范围脱节问题。而传统意义上的政府负责提供多种公共产品和服务，其中只有个别公共产品和服务的受益范围与政府辖区范围吻合，大部分公共产品和服务的受益范围与政府辖区范围是脱节的，要么超出政府辖区范围（但也不会严重超出该政府辖区范围，若真是如

---

① 乔·B. 史蒂文斯：《集体选择经济学》，三联书店 1999 年版，第 418 页。

此，该公共产品就会由上级政府来承担事权和支出责任）；要么小于其辖区范围（但通常也不会小太多，否则该公共产品和服务的受益范围就会相对更接近下级政府辖区，那么按照"就近一致"原则就会由下级政府承担事权和支出责任）。三是特殊服务区政府更能做到公共产品和服务供求均衡。因为特殊服务区政府只负责提供一种公共产品和服务，对辖区民众的需求信息可以掌握得比较充分，对辖区民众的偏好会更为熟悉和了解，从而便于做出合理决策实现公共产品供求均衡。而传统意义上的政府负责提供多种公共产品和服务，由于辖区民众对不同种类公共产品的需求存在差异，因而该政府就难以做到充分了解辖区民众对不同公共产品的偏好，对需求信息难以充分掌握，因而容易导致决策失误和公共产品供求失衡。四是特殊服务区政府相对可以做到公共产品利益获取与成本分担对称。因为其只负责提供一种公共产品，然后在辖区内分担成本，就该公共产品而言，利益获取和成本分担对称，从辖区民众角度而言，利益获取和成本分担对称可能更多的是从整体意义上体现出来，但至少体现得非常明显。而传统意义上的政府提供的公共产品和服务种类繁多，其依据"量出为入"原则筹集收入，这里的"支出"是指其所负责提供的全部公共产品和服务所需安排的支出，指的是支出总额而不是某类公共产品和服务所需支出，因此其所依据的"量出为入"原则只是从其负责提供的公共产品和服务的整体意义上体现出来，对特定种类的公共产品和服务，利益获取和成本分担是脱节的。这从政府收税的原则可以体现出来，收税一般不采用受益原则，而主要依据支付能力原则。五是特殊服务区政府效率评价比传统意义上的政府要容易得多。因为特殊服务区政府只提供一种公共产品和服务并在辖区内分担成本，利益获取与成本分担对称，作为辖区民众，可以较为容易地把二者加以比较，进而便于对特殊服务区政府的绩效水平做出评价。与之形成鲜明对比的是传统意义上的政府绩效评价要困难得多。因为其提供的公共产品和服务种类繁多，为提供这些公共产品和服务所需收入由税务部门根据支付能力原则筹集，筹集上来的收入进入国家金库，由财政部门统筹安排，从该级政府担负特定公共产品和服务供给责任的特定部门来说，是在吃该级政府的"大锅饭"，其提供公共产品和服务效率水平的高低与可支配收入多寡没有必然联系，因而其没有动力也没有压力（特定部门代表政府提供特定公共产品和服务，实际是唯一供给主体，部门之间没有竞争）提高该公共产品和服务的效率水平。对于辖区民众来说，税收按支付能力缴纳，与其从公共产品和服务消费中得到的效用满足没有对应关系，且政府不同部门提供的公共产品和服务的性质差别明显，彼此之间不可比，因而难以对提供多类公共产品和服务的政府的整体绩效水平做出评价。六是特殊服务区政府在实现规模收益方面处于劣势。因为每种公共产品和服务都需要成立特别服务区政府，为此每个特殊服务区政府都要成立专门的收入筹集机构、专门的支出安排机构以及专门的行政管理机构并聘用相应人员，由此需付出的代价和成本相当高昂。而传统意义上的政府，可以成立一个机构来负责筹集各类公共产品和服务供给所需收入，可以成立一个机构来安排全部支出，虽然仍然要根据公共产品和服务的种类、性质设置相应部门，但面向各个部门的统一的行政管理机构可以只设立一个，这可以实现规模收益。

综上所述，特殊服务区政府提供公共产品的模式与传统意义上的政府提供公共产品的模式各有利弊得失，各有比较优势和比较劣势。因此，从理论上讲，两种模式不能相互替代，而应相互协调、相互配合、相互补充，取长补短，共同服务于政府间事权和支出责任划分。

传统意义上的政府提供公共产品和服务由于可以实现规模收益，因此，政府间事权和支出责任划分仍然要以这种公共产品和服务供给模式为主，受益范围与政府辖区范围吻合，或者虽然不吻合但相对接近该政府辖区范围的公共产品和服务应由该政府承担相应的事权和支出责任。在"完全一致"和"就近一致"原则都无法运用的条件下，可考虑成立特殊服务区政府。特殊服务区政府并不一定只提供一种公共产品和服务，在公共产品和服务的受益范围相同的情况下，特殊服务区政府也可以提供两种或两种以上公共产品和服务，这实际也是实现特殊服务区政府规模收益的过程，同时也可以理解为提供受益范围相同的特殊服务区政府的合并即特殊服务区政府数目减少的过程。随着特殊服务区政府规模收益的实现，特殊服务区政府就从单一公共产品和服务的供给主体转变为多种公共产品和服务的供给主体，从供给的公共产品的种类角度考察，特殊服务区政府的性质和传统意义上政府的性质差别在逐渐缩小，但是差别仍然是明显的，即特殊服务区政府虽然可以提供多种公共产品和服务，但其受益范围是相同的。这可以称之为第一种意义上的特殊服务区政府规模收益的实现。这样一来，从理论上讲可以形成一个实现规模收益的特殊服务区政府系列，在这个系列当中，每个特殊服务区政府都提供两种以上受益范围相同的公共产品和服务，或者说都实现了规模收益。在这种情况下，提供的公共产品和服务受益范围较为接近的特殊服务区政府有通过合并进一步提高规模收益的可能性。由此会导致特殊服务区政府提供的公共产品和服务的受益范围与特殊服务区政府的辖区范围开始出现脱节，由此产生的负面影响的严重程度取决于脱节的严重程度。如果只是提供的公共产品和服务受益范围接近的特殊服务区政府合并，脱节就不会严重，带来的负面影响就较小；反之，就会很大。这可以视作特殊服务区政府合并需付出的成本和代价。其收益体现为合并所实现的规模收益。到底是合并还是不合并，取决于成本和收益的对比关系，收益大于成本则合并。在边际收益等于边际成本时，特殊服务区政府数目达到均衡。这可视作第二种意义上特殊服务区规模收益的实现。显然和第一种意义上规模收益的实现相比，这更多地体现了"潜在的帕累托增进标准"。前者几乎不涉及成本而只是利益增进，更多地符合"帕累托增进标准"。显然，第二种意义上的特殊服务区政府规模收益实现后，特殊服务区政府与传统意义上政府的区别实际上已经消失了，特殊服务区政府提供的公共产品和服务不仅不是单一的（包括两种以上的公共产品和服务），而且公共产品受益范围与特殊服务区辖区范围也出现脱节。这相当于在原来传统意义上的级次化政府体系中，在上下级政府之间又增加了若干级次的政府，只不过增加的不是传统意义上的政府，而是实现了规模收益的特殊服务区政府。其内嵌于传统意义上政府体系中上下级政府之间，但又相对独立，与传统意义上的上下级政府是并列关系，地位上是平等的。这就避开了政府级次设置所受横向交易成本与纵向交易成本对比关系的制约，同时又协调了公共产品受益范围多样性与政府级次有限性之间的矛盾和冲突。换言之，在传统意义上的政府级次框架下，按照"完全一致"和"就近一致"原则划分政府间事权和支出责任，虽然可以解决相当部分公共产品和服务在不同级次政府间的事权支出责任划分问题，但是还有一部分公共产品和服务的事权和支出责任划分不清楚，从而体现为上下级政府的共同事权，需要共同承担支出责任，如何明晰划分事权、界定支出责任分担比例仍然不好解决。而借助特殊服务区政府的设立并在此基础上实现第一种和第二种意义上的规模收益，则是划分政府间事权和支出责任的新思路、新方法。

在我国通过设立特殊服务区政府来划分政府间事权和支出责任，可借助事业单位体制改革的深化来实现。我国事业单位体制改革在时间上滞后于国有企业改革。在国有企业改革已经逐步到位且取得明显改革成效的情况下，事业单位体制改革才刚刚起步，这有其必然性。因为在我国传统体制下，政府完全否定市场在资源配置中的地位和作用。政府既要配置资源，生产提供公共产品，满足公共需要，实现公共利益，还要配置资源，生产提供私人产品，满足私人需要。按照公共经济学的基本原理，私人产品自身的性质决定其是市场有效配置资源的领域，政府通过投资分门别类地建立国有企业，生产提供私人产品严格来说是政府的"越位"。随着市场体制的构建和完善，市场在资源配置中的作用日益得到体现，各种非公有制经济成分不断发展壮大，国有企业面临来自非国有经济的竞争，出现了亟待解决的现实问题：效益下滑、亏损严重、甚至资不抵债。因此，相对事业单位，国有企业生产提供私人产品的制度扭曲最为严重，改革的要求也最迫切，于是我国的城市改革首推国有企业改革。

在国有企业改革基本到位后，事业单位的改革自然也就推上了改革议程。相对国有企业改革，事业单位的改革难度并不小。作为一个棘手问题，其难度体现在：一是事业单位本身是一个庞大复杂的系统。与国有企业涵盖不同产业、不同行业类似，事业单位也是一个涵盖教育、科学、文化、体育、卫生等多个系统的庞大体系，其中每个系统又自成体系。比如教育就包括义务教育、中等教育、高等教育、职业技术教育、成人教育等多个组成部分。因此，事业单位改革涉及单位众多，涉及从业人数规模庞大，改革如果触及单位、个人利益，改革的阻力就会非常大。二是事业单位长期纳入财政资金供给范围，和财政脱钩较为困难。这与从事生产经营活动的国有企业有着明显区别。虽然传统体制下，政府与国有企业存在"统收统支"的关系，国有企业财务一度被视作财政体系的基础环节，但至少从形式上看，国有企业的各项支出主要还是依靠其从事生产经营活动所获取的各项收入而不是来自财政拨款。而事业单位则长期纳入财政支持保障的范围，其支出相当部分来自财政拨款。事业单位的从业人员长期视自己为体制内人员，事业单位自身也有行政级别，如果把事业单位推向市场，搞"事转企"改革会有一定阻力，这是我国"事转企"改革推行多年但进展相对缓慢的重要原因。三是"事转企"改革后，还有大量的事业单位，这些事业单位被视作公共经济部门的组成部分，但是与提供纯公共产品的行政、立法、司法机构相比还是有着明显区别。其提供的仍然是混合产品，相对"事转企"的单位，只不过满足公共需要的性质体现得更明显一些而已。其收取的费用纳入预算，支出由财政拨款或补助，这实际切断了事业单位提供的服务与其收入之间的对应关系，不利于提高事业单位绩效水平。四是加大政府间事权支出责任划分难度。我国政府间事业支出责任划分一直是个难题，中华人民共和国成立以来一直按行政隶属关系划分，但这种办法只能在实践操作层面明确各级政府财政的支出方向。对财政工作部门来说，支出安排的事权和支出责任是界定清楚了，但相对公共产品和服务的供给来说，则相当模糊。2016 年发布的《国务院关于推进中央与地方财政事权和支出责任划分改革的指导意见》仍然是原则性划分，2018 年国务院办公厅印发的《关于基本公共服务领域中央与地方共同财政事权和支出责任划分改革方案》具有可操作性，对 8 大类 18 项基本公共服务在中央与地方政府间划分了支出责任，但正如方案所指出的：只是对目前政府间支出依据明确、支出责任相对确定的支出明确了支出责任。比较棘手的事权支出责任划分并没有涉及。虽然按照由易到难、逐步推进的渐进式改革思路深化改革具有必要性、合理性，但这也从一个侧面说明我国政府间事权和支出责任划分依然任重道远，与其他国家相比，这除了与我国政府级次太多从而加大划分难度、传统体制下不同级次政府吃"大锅饭"客观上不需要明确划分政府间事权和支出责任相关外，还与我国存在极其庞大的事业单位系统有关。

对事业单位进行系统划分政府间事权和支出责任的难度在于：每一事业单位系统提供的公共产品都是一个大类，如果细分，都可以划分为若干小类。不同小类的同种公共产品在性质上有明显区别，比如教育公共产品中，义务教育与高等教育就差别明显。由此带来的问题是划分事业单位在政府间的支出责任就不能"一刀切"，而只能具体问题具体分析。受事业单位提供的公共产品受益范围多样性的制约，在有限的政府级次间划分事权和支出责任，还受受益范围多样性与政府级次有限性矛盾的制约。要保证每级政府负责提供的公共产品受益范围与其辖区范围完全重合事实上是不可能的。大部分公共产品的受益范围超出或小于政

271

府的辖区范围是常态，恰好吻合是个别的、偶然的情况。按照公共经济学基本原理，这又难以充分体现效率和公平原则。

出现这种局面，除了与事业单位系统繁杂有关外，在某种程度上，还与我们通常所采用的划分政府间事权支出责任所采用的思路有关。目前占主导地位的思路是以既定的政府级次设置为前提，根据不同级次政府作为公共产品供给主体所具有的性质来寻找合适的公共产品和服务与之匹配并承担相应的事权和支出责任。简而言之，就是根据确定的供给主体来选择合适的供给客体。受政府级次有限性和公共产品受益范围多样性矛盾的制约，这样做的结果只能是一级政府负责提供很多种类的公共产品和服务。其中相当部分公共产品的受益范围与其辖区范围不吻合，即便采取就近一致原则划分政府间事权和支出责任，结果也只能是促使公共产品受益范围与政府辖区范围偏差尽可能缩小。除此之外，在一级政府提供多类公共产品的模式下（类似企业"大而全"的生产模式），从理论上讲，政府对不同种类公共产品如何统筹兼顾，即如何决定财政资金在不同方向的分配和使用，如何确定财政支出结构以及由此所决定的公共产品的供给结构，使之能与社会成员对公共产品的需求结构吻合，就是很不容易做好的工作。虽然财政部门可以本着统筹兼顾、按比例分配资金的原则安排支出，力求做到不同支出方向的每一元钱能给社会带来相同的边际效用，但是如何衡量边际效用又是个难题，所以说现实中财政支出结构优化问题一直没有得到很好解决，这也是世界各国面临的难题。另外，采用"大而全"的模式提供各类公共产品还会导致财政收入筹集和财政支出安排分离，即公共产品利益获取与成本分担脱节。税务部门负责筹集收入以抵补公共产品生产成本，但受益原则一般不予采用，采用的是支付能力原则。纳税人缴纳的税款多少与其从公共产品消费中得到的效用和满足程度脱节。纳税人缴纳税款进入国家金库，由财政部门统筹安排。对纳税人来说，公共产品是由政府免费提供的，价格为零，那么作为理性的经济人，对其需求和消费一定要达到边际效用为零为止，由此会扩张社会成员对公共产品的需求。在民主国家政治家决策要考虑选民要求，由此会导致财政支出规模扩张和政府债务负担沉重。对使用财政资金的部门及其单位来说，在这种模式下，实际就是各个部门在吃"大锅饭"，每个部门得到的财政资金更多地与其负责提供的公共产品的性质有关，与政府对这种公共产品的重视程度有关，与以前年度得到的资金数量有关，与该公共产品供给的绩效水平关系却不大，因为不同部门负责提供的公共产品的性质不同，即便进行预算绩效评估，但结果往往不可比，从这个角度讲，这种大而全的模式不利于提高资源配置效率。

面对庞大的事业单位系统对政府间事权和支出责任划分造成的巨大压力，借助事业单位体制改革深化，在一定条件下和一定范围内构建特殊服务区政府是可以考虑的出路。

首先，需要考察事业单位提供的公共产品和服务的受益范围，并不是所有事业单位系统都要成立特殊服务区政府。事业单位系统提供的服务受益范围与原政府辖区范围一致的，没有必要把事业单位系统转型为特殊服务区政府。另外，即便提供的服务与原政府辖区范围不一致，但偏离程度不大者，即虽然小于或大于某级政府辖区范围，但相对接近，也没有设立特殊服务区政府的必要。总之，特殊服务区政府的设立首先要尊重和体现"完全一致"和"就近一致"原则的要求。按照这两个原则，只有受益范围与传统政府体系下任何一级政府辖区范围都有较大程度偏离的公共产品和服务的提供才需要设立特殊服务区政府。

其次，需要考虑事业收入多少。事业收入接近事业支出，自身筹集收入能力较强、财务独立性较强，适宜成立特殊服务区政府。自身筹集收入能力弱化，事业运转高度依赖政府财政系统，适宜作为原政府系统的组成部分。

最后，对政府预算完整性原则要有全面理解。完整性是政府预算基本原则，要求政府预算需涵盖政府全部收支，预算收支与政府收支、财政收支应该是可以画等号的。这里的"政府"显然不是指的狭义上的政府即行政机构，而是应该包括行政、立法和司法在内并扩大到公共经济部门的完整体系，即广义上的政府。虽然政府公共经济部门中的企业单位系统和事业单位系统在运作机理上和作为广义权力机关的政府有着明确区别，一个提供的是混合产品，一个提供的是公共产品。前者处于市场部分失效领域，后者处于市场完全失效领域。但对政府间事权和支出责任划分而言，都应纳入涵盖范围，否则难以保证工作彻底、到位。

（6）妥善处理最基层政府辖区内小受益范围的公共产品供给问题。作为最基层的乡镇政府，其没有下级政府，是金字塔形级次化政府体系的"底座"，就政府间事权支出责任划分而言，其的确省去了与下级政府划分事权支出责任的麻烦，但由此而引发的一个潜在风险是，上级政府处于利己动机可能把更多的事权和支出责任甩给乡镇政府，从而使之承担相对更重的支出责任和压力，甚至出现严重的基层财政困难。多年来，关于基层财政困难和债务风险问题一直是理论界关注的重点，也是财政实践亟待解决的现实问题。从应然的意义上讲，如果公共产品的受益范围与最基层政府的辖区范围吻合，那么由基层政府承担此类公共产品的事权和支出责任既符合效率原则又符合公平原则。即便有些公共产品的受益范围超出基层政府辖区，只要相对更接近基层政府辖区，按照最优实现不了、实现次优目标的行为准则，由基层政府承担事权和支出责任也是可以的。但是对于受益范围小于基层政府辖区的公共产品和服务，由于最基层政府没有下级政府，所以按照"就近一致"原则，在层级制政府体系中，最基层政府辖区范围无疑与这类公共产品的受益范围相对更接近，那么是不是应由最基层政府承担所有这类公共产品供给的事权和支出责任？这是值得思考的现实问题，而且就观察到的事实来看，这个问题并没有解决好，甚至在一定程度上被忽视。传统的认识和做法倾向于最基层政府理所当然需要承担这类公共产品和服务供给的事权和支出责任。最基层政府上面的各级政府都存在下放事权和支出责任的可能，但是唯独最基层政府没有这个可能。这在某种意义上讲也是基层政府财政相对困难的重要原因。出现这种局面，与我国对公共产品供给制度的理解长期过于单一有关。事实上，公共产品供给制度除了政府供给制度，还存在市场供给制度、协商谈判供给制度和自愿供给制度等其他制度形式。对最基层政府来说，应重视公共产品的市场供给制度，能通过市场渠道供给的公共产品和服务，最基层政府应充分重视和发挥市场机制的作用，但是对于不能排他的公共产品和服务，市场供给的余地和空间并不大；对于小受益范围的公共产品和服务，存在通过社会成员平等协商而不借助政府渠道来完成公共产品和服务成本分担任务的可能。一般来说，公共产品和服务的受益范围对公共产品供给过程中的交易成本有基本制约作用。虽然不能说受益范围小的公共产品和服务涉及的社会成员人数一定少于受益范围大的公共产品和服务，但是一般来说，公共产品受益范围小到一定程度，受益人数就会比较少，从而可以大大降低公共产品生产提供过程中的交易成本。此时，通过受益者平等协商谈判分担成本完成公共产品和服务的供给是完全可能的。瑞典经济学家林达尔（Lyndall）提出的"林达尔均衡"所描述的就是这种情况。虽然"林达尔均衡"一般被称为虚拟均衡，理论界更多强调其理论意义，但其实践意义也不可忽视。在人数比较少的社区，社区成员相对熟悉了解，任何人隐瞒自己在公共产品和服务消费中得到的效用和满足从而拒绝分担成本，往往会承受舆论压力从而使"搭便车"行为并不是理性选择，这就使得在公共产品受益涉及人数相对较少的情况下，通过平等协商分担成本进而解决公共产品的生产提供问题具有现实性。虽然公共产品和服务的受益人数并不取决于最基层政府的意图、愿望和要求，而是更多地取决于公共产品和服务自身的性质，但是最基层政府可以发挥引导作用，促使平等协商谈判制度在公共产品和服务供给中发挥应有作用，从而减轻自身包下公共产品和服务供给而承受的支出压力，另外，随着经济发展水平提高和个人收入增加，公共产品的自愿供给制度发挥作用的空间越来越大。很难设想，在收入分配高度平均且收入水平很低，广大社会成员所能支配的收入满足私人需要都困难的情况下，公共产品的自愿供给制度能有较大空间。这是我国传统体制下，公共产品自愿供给制度几乎没有发挥作用余地的重要原因。经过改革开放后 40 多年的高速经济增长，随着人均收入的大幅提高，已涌现出一大批高收入者，其所掌控的收入满足私人需要绰绰有余，存在以捐赠形式提供公共产品和服务的较大可能，基层政府可通过经济手段和政治手段提高私人自愿供给公共产品和服务的积极性，这也是减轻传统政府间事权和支出责任划分方式给最基层政府带来较大支出压力的重要渠道。

5.3.2　合理划分政府间财权和收入的具体对策

5.3.2.1　对政府间财权和收入划分要统筹兼顾、不可顾此失彼

目前对政府间财权和收入划分主要关注税权和税收收入划分，这固然是政府间财权和收入划分的重要内容，但是毕竟不是全部，非税收入权和非税收入的划分也是政府间财权和收入划分不可或缺的组成部分，二者应该统筹兼顾、合理安排。虽然非税收入权和非税收入划分向地方政府倾斜有其必然性、合理性，但并不等于非税收入应由地方政府全部

掌握。比如土地出让金收入，作为国有土地使用权出让收入，几乎全部由地方政府掌握，这与我国近年来房地产市场过热、土地出让金收入规模不断膨胀有直接关系，不少地方财政已呈现明显的"土地财政"状态。在税收收入分配向中央倾斜的前提下，非税收入分配自然会向地方政府倾斜，二者相互影响、相互制约。调整政府间税权和税收收入划分必须和非税收入权和非税收入划分的调整结合起来。换言之，在非税收入分配格局没有调整的前提下，对税收收入分配格局进行调整的空间、余地并不大，反之亦然。

5.3.2.2 保持财权和收入划分的相对独立性，但不宜与政府间事权和支出责任划分完全脱离

作为政府间财政管理权限划分的一项重要内容，政府间财权和收入划分与政府间事权和支出责任划分存在对应关系，但这种对应关系与一级政府内部收入和支出的对应关系存在明显区别。对一级政府来说，可以严格遵循"量出为入"原则筹集收入，保持收支平衡，但对于不同级次政府财权收入划分与事权支出责任划分的对应关系来说，严格"量出为入"，在中央与地方政府之间形成结构性收支对称格局，会过于强化地方政府在经济上的独立性，不利于加强中央政府的宏观调控地位，但是划分中央与地方政府之间的财权和收入，若完全置事权与支出责任划分于不顾，过于强调加强中央政府的宏观调控功能，使财权和收入划分过于向中央政府倾斜也不合适，这会地方政府支出过于依赖中央政府的转移支付，降低财政运作效率。

5.3.2.3 应强调按受益原则划分政府间财权和收入的重要性

税收由辖区民众负担、税源形成得益于地方政府提供的公共产品和服务的税种应划为地方税。按照这一标准，财产税特别是房产税适合作为地方税。房产税税源不具有流动性且通常按房屋评估值征收，而评估值的高低与地方政府提供的公共产品和服务有直接关系。地方政府提供的公共产品和服务种类齐全、数量充足、质量较高、供给方式合理，会直接促使房屋升值，由此带来地方政府税收收入增加，从而体现税收作为弥补公共产品和服务生产成本手段的本质属性。但我国还没有开征真正意义上的房产税，目前的房产税主要对利用房产从事生产经营活动或

出租房屋得到的租金收入征税，自有自用的房屋不交房产税。地方政府主要通过拍卖国有土地使用权的方式获取土地出让金收入。该收入与房产税收入相比似乎只有形式区别，体现为一次付清和按年分次缴纳的不同，但就收入获取与地方政府提供的公共产品和服务的对应关系而言，前者远不如后者对应关系更为紧密。因为房屋使用年限长达 70 年，一次性收取的土地出让金主要取决于目前政府提供的公共产品和服务的状况，以后长时间随着政府提供公共产品和服务状况改善而带来的土地房产溢价将完全由房屋所有者所有，而不必为此承受任何税收负担，这不能体现利益获取与成本分担对称的公平原则。另外，由于土地出让年限与政府任期时间严重脱节，也极易导致地方政府领导人的届别机会主义行为。在一届政府任期 5 年而土地出让年限为 70 年的条件下，一届政府有资格出让的土地应是其辖区内理论上可以出让的土地资源的七十分之五，但是地方政府领导人在做出土地出让决策时并不受这一比例限制，为尽可能多地获取土地出让金收入，其超出这一比例限制的可能性很大，即事实上会把应由后届、后几届政府出让的土地使用权提前出让，由此导致后届、后几届政府处于无地可卖的境地。这意味着土地出让金收入不具有可持续性。而要开征房产税，短时间看有一定难度，主要受以下因素制约：一是既得利益集团的制约。对目前拥有大量房产的人来说，如果在持有环节开征房产税会对其造成沉重税收负担，侵犯其既得利益。这部分人虽然人数不多，但政治话语权颇大，能对决策产生直接影响，从而增加开征难度。二是理论上的制约。按照目前的制度安排，土地所有权归国家，房屋产权所有者并不掌握土地所有权，只掌握一定期限的土地使用权，这个期限一般为 70 年，通过一次性支付土地出让金获取。那么从理论上讲，国家要征房产税，只能对房屋本身征税，而不能对土地征税，以房屋重置价格扣除折旧作为计税依据，这意味着所能征集到的房产税将很是有限的，达不到通过开征房产税为地方政府筹集充足收入的目的。三是技术上的制约。以房屋评估值作为计税依据会面临对不同地段、不同类型、不同年限、不同楼层房屋价值的评估，这是项极其繁重的工作；以家庭为单位征收，设立免征额或起征点，会迫使一些家庭为规避税收负担而选择拆散家庭；需要对不同的家庭、不同社会成员在全国范围内拥有的房产信息有系统、全面掌握，这需要全国房产信息系统联网。这些制约因素短时间内难以克服，一个较

277

为可行的办法是采取渐进式改革思路，新房新办法、老房老办法。新房又对应两种办法：一种是仍然采取交土地出让金的形式，一次性交清70年土地出让金，这样的房屋不用每年再交房产税；另一种是不交70年土地出让金，但需要每年交房产税。70年房产税的现值就是现在需要交的70年土地出让金。两种方式对购房者来说在负担上是没有差别的，就是一次交清和分次缴纳的关系。不管是一次交还是分次交，现值负担是一样的。老房已经交过70年的土地出让金，所以土地部分不交房产税，仅就房屋市场价格扣除折旧作为计税依据征税。70年土地使用权到期后，可以采取新房所采用的两种办法，要么每年交房产税，要么一次性付清70年土地出让金，两种办法只是形式有区别，在负担上并无不同，在适当时机可以并轨，由此可以克服房产税开征在理论上存在的制约因素。为解决开征房产税所遭受的既得利益集团的制约可采取渐进式改革思路：一是对存量房暂不征税，不触犯既得利益，只对增量房征税，待存量房土地使用权到期后再征房产税；二是对存量房征税可以按家庭作为计税单位，按人头确定免征额，不因为家庭的解体或组建而影响税收负担，可以加大每人的免征额但不实行首套房免税的政策，避免首套房认定及首套房房屋类型、面积差别而导致的不公平。随着时间推移，可考虑逐步减少免征额，通过渐进式改革的深化，逐步建立、完善房产税制，由此可为地方政府提供重要的收入来源。

增值税作为间接税，纳税人不是负税人，税基具有流动性，在生产、批发环节征收的增值税，税收负担者可以不在生产商、批发商所在的政府辖区，由此导致税收负担分配与公共产品和服务消费脱节，可考虑改变增值税五五分成的办法，把零售环节增值税划为地方税，由于零售环节直接面向消费者，税率可相对灵活选择，并不由此影响增值税抵扣链条，可结合当前增值税在中央与地方间的分配比例确定零售环节增值税税率。

5.3.2.4 赋予地方政府适当的税收立法权

当前税收立法权高度集中于中央，甚至税目、税率调整权也由中央掌握，不利于调动地方政府当家理财的积极性，不利于提高地方政府公共产品和服务供给效率。考虑到我国政府级次偏多且横向委托代理链条尚未充分发挥作用，税收立法权只宜下放到省级政府，作为过渡，可先赋予地方政府税目、税率调整权，逐步赋予省级政府开征新税的立法权，同时严格规定开征新税种所需符合的条件及开征新税种的个数，做到既不扰乱正常的税收分配秩序，同时又调动地方政府为优化地方性公共产品供给而因地制宜筹资的积极性。

5.3.3　优化政府间转移支付制度的具体对策

5.3.3.1　保持合理的转移支付规模

首先，应认识到转移支付规模的确定虽然是协调中央政府与地方政府事责财权关系的手段，但是转移支付规模并不应发挥遮掩政府间事责财权划分问题的作用。如果事责财权划分存在问题，比如表现为财权上收、事权下划，虽然可以通过转移支付在一定程度上予以弥补和纠正，但由此会导致转移支付规模不适当扩张，所以最佳的解决办法是对事责财权划分进行调整。转移支付规模的确定应建立在事责财权关系合理划分的基础上。虽然从理论上讲，即便财权收入完全掌握在中央，事权和支出责任完全由地方政府承担，通过转移支付最终也可以保证各级政府财政收支实现平衡，但由此会导致转移支付规模扩张到极致，进而加大制度运作成本。无论政府间财权收入划分还是事权支出责任划分，都不是越集权越好，也不是越分权越好，都以在集权与分权之间实现恰当均衡为最优，当然这种最优的表现形式对财权收入划分与事权支出责任划分来说会存在明显区别。所谓转移支付的理想规模，应是财权收入划分与事权支出责任划分都能在集权与分权之间实现恰当均衡时的规模。

其次，保持合理的转移支付规模应对转移支付的作用有正确认识。虽然转移支付规模越大越有利于强化中央政府的宏观调控能力，但会使地方政府财政运作过于依赖中央政府的转移支付，不利于地方政府优化资源配置职能的实现，随着转移支付规模的扩张，边际收益递减而边际成本递增，在二者相等时转移支付规模达到最优。

再次，应根据测算的转移支付无效系数和无效转移支付规模逐步调整共享税在中央与地方之间的分成比例，通过调整税收收入在中央与地方之间的分配格局来优化转移支付规模。

最后，应保持转移支付绝对规模增长率小于或等于财政收入增长率，保持稳定的转移支付相对规模。

5.3.3.2　合并、简化一般性转移支付

一般性转移支付中的均衡性转移支付数额的确定需先核定标准财政收入和标准财政支出，标准财政收入根据税种及非税收入划分情况，采用标准税基乘以标准税率结合非税收入划分办法具体确定。标准财政支出按人员经费、公用经费、卫生事业费、城市维护建设费、社会保障费、抚恤和社会福利救济费、支援农业生产支出和农合综合开发支出分类并采用不同方法计算确定[①]，以标准财政收入和标准财政支出的差额为基础核定均衡转移支付数额。按照这一思路和标准，所有需要协调地方收支关系或因政策实施影响地方财政收支需要通过转移支付手段予以弥补的，都可以划入一般性转移支付。因此，我国的民族自治地区转移支付、调整工资转移支付、农村税费改革转移支付、义务教育保障机制转移支付、资源枯竭城市转移支付、市场监督管理部门停征"两费"转移支付、成品油价格和税费改革转移支付等都可以并入一般性转移支付，这可以大大简化一般性转移支付的具体存在形式。

5.3.3.3　清理、压缩专项转移支付

专项转移支付有其特定的作用范围，凡提供的公共产品和服务受益范围在地方政府辖区之内的，原则上不安排专项转移支付。专项转移支付主要用于解决地方性公共产品效益外溢及中央委托地方政府举办的项目。中央各部门条条下达的不少专项转移支付，与集权体制相适应，束缚地方政府手脚，与分权的市场体制下资金按"块块"分配的思路不符，因此应根据政府间事权和支出责任划分，分类规范、清理整合，取消名实不副和陈旧过时的项目，对重复交叉的专项转移支付予以合并，设定专项转移支付门槛和准入机制[②]。但若一步到位将大部分专项转移支付并入一般性转移支付，势必触及部门既得利益，较为可行的办法是采用渐进式改革思路，控制专项转移支付的增量，在此基础上每年按一定比例把专项转移支付并入一般性转移支付。地方政府事权和支出范围内公共产品和服务供给出现财力不足问题时，通过一般性转移支付解决。

---

① 楼继伟：《中国政府间财政关系再思考》，中国财政经济出版社2013年版，第100页。
② 楼继伟：《中国政府间财政关系再思考》，中国财政经济出版社2013年版，第315页。

5.3.3.4　提高转移支付制度规范化、法制化程度和透明度，加强转移支付的预算管理和绩效考核

转移支付是政府间资金的单方面转移，对地方政府来说是从中央无偿获取收入，作为理性的经济人，会尽可能多地争取中央转移支付，采用规范的资金分配办法并尽可能提高法制化程度，对于维持正常的转移支付资金分配秩序必不可少。一般性转移支付采用因素计分法分配，专项转移支付也应明确立项依据、绩效目标及统一的评价选择标准，面向全社会公开，提高透明度，接受公众、审计、权力机关、新闻媒体等多层次监督，必要时出台政府间转移支付条例或政府间财政关系法，使之成为各级政府都遵守的行为规范，降低转移支付资金分配的主观随意性。由于转移支付资金事实上已成为地方财政支出安排的重要资金来源，应通过预算法的修订、完善来规范转移支付资金的运作管理。2015年《中华人民共和国预算法》虽然对中央下达转移支付资金的时间做出了明确规定，但时间期限规定得过于宽泛以致难以保证地方政府特别是基层政府及时得到转移支付资金，不利于地方政府预算的编制和执行。比如中央政府下达专项转移支付资金的时间为全国人大批准中央预算3个月以内。这意味着中央对省级政府安排的专项转移支付最晚可以迟滞到6月份（全国人大一般3月份开会批准中央预算），省级以下各级政府得到中央专项转移支付会推迟到下半年。这对地方政府预算的编制和执行会造成极大不便，需要修改。应做好专项转移支付绩效评估工作。2018年9月1日中共中央、国务院下发《关于全面实施预算绩效管理的意见》，明确指出要建立全方位、全过程、全覆盖的预算绩效管理评价体系。所谓全过程是指立项时必须明确绩效目标，项目执行时要考核绩效目标完成进度，项目结束要进行结果绩效考核，最后要加强绩效考核结果的运用，通过量化排名，完善问责奖励制度，做到鼓励先进、鞭策落后，奖勤罚懒、奖优罚劣。所谓全覆盖是指不管项目隶属一般公共预算、国有资本经营预算，还是政府基金预算、社会保险基金预算，都要强化预算绩效管理。财政部门负责制定共性评价指标体系，各个部门在共性评价指标体系的基础上，结合部门具体情况制定反映部门具体特征和属性的个性化评价指标体系，地方政府及其各个部门结合当地实际情况制定体现地方特征的共性和个性评价指标体系。为此可借鉴

"3E"评价的思路，做好三个环节的支出绩效评价：一是经济性评价，考察耗费一定数量的财政资金到底形成了多少供给公共产品和服务的手段，此谓之"economy"；二是效率性评价，考察形成了一定数量的供给公共产品和服务的手段，到底提供了多少公共产品和服务（种类、数量、质量、供给方式），此谓之"efficiency"；三是效果性评价，考察提供了一定数量的公共产品和服务，到底在多大程度上满足了公共需要，实现了公共利益，此谓之"effectiveness"。专项转移支付绩效评价的结果要公开，提高透明度，不仅要在部门内部公开，而且要面向整个政府系统、权力机关、审计机关公开；不仅要在公共经济部门公开，而且要面向全社会公开，防止出现"信息孤岛"和"信息烟筒"。只有充分掌握不同部门、不同单位的项目绩效信息，才可以合理确定项目体系，才可为统筹安排专项转移支付奠定基础。

参 考 文 献

[1] 奥茨：《财政联邦主义》，译林出版社 2012 年 3 月版。

[2] 白景明、朱长才：《建立事权与支出责任相适应财税制度操作层面研究》，载《经济研究参考》2015 年第 43 期。

[3] 白彦锋：《财政事权与支出责任划分：泾渭分明还是动态博弈》，载《中国经济时报》2016 年 11 月 7 日第 005 版。

[4] 布坎南、弗劳尔斯：《公共财政》，中国财政经济出版社 1991 年版。

[5] 财政部财政科学研究所课题组：《明晰支出责任：完善财政体制的一个切入点》，载《经济研究参考》2012 年第 40 期。

[6] 陈晓光：《财政压力、税收征管与地区不平等》，载《中国社会科学》2016 年第 4 期。

[7] 崔军、陈宏宇：《关于省以下基本公共服务领域共同财政事权与支出责任划分的思考》，载《财政监督》2018 年第 9 期。

[8] 崔运政：《财政分权与完善地方财政体制研究》，中国社会科学出版社 2012 年版。

[9] 单新萍、卢洪友：《税收分权与经济增长——基于省际面板数据的实证分析》，载《当代财经》2011 年第 5 期。

[10] 董敬怡：《完善财政事权和支出责任划分改革措施的建议》，载《财会月刊》2018 年第 18 期。

[11] 范子英、张军：《财政分权与中国经济增长的效率——基于非期望产出模型的分析》，载《管理世界》2009 年第 7 期。

[12] 范子英：《中国的财政转移支付制度：目标、效果及遗留问题》，载《南方经济》2011 年第 6 期。

[13] 冯俏彬：《五议"事权划分"》，载《新理财》2015 年第 6 期。

[14] 冯兴元、李晓佳：《政府公共服务事权划分混乱的成因与对

策》，载《国家行政学院学报》2005 年第 3 期。

[15] 高培勇：《当前更需加快财税体制改革》，载《中国税务报》2016 年 2 月 24 日。

[16] 龚浩、任致伟：《新中国 70 年财政体制改革的基本历程、逻辑主线与核心问题》，载《改革》2019 年第 5 期。

[17] 何逢阳：《中国式财政分权体制下地方政府财力事权关系类型研究》，载《学术界》2010 年第 5 期。

[18] 侯一麟：《政府职能、事权事责与财权财力：1978 年以来我国财政体制改革中财权事权划分的理论分析》，载《公共行政评论》2009 年第 2 期。

[19] 贾康、苏京春：《现阶段我国中央与地方事权划分改革研究》，载《财经问题研究》2016 年第 10 期。

[20] 贾康：《财政的扁平化改革与政府间事权划分》，载《中共中央党校学报》2007 年第 6 期。

[21] 孔海涛：《地方各级政府间事权划分需充分考虑区域差异》，载《中国财经报》2016 年 10 月 25 日第 007 版。

[22] 孔卫拿、张光：《功能性联邦主义的中国型态及其代价》，载《公共行政评论》2013 年第 5 期。

[23] 寇明风：《省以下政府间事权与支出责任划分的难点分析与路径选择》，载《经济研究参考》2015 年第 33 期。

[24] 寇铁军：《推进我国事权与支出责任划分改革的几点思考》，载《财政监督》2016 年第 2 期。

[25] 李春根、舒成：《基于路径优化的我国地方政府间事权和支出责任再划分》，载《财政研究》2015 年第 6 期。

[26] 李国璋、刘津汝：《财政分权、市场分割与经济增长——基于 1996~2007 年分省面板数据的研究》，载《经济评论》2010 年第 5 期。

[27] 李俊生、乔宝云、刘乐峥：《明晰政府间事权划分 构建现代政府治理体系》，载《中央财经大学学报》2014 年第 3 期。

[28] 李俊生：《对政府间事权划分"症结"的剖析》，载《中国财经报》2015 年 2 月 3 号第 007 版。

[29] 李苗、崔军：《政府间事权与支出责任划分：从错配到适配——兼论事权责任层次和权力要素的双重属性》，载《公共管理与

政策评论》2018 年第 4 期。

［30］李齐云：《分级财政体制研究》，厦门大学博士学位论文，2001 年。

［31］李森：《试论公共产品受益范围多样性与政府级次有限性之间的矛盾及协调》，载《财政研究》2017 年第 8 期。

［32］李森：《关于政府级次设置的经济学分析》，载《财政研究》2009 年第 6 期。

［33］李森：《论集权、分权均衡的实现及我国财政体制的优化》，载《税务与经济》2012 年第 2 期。

［34］李祥云、卢跃茹、雷玉琪：《我国政府间义务教育事权与支出责任划分研究》，载《教育经济评论》2018 年第 1 期。

［35］李永友、张帆：《垂直财政不平衡的形成机制与激励效应》，载《管理世界》2019 年第 7 期。

［36］林毅夫、刘志强：《中国的财政分权与经济增长》，载《北京大学学报（哲学社会科学版）》2000 年第 4 期。

［37］刘明慧、张山：《纵向事权与支出责任划分———基于财政减贫支出分权异质性考量》，载《江汉论坛》2018 年第 9 期。

［38］刘尚希：《财政分权改革——"辖区财政"》，载《中国改革》2009 年第 6 期。

［39］刘尚希：《央地财政事权和支出责任划分是财税改革重心》，载《经济参考报》2017 年 2 月 14 日。

［40］楼继伟：《深化事权和支出责任改革推进国家治理体系和治理能力现代化》，载《财政研究》2018 年第 1 期。

［41］楼继伟：《中国政府间财政关系再思考》，中国财政经济出版社 2013 年版。

［42］卢洪友、张楠：《政府间事权和支出责任的错配与匹配》，载《地方财政研究》2015 年第 5 期。

［43］陆铭、陈钊：《分割市场的经济增长———为什么经济开放可能加剧地方保护？》，载《经济研究》2009 年第 3 期。

［44］吕冰洋、马光荣、毛捷：《分税与税率：从政府到企业》，载《经济研究》2016 年第 7 期。

［45］吕冰洋、台航：《从财政包干到分税制：发挥两个积极性》，

载《财贸经济》2018 年第 10 期。

[46] 吕凯波、邓淑莲：《省以下地方政府支出责任划分理论、挑战与政策建议》，载《地方财政研究》2016 年第 5 期。

[47] 马海涛、任强：《中国中央政府与地方转移支付的问题与对策》，载《华中师范大学学报（人文社会科学版）》2015 年第 6 期。

[48] 马海涛、郝晓婧：《中央和地方财政事权与支出责任划分研究——以公共教育领域为例》，载《东岳论丛》2019 年第 3 期。

[49] 马海涛、任强、程岚：《我国中央和地方财力分配的合意性：基于"事权"与"事责"角度的分析》，载《财政研究》2013 年第 4 期。

[50] 马拴友、于红霞：《地方税与区域经济增长的实证分析——论西部大开发的税收政策取向》，载《管理世界》2003 年第 5 期。

[51] 马万里：《政府间事权和支出责任划分、逻辑进路、体制保障与法治匹配》，载《当代财经》2018 年第 2 期。

[52] 马万里：《多中心治理下的政府间事权划分新论——兼论财力与事权相匹配的第二条（事权）路径》，载《经济社会体制比较》2013 年第 6 期。

[53] 缪小林、伏润民、王婷：《地方财政分权对县域经济增长的影响及其传导机制研究——来自云南 106 个县域面板数据的证据》，载《财经研究》2014 年第 9 期。

[54] 齐志宏：《多级政府间事权划分与财政支出职能结构的国际比较分析》，载《中央财经大学学报》2001 年第 11 期。

[55] 钱颖一、温格斯特：《中国特色的维护市场的经济联邦制》载《现代经济学与中国经济改革》，中国人民大学出版社 2003 年版。

[56] 乔俊峰、张春雷：《分税制改革提高了地方财政努力吗？——基于税收分成、转移支付和预算外收入三元视角》，载《财经论丛》2018 年第 9 期。

[57] 申学锋：《财政支农事权和支出责任划分的概念界定与实践现状》，载《公共财政研究》2015 年第 3 期。

[58] 沈伟：《试析中国税权划分对经济增长的影响》，载《税务研究》2008 年第 10 期。

[59] 孙开、张磊：《分权程度省际差异、财政压力与基本公共服务支出偏向——以地方政府间权责安排为视角》，载《财贸经济》

2019 年第 8 期。

［60］孙萌、台航：《财政分权与经济增长：理论分析与经验证据》，载《经济评论》2019 年第 5 期。

［61］谭建立：《中央与地方财权事权关系研究》，中国财政经济出版社 2010 年版。

［62］汤火箭：《财政制度改革对中央与地方权力结构的影响——以财权和事权为视角》，载《宏观经济研究》2012 年第 9 期。

［63］田发、苗雨晴：《央地间财政事权和支出责任划分：效应评估与政策引申》，载《财经科学》2018 年第 4 期。

［64］王华春、栓虎：《转移支付是否促进了省内财政分权？——基于全国县级面板数据的分析》，载《财经论丛》2017 年第 11 期。

［65］王桦宇：《论财税体制改革的"两个积极性"——以财政事权与支出责任划分的政制经验为例》，载《法学》2017 年第 11 期。

［66］王健君、王仁贵、王凯蕾：《中央地方财政事权改革：最难啃的硬骨头》，载《瞭望新闻周刊》2016 年 9 月。

［67］王杰茹：《分权、地方债务与现代财政改革——基于财政分权不同角度的效应分析》，载《当代经济科学》2016 年第 6 期。

［68］王浦劬：《中央与地方事权划分的国别研究及启示》，人民出版社 2016 年版。

［69］王玮：《多重约束条件下我国均等化财政制度框架的构建》，中国社会科学出版社 2011 年版。

［70］文政：《基于中央与地方政府间关系的财政支出事权划分模式研究》，重庆大学博士学位论文，2008 年。

［71］谢贞发、张玮：《中国财政分权与经济增长——一个荟萃回归分析》，载《经济学（季刊）》，2015 年第 2 期。

［72］谢贞发、范子英：《中国式分税制、中央税收征管权集中与税收竞争》，载《经济研究》2015 年第 4 期。

［73］徐阳光：《论建立事权与支出责任相适应的法律制度——理论基础与立法路径》，载《清华法学》2014 年第 5 期。

［74］闫坤、于树一：《论我国政府间财政支出责任的"错配"和"纠错"》，载《财政研究》2013 年第 8 期。

［75］杨之刚：《财政分权理论与基层公共财政改革》，经济科学出

版社 2006 年版。

[76] 杨志安、邱国庆：《财政分权与中国经济高质量发展关系——基于地区发展与民生指数视角》，载《财政研究》2019 年第 8 期。

[77] 杨志勇：《中央和地方事权划分思路的转变：历史与比较的视角》，载《财政研究》2016 年第 9 期。

[78] 尹鹏：《地方财政分权对安徽县域经济增长的影响研究》，载《现代商贸工业》2019 年第 3 期。

[79] 于树一、周俊铭：《我国政府间财政事权和支出责任划分：一个理论综述》，载《财政监督》2018 年第 5 期。

[80] 于树一：《现阶段我国财政事权与支出责任划分：理论与实践探索》，载《地方财政研究》2017 年第 4 期。

[81] 于长革：《中国式财政分权激励下的经济社会非均衡发展》，载《当代财经》2009 年第 6 期。

[82] 詹新宇、韩雪君：《财政分权的经济增长质量效应研究——基于中国省际面板数据的系统 GMM 分析》，载《人文杂志》2018 年第 5 期。

[83] 张斌、杨之刚：《政府间职能纵向配置的规范分析》，载《财贸经济》2010 年第 2 期。

[84] 张震华：《关于中央与地方事权划分的几点思考》，载《海南人大》2008 年第 7 期。

[85] 赵福昌、樊轶侠：《中央与地方事权划分的几个关键问题》，载《中国财经报》2018 年 4 月 24 日第 007 版。

[86] 赵福昌：《财政体制改革的治理逻辑思考》，载《财政监督》2018 年第 24 期。

[87] 赵娜：《财政分权对经济增长的影响研究》，载《现代商业》2018 年第 28 期。

[88] 赵云旗：《政府间"财政支出责任"划分研究》，载《经济研究参考》2015 年第 68 期。

[89] 郑培：《"十二五"完善我国政府间事权划分：问题、思路与对策》，载《发展研究》2012 年第 5 期。

[90] 郑培：《新时期完善我国政府间事权划分的基本构想及对策建议》，载《地方财政研究》2012 年第 5 期。

［91］郑毅：《中央与地方事权划分基础三题——内涵、理论与原则》，载《云南大学学报（法律版）》2011 年第 4 期。

［92］中国财政科学研究院 2017 年"地方财政经济运行"东北调研组：《东北地区政府间事权和支出责任划分改革研究》，载《财政科学》2018 年第 3 期。

［93］中国财政科学研究院 2017 年"地方财政经济运行"东部调研组：《地方事权和支出责任划分的改革进程与问题分析——基于东部地区的调研》，载《财政科学》2018 年第 3 期。

［94］中国财政科学研究院 2017 年"地方财政经济运行"西部调研组：《公共风险视角下的财政事权和支出责任划分——基于贵州、陕西的调研报告》，载《财政科学》2018 年第 3 期。

［95］周雪光：《"逆向软预算约束"：一个政府行为的组织分析》，载《中国社会科学》2005 年第 2 期。

［96］Bardhan, P. (2002), Decentralization of Governance and Development [J]. Journal of Economic Perspectives, 16 (4)：185 –205.

［97］Barry R. Weingast, Second Generation Fiscal Federalism：the Implication of Fiscal Incentives [J]. Journal of Urban Economics, 65 (2009), 279 –293.

［98］Baskaran T, Feld L P, Schnellenbach J. Fiscal Federalism, Decentralization, and Economic Growth：A Meta – Analysis [J]. Economic Inquiry, 2016, 54 (3)：1445 –1463.

［99］Buchanan JM. An economic theory of clubs [J]. Economica, 1965. 32 (32)：1 –14.

［100］Canavire – Bacarreza G, Martinez – Vazquez J, Yedgenov B. Identifying and disentangling the impact of fiscal decentralization on economic growth [J]. World Development, 2020, 127：104742.

［101］Faridi M Z. Contribution of Fiscal Decentralization to Economic Growth：Evidence from Pakistan [J]. Pakistan Journal of Social Sciences (PJSS), 2011, 31 (1).

［102］Gemmell N, Kneller R, Sanz I. Fiscal decentralization and economic growth：spending versus revenue decentralization [J]. Economic Inquiry, 2013, 51 (4)：1915 –1931.

［103］ J. P. Faguet, Does Decentralization Increase Government Responsiveness to Local Needs? Evidence From Bolivia ［J］. Journal of Public Economics,2001, 3, pp. 867 – 893.

［104］ Mark Skidmore and Hideki Toya, Natural Disaster Impacts and Fiscal Decentralization ［J］. Land Economics, February, 2013, 89 (11), 101 – 117.

［105］ Musgrave RA. The theory of public finance: fiscal policy ［M］. Mc Graw – Hill. 1959.

［106］ Nguyen Viet Hanh, Pham Thi Hong Diep, Hio Jung Shin, The Optimal Point for Fiscal Decentralization ［J］, European Journal of Business and Management Vol 6, No 20 (2014).

［107］ Oates, W. E. , 1999, "An Essay on Fiscal Federalism" ［J］. Journal of Economic Literature, Vol. 37, No. 3. (Sep), pp. 1120 – 1149.

［108］ Oates, W. E. , 1972, Fiscal Federalism ［M］. New York, Harcourt Brace Jovanovich.

［109］ Oates, W. E. , The Economics of Fiscal Federalism and Local Finance ［M］. Cheltenham and Northampton: Edward Elgar Publishing, 1998.

［110］ Oates, Wallace E. Federalism and Government Finance ［M］, Havard U. Press, 1994.

［111］ Oates, Wallace E. Toward a Second – Generation Theory of Fiscal Federalism ［J］. International Tax and Public Finance, 12 (2005), 349 – 373.

［112］ P. Bardhan, D. Mookherjee, Decentralisation and Accountability in Infrastructure Delivery in Developing Countries ［J］. Economic Journal, 2006, 11, pp. 101 – 127.

［113］ Qian Y, Roland G. Federalism and the Soft Budgetconstraint ［J］. American Economic Review, 1998. 88 (5): 1143 – 1162.

［114］ Rodríguez – Pose A, Ezcurra R. Is Fiscal Decentralization Harmful for Economic Growth? Evidence from the OECD Countries ［J］. Journal of Economic Geography, 2010, 11 (4): 619 – 643.

［115］ Stigler GJ. Perfect Competition, Historically Contemplated ［J］. Journal of Political Economy, 1957. 65 (1): 1 – 17.

[116] Tiebout CM. A Pure Theory of Local Expenditures [J]. Journalof Political Economy, 1956. 64 (Volume 64, Number 5): 416 -424.

[117] Tresch RW. Public Finance: A Normative Theory [M]. Business Publications, Inc, 1981. PP. 574 -576.

[118] Weingast, B. R. Second Fiscal Federalism: Implications for Decentralized Democratic Governance and Economic Development [R]. Working Paper, Stanford University, 2006.

[119] Zhiguo Wang and Liang Ma, Fiscal Decentralization in China: A Literature Review [J]. Annals of Economics and Finance 15 -2, 751 - 770 (2014).